INHALT

1 Einführende Gedanken 7

2 Auseinandersetzung der Erwachsenen mit dem Thema
Sterben, Tod und Trauer

   2.1   Persönliche Voraussetzungen für eine gute Begleitung
von Kindern und Jugendlichen 13
   2.2   Gedanken über den Tod als Teil des menschlichen
Weltbildes 18
   2.3   Unser Leben – ein großes Abschiednehmen 25
   2.4   Phasen der Trauer: Typische Gefühle und Reaktionsweisen 34
   2.5   Trauererleben und Trauerbewältigung als Ausdruck
individueller Lebensgestaltung 40
   2.6   Fallbeispiele, literarische Texte und meditatives
Bildmaterial 47

3 Kinder begegnen dem Tod

   3.1   Erste Erfahrungen von Trennung und Verlust 54
   3.2   Entwicklung des Todeskonzeptes bei Kindern 59
   3.3   »Was ist das – Sterben?« – Alterstypische Vorstellungen,
Reaktionen und Erlebnisweisen 68
   3.4   »Ich fürchte mich so vor dem Einschlafen«:
Kindertrauer hat viele Gesichter 82
   3.5   »Und morgen werde ich nicht mehr sein . . .«:
Sterbe- und Trauerprozeß schwerstkranker Kinder . . 92
   3.6   Fallbeispiele, literarische Texte und meditatives
Bildmaterial 102

4 Konkrete Begleitung von trauernden Kindern und
Jugendlichen

   4.1   Orientierungshilfen zu Beginn einer Trauerbegleitung . 111
   4.2   Wenn die eigene Betroffenheit so groß ist:
Hilfreiche Maßnahmen in belasteten Familiensituationen 114

4.3 Vom Umgang mit Krisen: Aufbau eines
Beziehungsnetzes 126
4.4 Hilfen für ein gutes Gespräch 129
4.5 Hilfen, Kinderfragen über Tod und Sterben zu begegnen 133
4.6 Trösten statt Vertrösten: Die Kunst einfühlsamer
Begleitung 136
4.7 Jedes Alter braucht seinen eigenen Trost: Konkrete
Möglichkeiten der Trauerbegleitung von Kindern
verschiedener Altersstufen 141
4.8 Impulse für kreative Möglichkeiten der Trauerarbeit
mit Kindern und Jugendlichen 153
4.9 Fallbeispiele, literarische Texte und meditatives
Bildmaterial 162

5 **Wie man Kinder und Jugendliche auf Lebens-Abschiede
vorbereitet**

5.1 Jahreskreislauf-Lebenskreislauf: Das Eingebettetsein
in die Grundprinzipien des Lebens 169
5.2 Einbeziehen statt Ausgrenzen: Leben und Sterben
erfahrbar machen 174
5.3 Der Umgang mit der Wahrheit: Möglichkeiten
offener Gespräche mit Kindern und Jugendlichen . . . 180
5.4 Feste und Rituale als Ankerpunkte in stürmischen
Lebenszeiten 185
5.5 Fallbeispiele, literarische Texte und meditatives
Bildmaterial 193

Anhang

Abbildungsverzeichnis 201

Literaturhinweise 203

Quellenverzeichnis 212

1 EINFÜHRENDE GEDANKEN

».. . und wenn sie nicht gestorben sind, dann leben sie noch heute. . . .« Vielen von uns klingt dieser Satz aus längst vergangenen Kindertagen noch in den Ohren, weckt alte Erinnerungen und bringt längst vergessene Gefühle wieder zum Klingen. Kinderzeit. Märchenzeit. Märchenhafte Kinderzeit? Ja und nein. Jede Kindheit ist nicht nur Paradies und Unbeschwertheit, jede Kindheit bringt auch eine Reihe leidvoller Erfahrungen mit sich. Schieben wir den Schleier der Verklärung, der über unseren Kindertagen liegt, behutsam zur Seite, tauchen dunkle Erlebnisse auf, unangenehme Gefühle, Angst, Unsicherheit und tausend Fragezeichen angesichts einer Welt, die sich Kinderherzen oft verschließt.

Das Erleben von Verlusten unterschiedlichster Art gehört in diesen Bereich kindlicher Erfahrungen, die nicht immer einfach zu bewältigen sind. Und doch: Abschiede, Trennungen, Verlust, Tod und Trauer gehören elementar zum Leben, sind gleichsam »Urerfahrungen«, die unser Leben von der Geburt bis zum Tod begleiten. Es sind dies keine Erfahrungen, die an ein gewisses Alter, einen gewissen Wissensstand oder andere Voraussetzungen gebunden sind: Sie ragen in das Leben von Kindern wie von Erwachsenen, von Jungen und von Alten, Männern und Frauen. Und für Menschen aller Zeiten war und ist es eine Herausforderung, mit diesen Erfahrungen gut umzugehen, damit die Seele gestärkt aus solchen Verlusterfahrungen hervorgehen kann.

Was kann dabei helfen?

- Trauern
- den Tränen und schmerzhaften Gefühlen Raum geben
- sich in einer Gemeinschaft geborgen fühlen
- Menschen, die bereit sind, ein Stück des Trauerweges mitzugehen
- Menschen, die »da sind«. . .

Wir könnten noch etliche Punkte anführen, und doch geht es bei allen diesen stützenden Hilfen im wesentlichen um zwei Dinge:

- die eigenen Gefühle zuzulassen und
- verständnisvolle, anteilnehmende Mitmenschen um sich zu haben.

Was bedeutet das nun für das Leben von Kindern? Wie können Erwachsene in die einfühlsame Begleiterrolle schlüpfen? Ab welchem Alter ist das Thema Verlust, Sterben, Trauer überhaupt ein »Thema«? Wie lange sind Kinder »eigentlich noch zu klein dafür«?

Es ist hilfreich, sich vor Augen zu halten, daß Kinder ihren Lebensweg mit einer Verlusterfahrung beginnen. Bei der Geburt müssen sie ihre erste Heimat, den Körper der Mutter verlassen, sie müssen sich von Vertrautem trennen, kommen in unbekannte Gefilde. Sie reagieren auf diesen Verlust mit Unlustäußerungen – manche mit Panik und Schreien, andere mit irritiertem Raunzen – mit anderen Worten: Sie bringen ihre Gefühle zum Ausdruck. Die meisten Kinder haben das Glück, auf eine liebevolle Umwelt zu treffen, die sie mit schützenden Armen in Empfang nimmt und bereit ist, über den »Verlust des Paradieses« hinwegzuhelfen. Diese klassische Situation einer Trennung steht also bei jedem Menschen zu Beginn seiner »Welterfahrungen«. Und zahlreiche weitere Verlusterfahrungen begleiten den Lebensweg des Kindes, des Heranwachsenden, des Erwachsenen und des alten Menschen.

Wir alle haben eine lange Verlustgeschichte, viele Abschiede säumen den Weg unseres Lebens, sind eingespannt zwischen den Polen Geburt und Tod. Abschied, Sterben, Verlust und Tod sind nichts Fremdes, Neues, das auf einmal bedrohlich in unser Leben eindringt: Es sind Urerfahrungen unseres Lebens! Nicht immer haben wir jedoch die Möglichkeit, uns mit diesen Verlusten positiv und heilsam auseinanderzusetzen. Nicht immer haben wir die Chance, in einem Trauerprozeß liebevoll begleitet zu werden. Unterschiedlichste Gründe mögen dazu geführt haben, daß die Auseinandersetzung mit den schmerzhaften Seiten des Lebens meist verdrängt und beiseite geschoben wird. Allzu oft schauen wir weg, gehen zur Tagesordnung über, verdrängen, überspielen. An die Stelle von Einlassen und Zulassen schmerzhafter Prozesse bei einem selbst oder einfühlsamer Anteilnahme bei anderen tritt ein Gefühl von Ohnmacht.

Das Wegschieben von Tod und Trauer als zentrale Lebenserfahrungen hat auf der persönlichen Ebene zu einer enormen Hilflosigkeit und Sprachlosigkeit geführt. Auf der gesellschaftlichen Ebene scheint die Tabuisierung des Themas Sterben einzementiert. Daran ändern auch die zahlreichen Zeitungsberichte, Fernsehsendungen und Nachrichtenmeldungen nichts, in denen der Tod auf die unterschiedlichste Weise Tag für Tag auch in noch so entlegene Winkel und Orte unserer Welt dringt. Im Gegenteil: Nicht nur uns Erwachsenen, sondern ganz besonders Kindern und Jugendlichen geht mehr und mehr der natürliche Bezug zu diesem lebenswichtigen Bereich verloren. Auf der einen Seite werden via Medien unzählige Bilder über den Tod in Wohn- und Kinderzimmer transportiert. Auf der anderen Seite fehlt nur zu oft eine menschenwürdige Bearbeitung des Themas im allgemeinen und eine kindgerechte im besonderen. Der Tod als gewaltsames Ende, der Tod verbunden mit Bildern des Schreckens, der Tod als spannungsgeladener Höhepunkt einer Unterhaltungsindustrie, die auf die Seele ihrer Abnehmer keine Rücksicht nimmt – das hat mit Enttabuisierung wenig bis nichts zu tun! Durch die Verbindung zwischen Tod und Schrecken, Tod und Gewalt entsteht in den meisten Menschen noch mehr Distanz. Es sinkt die Bereitschaft, sich auf einer ganz persönlichen Ebene diesem Themenkomplex zu widmen. Fehlende Modelle positiver Verarbeitungs- und Bewältigungsstrategien verhindern zusätzlich noch eine aktive Auseinandersetzung mit der Endlichkeit des Lebens.

Sterben ist also nach wie vor ein Tabu-Thema. Und über Tabu-Themen spricht man nicht gerne – schon gar nicht mit Kindern! Hier treffen wir auf eine große Unsicherheit vieler Erwachsener im Umgang mit Kindern und Jugendlichen. Nur zu schwer erscheint es, auf Kinderäußerungen »richtig« zu reagieren und die »richtigen« Worte zu finden. Im Gegensatz dazu hat es die Welt der Märchen und Volkserzählungen schon immer verstanden, Kindern die Realitäten des Lebens – ihres Lebens – in einer bildhaften und doch sehr einfachen und klaren Sprache zu vermitteln. Märchen erzählen vom Leben und Sterben, von der Suche nach dem richtigen Weg, beschreiben Schmerz und Trauer. Sie lassen vor dem inneren Auge des Zuhörers Bilder vorbeiziehen, die Möglichkeiten aufzeigen, »heil« aus Gefahr und Dunkelheit, aus Schmerz und Verzweiflung hervorzugehen. Das, was die Helden der Geschichte erleben, wird klar beim Namen genannt. Offen und ohne Scheu werden die Grundthemen des Lebens behandelt, wohl im Vertrauen auf ein Grundverständnis, auf ein tiefes inneres Wissen um die Grunderfahrungen des Lebens und die Möglichkeiten, mit ihnen umzugehen.

Wie schaut es aber im realen Leben aus, jenseits von Märchen und Volkserzählungen?

Wie gehen Erwachsene mit dem Thema Verlust und Tod um? Welche Worte finden sie für ihr eigenen Vorstellungen? Wie begegnen sie den Fragen der Kinder? Oder bleiben sie in ihrer Sprachlosigkeit gefangen, die sie in sich aufsteigen spüren angesichts der Schwere des Themas? Wie reagieren Eltern, Großeltern, Kindergärtnerinnen u. a., wenn Kinder Fragen stellen, die beispielsweise so lauten:

»Und wo ist unser Opa jetzt?«

»Was ist denn das – tot?«

»Und wenn ich ganz brav bin, kommt dann der Peter wieder?«

»Stirbst du gerne?«

»Gibt es einen Hundehimmel?«

Die Verdrängung des Themas Sterben und Tod in unserer Zeit hat dazu geführt, daß wir den natürlichen Zugang zu diesem Pol des Lebens verloren haben. In einer Zeit, in der Jugendlichkeit, Gesundheit, Leistungsfähigkeit die Welt dominieren, bleibt für die sogenannten Schattenseiten des Lebens nur wenig Zeit und Raum. Krankheit, Behinderung, Verlusterfahrungen, Mißerfolge und biografische Einbrüche werden vertuscht, verdrängt, ins »Eck« gestellt. Sterben? Der Gedanke an die Endlichkeit menschlicher Existenz löst bei vielen Menschen Schrecken und Panik aus. Nur wenige sind bereit, sich beizeiten mit diesen zentralen Themen zu beschäftigen. Menschen, die sich dem Erleben von Abschieden, Verlusten, »kleinen Toden« in Form von Krankheiten, verlorenen Beziehungen, vertanen Chancen öffnen statt verschließen, haben jedoch die Chance, sich mit dem »Bruder Tod« anzufreunden, um ihm dann, in der Stunde des Todes, gut begegnen zu können. Diese Menschen werden selbst zu einer größeren inneren Gelassenheit gegenüber den Stürmen des Lebens gelangen. Sie werden aber auch für andere zu hilfreichen Begleitern in schweren Lebenssituationen werden können.

Ganz besonders im Umgang mit Kindern wird es diesen Menschen leichter fallen, den Fragen der Kinder zu begegnen, sich mit ihnen auf die Suche nach einer altersgemäßen Antwort zu begeben, sich einzulassen auf die unterschiedlichen Vorstellungen und Bilder, die in den Kindern und Jugendlichen schlummern und die das Land des Todes oft in ein reiches, farbenprächtiges Phantasieland verwandeln. Menschen, die nicht vergessen haben, wie sehr Leben und Sterben, Geburt und Tod als Urerfahrung auch ihrer Kindertage präsent waren, werden ihrerseits zu guten Begleitern für Kinder und Jugendliche werden.

So setzt dieses Buch zu allererst bei der persönlichen Auseinandersetzung der Begleiter, also der Erwachsenen, mit dem Tabu-Thema Tod an. In einem zweiten Schritt wird auf alterstypische Vorstellungen von Kindern über das Sterben und den Tod eingegangen. Konkrete Möglichkeiten der Begleitung von Kindern und Jugendlichen sollen Eltern, Erziehern und allen Erwachsenen, die jungen Menschen bei ihrer Auseinandersetzung mit dem Lebensthema Sterben beistehen wollen, Hilfestellungen anbieten.

Ziel des Buches ist es, Kinder in ihrer Auseinandersetzung mit dem »Stirb und Werde« dort abzuholen, wo sie in ihrer Entwicklung und ihrer persönlichen Lebenssituation stehen.

- Das Buch möchte sensibel machen für den natürlichen Zugang der Kinder zu Fragen des Lebens und Sterbens. Es soll Verständnis wecken für Verhaltensweisen und Fragen, für Reaktionen und Gesten der Kinder z. B.
  — auf den Verlust des Lieblingsteddys;
  — auf den Tod der geliebten Katze;
  — auf das Sterben von Oma oder Opa;
  — auf die Trauer um den geliebten Spielkameraden.
- Das Buch möchte Verständnis wecken für all jene Ausdrucksweisen kindlicher Trauer, die uns Erwachsenen nur schwer zugänglich oder verständlich sind – ja, die uns manchmal sogar verletzen.

- Für den einen oder anderen Leser wird dieses Buch vielleicht auch eine Chance sein, das »verletzte, trauernde Kind« in sich selbst besser zu verstehen es anzunehmen und versöhnt in den Arm zu schließen.

Wie ist das vorliegende Buch aufgebaut?

- Gleich zu Beginn bieten wir den LeserInnen die Möglichkeit an, den eigenen Gedanken zum Thema Tod nachzuspüren. Trauer und die in diesem Zusammenhang auftretenden Gefühle und Reaktionen werden dargestellt und sollen zu einem tieferen Verständnis des Trauergeschehens bei sich und anderen führen.
- Thema des zweiten Abschnittes sind die kindlichen Vorstellungen über das Sterben und den Tod. Dabei werden auch alterstypische Unterschiede dargestellt und die Entstehung des Todeskonzeptes erläutert. Schließlich werden kindliche Ängste rund um Tod und Sterben beleuchtet.
- Im dritten Abschnitt geht es um die konkrete Begleitung von trauernden Kindern und Jugendlichen. Es werden Orientierunghilfen angeboten, kreative Möglichkeiten der Trauerarbeit angesprochen und Hilfen für ein gutes Gespräch dargestellt.
- Im vierten und letzten Abschnitt des Buches wird der Aspekt der Begleitung um die Dimension der »vorbereitenden« Arbeit mit Kindern und Jugendlichen erweitert. Es geht hierbei um Möglichkeiten, zu einem tieferen Lebens-Verständnis zu kommen. Der Jahreskreislauf, Feste, Rituale, aber auch der Umgang mit der Wahrheit im Zusammenhang mit Fragen rund um Sterben, Tod und Trauer werden behandelt.

Die vier Kapitel sind so aufgebaut, daß sie sowohl eine theoretische Hintergrundinformation geben als auch praktische Anregungen für die Begegnung mit Kindern und Jugendlichen. Darüber hinaus sollen Impulse für eine persönliche Auseinandersetzung mit den jeweiligen Themenschwerpunkten eine Chance zur Vertiefung persönlicher Zugänge bieten. Fallbeispiele, ausgesuchte literarische Texte sowie meditatives Bildmaterial runden jedes Kapitel ab und unterstreichen den ganzheitlichen Ansatz dieses Buches.

Für wen ist dieses Buch geschrieben?

- Das Buch wendet sich an Menschen, die privat oder beruflich mit Kindern und/oder Jugendlichen leben oder arbeiten.

- Das Buch wendet sich an Menschen, die bereit sind, sich Kinderfragen zu öffnen – gleichzeitig aber eine gewisse Unsicherheit und Hilflosigkeit bei sich selbst erleben.
- Das Buch wendet sich an Menschen, die ihre eigene »Kindergeschichte« aus einer neuen Perspektive betrachten wollen.

Es ist ein Buch für:

- Eltern, Großeltern, Verwandte, Freunde
- Kindergärtnerinnen, LehrerInnen, SeelsorgerInnen
- Kinderkrankenschwestern, Pflegepersonal, Ärzteschaft
- Psychologen und Therapeuten

. . . und alle, die gerne mit Kindern gemeinsam den Fragen des Lebens nachspüren!

2 AUSEINANDERSETZUNG DER ERWACHSENEN MIT DEM THEMA STERBEN, TOD UND TRAUER

2.1 Persönliche Voraussetzungen für eine gute Begleitung von Kindern und Jugendlichen

Bevor wir auf die Vorstellungswelt der Kinder zum Thema Tod eingehen und konkrete Begleitmöglichkeiten aufzeigen, möchten wir den Blick auf diejenigen lenken, die Kinder und Jugendliche auf ihrem Lebensweg begleiten. Dies sind zum einen Menschen, die sich durch ihren Beruf oft vor die Aufgabe gestellt sehen, den Fragen von Kindern über Leben und Tod zu begegnen. Zum anderen denken wir aber auch an alle Eltern, Großeltern, Freunde und Verwandte, die ihr Leben mit Kindern und Jugendlichen teilen und somit laufend mit dem konfrontiert sind, was Kinder beschäftigt und was ihnen am Herzen liegt.

Eine gute Begleitung beginnt bei der Bereitschaft, sich selbst mit den Dingen des Lebens intensiv auseinanderzusetzen. So sollen an dieser Stelle einige grundsätzliche Gedanken einfließen. Wo Leben ist, ist auch Tod – oder anders ausgedrückt: Der Tod schenkt uns in gewisser Hinsicht erst so recht das Leben! Wüßten wir nicht tief in unserem Inneren um die Endlichkeit unseres Daseins, dann wäre uns unser Leben nicht so wertvoll, dann würden wir nicht so um unser Leben kämpfen, es gestalten und versuchen, ihm in seiner Begrenztheit Sinn zu verleihen. Wir können demnach sagen, daß Sterben, Tod und Trauer ganz wesentlich zum menschlichen Leben gehören. Sie sind als *zentrale Lebensthemen* allen bekannt und vertraut.

Dennoch ist der Umgang mit diesen »schweren« Lebensbereichen nicht leicht. In der konkreten Konfrontation mit der Vergänglichkeit des Lebens spüren viele Menschen eine große Hilflosigkeit. Nur zu oft fehlt es in der persönlichen Biographie, in der individuellen Lebensgeschichte jedes einzelnen Menschen an Modellen, die es möglich machen, den Umgang mit den Schattenseiten des Lebens zu meistern. Auf der gesellschaftlichen Ebenen wird das Thema Tod ebenfalls an den Rand gedrängt und tabuisiert. So kommt es, daß viele Menschen mit ihren Verlusterfahrungen schwer zurechtkommen. Sie neigen dazu, die Fülle an Gefühlen, Fragen und Ängsten wegzuschieben, zu verdrängen und aus ihrem alltäglichen Leben auszuklammern.

Diese oft verzweifelten Versuche, nur die Sonnenseite des Lebens zu betrachten und zu genießen, Krankheit, Verlust, Verfall und Vergänglichkeit auszuklammern, führen jedoch zu einer Entfremdung. Innere Harmonie und Ausgewogenheit können durch Ausgrenzung schwieriger Lebensbereiche nicht erreicht werden und rücken in immer weitere Ferne. Gefühle, die mit Verlusterfahrungen verbunden sind, sollten in unseren gesamten Gefühlsschatz integriert und nicht abgespalten werden! Nur die gedankliche und emotionale Auseinandersetzung mit dem Thema Tod, das Zulassen schmerzhafter Erfahrungen und das Durchleben von Trauerprozessen können zu jener inneren Gelassenheit und menschlichen Reife führen, die an sogenannten weisen Menschen so bewundert wird.

Dabei ist zu bedenken, daß jeder Mensch von Anbeginn seines Lebens in den großen Kreislauf von Werden und Vergehen, von Erblühen, Reifen und Absterben – den tragenden Elementen der Natur – eingebunden ist. Diese Prozesse bewußt zu betrachten und mit den individuellen Erfahrungen in Beziehung zu setzten, können erste hilfreiche Schritte in der Auseinandersetzung mit den Lebensfragen des »Stirb und Werde« sein. Schließlich wird für jeden Menschen der Zeitpunkt kommen, wo er ganz konkret mit dem Sterben, mit dem Tod und der nachfolgenden Trauer konfrontiert ist. Immer wieder ragt der Tod dunkel und für viele bedrohlich in das Leben hinein. Immer wieder müssen Verluste erfahren werden, überschattet Trauer die Heiterkeit und Unbeschwertheit schöner Stunden. Und so wurden und werden Menschen aller Zeiten immer wieder dazu herausgefordert, Abschiede zu bearbeiten und Trauerarbeit zu leisten.

Für den einzelnen ist es wichtig, sich auch diesen schweren und oft bedrückend erlebten Lebensthemen mit Offenheit und einer inneren Bereitschaft zur kreativen Auseinandersetzung zu stellen. Aus vielen Berichten über negative Folgen unbearbeiteter Trauererlebnisse wissen wir über die Bedeutung einer positiven Bewältigung des Themas Tod und Trauer für die persönliche Gesundheit des Menschen. Aber auch für das Leben in der Gemeinschaft ist es wichtig, wie diesen Lebensfragen begegnet wird.

— Wie reagieren Menschen, wenn jemand aus der engen Nachbarschaft stirbt?
— Wie begegnen wir Trauernden?
— Welche Möglichkeiten des Trostes liegen in unseren sozialen Fähigkeiten? Wie geht eine Gesellschaft mit Menschen um, die sich dem Ende ihres Lebens nähern, die im Sterben liegen?

Die Art und Weise, wie die Gesellschaft im allgemeinen und der einzelne im besonderen auf diese Fragen reagiert und ihnen begegnet, schafft ein jeweils besonderes Klima. Und von diesem Klima hängt viel ab! Dies wird besonders deutlich, wenn wir an die Menschen denken, die an den jeweiligen äußersten Polen des Lebens stehen – an die Kinder und an die alten Menschen. Kinder und alte Menschen sind oft auf eine umfassende Hilfe, die eben auch die Bearbeitung von sogenannten Tabuthemen einschließt, angewiesen. Sie brauchen Mitmenschen, die ihre Gedanken und Gefühle zu verstehen suchen und aus diesem liebevollen Verständnis heraus bereit sind, auch Sichtweisen und Reaktionen kennenzulernen und zu akzeptieren, die den eigenen Vorstellungen nicht entsprechen.

Für Kinder wie für alte Menschen ist es eine wunderbare Erfahrung, wenn es Menschen gibt, die nicht nur die schönen Stunden teilen und sich in der gemeinsamen Freude einfinden. Wie wichtig ist es, in dunklen Stunden Menschen bei sich zu wissen, die Verständnis aufbringen für »schwere« Gedanken und für negative Gefühle! Für beide Seiten kann die gemeinsame Suche nach Antworten auf wichtige Lebensfragen zu einem berührenden und beglückenden Erlebnis werden.

— Welche persönlichen und fachlichen Voraussetzungen brauchen nun Menschen, die andere begleiten?
— Kann das jeder oder bedarf es einer besonderen Schulung?
— Worauf müssen Menschen achten, die bereit sind, anderen auf ihrem Weg durch die Höhen und Tiefen des Lebens beizustehen?
— Welche Voraussetzungen sind notwendig, um speziell Kinder und Jugendliche in ihrer Suche nach Antworten auf die Fragen über Leben und Sterben, über Tod und Trauer zu begleiten?

Zunächst möchten wir festhalten, daß in *jedem* von uns Begleiterqualitäten schlummern. Jeder von uns kann für einen anderen Menschen dasein, ihn stützen, sich mit ihm beschäftigen und an seiner Reise in das Land der Phantasie, der Gedankenexperimente teilnehmen. Dies gilt für Ehepartner, Freunde, für Eltern, Mitschüler, Lehrer und Kollegen . . . . Voraussetzung für eine für beide Seiten zufriedenstellende Begegnung wird unter anderem die Fähigkeit des empathischen Einfühlens in die Gedanken- und Gefühlswelt des anderen sein. Auch das Wissen um die Gesetzmäßigkeit bestimmter innerpsychischer Prozesse – etwa des Trauerprozesses – kann in schwierigen Situationen zu einer Stütze für den Begleiter werden. Zusätzlich kann es hilfreich sein, Regeln der Gesprächsführung zu kennen. Wir könnten noch eine lange Liste hilfreicher Bedingungen für eine gute Begleitung anführen. Worum es jedoch im wesentlichen geht, läßt sich in einem einzigen Satz gut umschreiben, der gleichsam als Motto für eine gute Begleitung stehen könnte: »Ganz bei sich und mit dem anderen«. Mit diesem Satz, der eng mit der großen Kommunikationsforscherin Virginia Satir verbunden ist, möchten wir die Bedeutung der ganz persönlichen Auseinandersetzung mit dem Lebensthema Tod und Trauer unterstreichen.

Diese persönliche Auseinandersetzung stellt die beste Voraussetzung für eine gute Begleitung – speziell von Kindern und Jugendlichen – dar. Kinder haben die Fähigkeit, bis auf den Grund unserer Seele zu schauen. Sie werden sehr rasch erkennen, inwieweit das Thema Tod für uns ein Schreckensthema ist, vor dem wir innerlich erzittern und vor dem wir die Kinder eigentlich fernhalten wollen. Sie werden mit ihrem sechsten Sinn rasch erspüren, ob wir selbst bereit sind, heikle Fragen zuzulassen, ob wir in unserem Inneren eine Brücke bauen können zwischen Sonnenseite und Schattenseite des Lebens oder ob wir selbst von Angst und Pein gequält werden, wenn wir an das Sterben denken. Wer Kindern ein guter Begleiter in diesen heiklen Fragen sein will, muß als erstes bei der eigenen Geschichte anfangen und herausfinden, wie er selbst zu dem Thema Sterben, Tod und Trauer einen Bezug oder eben einen Nicht-Bezug herstellen konnte.

> Nur wer bereit ist, sich auf eine Entdeckungsreise in das Land der eigenen Kindheit zu begeben, wird Kindern auf ihrer Suche nach Antworten auf »letzte« Fragen hilfreicher Weggefährte sein können.

Jeder Mensch wird seinen eigenen Zugang zu seinen Kindheitserfahrungen haben. Manche können sich mit Eltern und Geschwistern austauschen. Andere werden in Träumen auf Bilder stoßen, die Aufschluß über nicht verarbeitete Erlebnisse geben. Auch alte Tagebücher, Erzählungen von Verwandten und Freunde bringen oftmals Erhellendes zum Vorschein. Hilfreich können auch sogenannte *Leitfragen* sein, mit deren Hilfe wir uns an unsere eigene Geschichte herantasten.
Wir haben eine kleine Auswahl solcher Fragen zusammengestellt:
— Wann tauchten im eigenen Leben die ersten Fragen nach Sterben und Tod auf?
— Welche Ereignisse rund um den Tod sind als innere Bilder vorhanden?
— Welche Verlusterfahrungen haben die eigene Kindheit geprägt?
— Wie haben die Menschen im Umfeld der eigenen Kindheit auf Fragen über Sterben und Tod reagiert?
— Wie schaut die eigene Verlust- und Abschiedsgeschichte aus?
— Wodurch und mit Hilfe welcher Menschen ist es gelungen, eine Vorstellung von Leben und Sterben, von Tod und Vergänglichkeit zu entwickeln?
— Wie haben sich die Vorstellungen über das Sterben und über den Tod im Laufe der Lebensgeschichte verändert?
— Was bedeutet der Tod für uns im gegenwärtigen Lebensabschnitt?
— Was macht noch immer Angst, wenn Sterben, Tod und Trauer das eigene Leben streifen?

Zusammenfassend möchten wir festhalten, welche Bereiche für eine gute und hilfreiche Begleitung von Kindern und Jugendlichen wichtig sind:

- Bereitschaft, sich mit der eigenen »Verlustgeschichte« zu beschäftigen
- Auseinandersetzung mit dem Thema Sterben, Tod und Trauer auf gedanklicher und emotionaler Ebene
- Wissen um den typischen Verlauf eines Trauergeschehens
- Wissen um alterstypische Möglichkeiten der Verarbeitung und des Verstehens des Sterbegeschehens bei Kindern und Jugendlichen
- Einfühlungsvermögen
- Fähigkeit, ein Gespräch gut zu beginnen, aufrechtzuerhalten und zu beenden

Anregungen für eine persönliche Auseinandersetzung der Begleiter

Impulsfrage 1

Wir laden Sie ein, in der »Geschichte Ihrer Verluste« Schritt für Schritt zurück in Ihre Kindertage zu gehen, bis Sie in Ihrer Erinnerung auf die erste Verlusterfahrung stoßen. Versuchen Sie sich mit folgenden Fragen auseinanderzusetzen:

— Wie alt waren Sie, als Sie zum ersten Mal mit einem für sie schmerzhaften Verlust konfrontiert waren?
— Um welchen Verlust handelte es sich – war es eine geliebte Person, ein Spielzeug, ein Tier?
— Welche Erinnerungen tauchen im Zusammenhang mit diesem Erlebnis in Ihnen auf . . .?
    Was haben Sie damals gefühlt, gedacht, getan . . . ?
    Wie hat Ihre Umwelt reagiert?
    Wie ist man mit Ihnen umgegangen?
    Was war für Sie hilfreich, was war weniger gut?

Impulsfrage 2

Denken Sie an Ihre Herkunftsfamilie. Wie wurde in ihrer Familie mit Verlusterfahrungen umgegangen?
War es möglich, Trauer auszudrücken, zu weinen, zu klagen . . . ?
Wie wurde über den Tod gesprochen – wurde überhaupt davon gesprochen?

Impulsfrage 3

Nehmen Sie ein Blatt Papier und geben Sie sich einige Minuten Zeit. Versuchen Sie folgende Sätze mit mehreren Aussagen zu beenden:

»Leben ist für mich wie . . . .«
»Sterben ist für mich wie . . . .«
»Wenn ich an das Sterben denke, habe ich Angst vor . . . .«

2.2 Gedanken über den Tod als Teil des menschlichen Weltbildes

Vorstellungen des Menschen über den Tod als Schlußpunkt seines Lebens gehören zur Gesamtheit des menschlichen Weltbildes. So wie wir im Laufe des Lebens bestimmte Auffassungen beispielsweise über den Ursprung des Lebens, den Beginn der menschlichen Existenz oder die Möglichkeiten göttlichen Wirkens entwickeln, fügen sich auch Gedanken und Bilder über den Tod und seine Bedeutung in das individuelle Weltbild ein. Dies ist nicht eine Errungenschaft, die den Menschen unserer Zeit vorbehalten blieb, sondern war zu allen Zeiten so. Demnach können wir sagen, daß die bewußte Auseinandersetzung mit dem Tod als Teil der menschlichen Existenz so alt ist wie die Menschheit selbst.

Durch die enge Beziehung zwischen Leben und Tod sowie durch die Begrenztheit, die der Tod unserem Leben gleichsam vorgibt, erfährt das Leben gerade angesichts des Todes eine ganz besondere Qualität. So ist der Tod nicht nur das Ende des Lebens, er stellt auch die letzte Möglichkeit einer individuellen Lebensgestaltung dar.

> Nur durch das Bewußtwerden der Endlichkeit unseres Daseins sind wir aufgerufen, Einmaliges zu schaffen, Individualität lebendig werden zu lassen und den Fragen nach dem Sinn unseres Daseins nachzuspüren.

In allen Kulturen aller Zeiten wurde und wird dem Tod denn auch ein besonderer Platz eingeräumt. Überlieferte Erzählungen, alte Schriften, in Stein gehauene Szenen, Höhlenmalereien, eine Fülle von Gemälden, Stichen und nicht zuletzt zahlreiche Grabbeigaben legen ein Zeugnis von der jeweiligen Sicht der Menschen über ihr Ende ab. An Hand von Beispielen aus der Kultur der Bestattungsrituale wird es möglich, einen Einblick in die Fülle unterschiedlichster Todes- und Jenseitsvorstellungen zu bekommen.

Einige wenige Beispiele sollen das im folgenden veranschaulichen:

Eine der ältesten Begräbnisstätten – die Höhle von Ofnet – stammt aus der Altsteinzeit. Es handelt sich dabei um einen Fund von 27 menschlichen Schädeln, die präzise vom Körper getrennt und eigens präpariert wurden. Alle blicken nach Westen, und Archäologen vermuten, daß die Menschen jener Zeit an ein Totenreich glaubten, das dort liegt, wo die Sonne untergeht. Die Schädel waren in roten Ocker gebettet. Dies bedeutet, daß den Schädeln Blut beigegeben wurde. Die fürsorgliche Geste ist ebenso bemerkenswert wie die zahlreichen Verzierungen der Kinderschädel mit Schneckenhäusern und die Halsketten aus Hirschzähnen, die man an weiblichen Schädeln fand. Der Schädelinhalt wurde entfernt. Wahrscheinlich wurde das Gehirn gegessen, um sich so die Kraft des Toten einzuverleiben.

Über das Todeskonzept jener Menschen ist zu sagen, daß sie zum einen ein ganz konkretes Totenreich angenommen haben, für das sie ihre Toten geschmückt und vorbereitet haben. Zum anderen bestand der Wunsch, der wohl bis in unsere Tage fortbesteht, daß die Kraft der Toten auf die Lebenden übergehen könnte, indem Teile des Toten aufbewahrt und in Ehren gehalten wurden – etwa der Schädel als Trinkgefäß oder Teile des Kieferskeletts als Amulette.

Das Wesentliche dieses Schädelkultes läßt sich durch die Geschichte weiter verfolgen und reicht bis in die heutige Zeit, wo man Elemente des Kultes bei verschiedenen Stämmen Australiens noch finden kann.

Seit Beginn der mittleren Steinzeit haben sich die Formen der Bestattung geändert. Allmählich verbreitete sich der Glaube, die Seele des Verstorbenen könnte außerhalb der Grabstätte weiterwirken und der Körper der Toten sei auch über den biologischen Tod hinaus wichtig. So wurde der Leichnam des Verstorbenen in der Weise bestattet, daß sein Grab gleichsam zur Wohnung wurde, ausgestattet mit Wegzehrung, Licht in Form von Öllampen, Geräten, manchmal sogar der Dienerschaft.

Im Todeskonzept jener Menschen war die Vorstellung fest verankert, daß der Tote eine Grenze überschreiten muß z. B. einen Fluß, eine Schlucht oder ein Tal. Um die Grenzwächter milde zu stimmen, gab man den Toten eine Münze unter die Zunge oder legte unter beide Augenlider eine kostbare Perle, um beispielsweise den Fährmann bezahlen zu können.

Aber nicht nur das Weiterleben von Seele und Körper in einem anderen, den Lebenden nicht zugänglichen Reich, wurde Bestandteil des jeweiligen Todeskonzeptes. Auch die Vorstellung, der Tote könne zurückkommen, beschäftigte zahlreiche Völker zu unterschiedlichsten Zeiten. Aus dieser Totenfurcht heraus entwickelte sich eine Bestattungsform, in der die Toten in einer Hockstellung verschnürt und in einen Fellsack eingenäht wurden (peruanische Funde). Andere Formen, sich vor der Wiederkehr der Toten zu schützen, bestanden darin, daß den Toten die Sehnen durchschnitten oder die Beine amputiert wurden (Berichte aus Bestattungsformen der Eskimos). Auch die Bestattungsform des »Trocknens« der Leichen am Feuer (Beobachtungen bei Stämmen Neuguineas und Australiens) stellt einen Versuch dar, die Toten daran zu hindern, in das Leben der Hinterbliebenen einzugreifen. Mit großer Sorgfalt wurden die Leichen in einer 10-wöchigen Prozedur getrocknet. In dieser Zeit wurde die Leiche von den Angehörigen liebevoll behandelt. Man hielt Fliegen von ihr fern und steckte ihr Essen in den Mund. Nachdem die Mumie ihre endgültige Gestalt bekommen hatte, wurde sie auf einen Berggipfel gebracht. Die Eingeborenen erkletterten die steilen Wände mit einer Leiter aus Lianen. Auf dem Gipfel wurde eine Art Bank gebaut, auf der die Toten wie auf einer Gartenbank nebeneinander sitzen und ins Land hinaus schauen konnten.

Andere Bilder über den Tod beinhalten die Vorstellung, daß die Toten am Leben der Ihren ganz intensiv teilnehmen. Dieses Todeskonzept leugnet in gewisser Weise die biologischen Tatsachen des Todes. Für diese Menschen ist das Wohlergehen der Lebenden ganz entscheidend vom Wohlergehen der Toten abhängig, die umsorgt und hochverehrt werden. Aus dieser Grundeinstellung dem »lebenden« Leichnam gegenüber ist die Kunst der Einbalsamierung entstanden. Dies ist nicht nur aus Ägypten bekannt. Der Leichnam wurde ausgeweidet, in einer Salzbrühe konserviert und mit duftenden Kräutern behandelt. So präpariert wurde er zum »Leichnam für die Ewigkeit«, und sein biologisches Ende schien verhindert zu sein.

Als letztes Beispiel der Auswirkungen eines bestimmten Todeskonzeptes auf den Umgang mit den Verstorbenen möchten wir das Allerseelenfest – das Bonmatsuri – der Japaner erwähnen. Bis auf den heutigen Tag wird dieses Fest am 13. Juli gefeiert. Man schmückt die Schreine mit geheiligten Zweigen und frischen Lotosblüten und stellt das Zen, das kleine Lacktischchen, vor den Ahnenschrein. Auf diesem Tischchen werden winzige Mahlzeiten für die Toten serviert. Man bietet den unsichtbaren Gästen auch Wasser an und erfrischt sie alle Stunde mit Tee. Drei Tage werden die Toten so bewirtet. Bei Sonnenuntergang entzündet man Kienfackeln, damit die Totengeister den Weg ins Haus finden. Die mit wunderbaren Scherenschnitten verzierten Laternen werden allabendlich zu Ehren der Toten an den Haustüren befestigt.

Die angeführten Beispiele unterstreichen, wie sehr das Thema Tod und die Fragen, die sich um das »Leben nach dem Tod« ranken, das konkrete Handeln der Menschen beeinflußt haben. Die große Bandbreite an Vorstellungen und konkreten Verhaltenswiesen zeigt die Abhängigkeit des Todeskonzeptes von historischen und kulturellen Größen. Jede Zeit und jede Kultur hat ihre eigenen Vorstellungen von Leben und Tod entwickelt, hat gleichsam ihr eigenes Todeskonzept entworfen. Menschen aller Zeiten und aller Länder haben sich somit ihre ganz konkreten Vorstellungen über den Tod und seine enge Beziehung zum Leben gemacht. Wie diese Gedanken, diese Bilder einer Welt, die eben alle »Weltteile« der Seele einbeziehen, im einzelnen aussehen, war und ist historisch und kulturell bedingt. So ist es ein großer Unterschied, ob wir bei Menschen des Mittelalters nach jenen Gedanken und inneren Bildern suchen, die mit der Endlichkeit irdischen Lebens verbunden sind oder etwa bei Vertretern sogenannter Primitivkulturen.

Die Beispiele der Totenkulte verschiedener Epochen und Länder, wie wir sie exemplarisch vorgestellt haben, sind eine Möglichkeit, einen Einblick in die Todeskonzepte der Menschen zu erhalten. Eine andere Möglichkeit stellt das Erforschen des *Umgangs mit dem Sterben* selbst dar. Wie gingen und gehen Menschen mit der Tatsache um, daß sich ihr Leben einmal dem Ende zuneigt? Wie meistern sie ihr »nahes Ende«? Wie lassen sie ihr Leben los und regeln »die letzten« Dinge?

Philip Ariès hat in seiner berühmt gewordenen Kulturgeschichte des Todes versucht, anhand des ganz konkreten Umgangs der Menschen mit dem Tod den sozialen und kulturellen Wandel im Laufe der Geschichte des Abendlandes aufzuzeigen. Wie die Menschen mit ihrer eigenen Sterblichkeit und dem Tod ihrer nächsten Lieben umgehen, gibt einen tiefen Einblick in ihr Denkmuster, in ihr Weltbild im allgemeinen und ihr Todeskonzept im besonderen.

Über viele Jahrtausende war es selbstverständlich, daß die Menschen sich ihrer Sterblichkeit sehr bewußt waren und dazu auch offen standen. Der einzelne war bis weit über das Mittelalter hinaus weitgehend »Herr seines Todes« in dem Sinne

- daß er sich bewußt war, sterben zu müssen;
- daß er diesen Tod in sein Leben einplante und einbezog;
- daß er die Umstände seines Sterbens weitgehend mitgestaltete und so zur Hauptperson im Sterbegeschehen wurde.

Dieser bewußte Umgang mit dem Tod als Teil des Lebens wird in vielen Erzählungen klar ausgedrückt. Auch war die Sensibilität für die »Boten des Todes« in alten Zeiten weitaus höher als in unseren Tagen. Die Menschen »durften« gleichsam ihren nahen Tod ahnen, sie »durften« die Veränderungen, die sie an die Schwelle des Todes brachten, wahrnehmen und ausdrücken. Ja, vielmehr noch, es war in gewissen Sinne sogar die Pflicht jedes einzelnen, seinem Tod bewußt entgegenzusehen und ihn zu gestalten. Für diejenigen, denen es nicht möglich war, ihrem nahen Ende ins Auge zu blicken, gab es Regelungen, wie dies etwa in einem päpstlichen Dokument des Mittelalters zum Ausdruck gebracht wurde. In diesem Dokument wird der Arzt aufgefordert, es als seine Pflicht anzusehen, den Kranken auf sein bevorstehendes Ende hinzuweisen. In späterer Zeit war dies auch oft die Aufgabe der Priester, die mit dem Beinamen »nuncius mortis« bedacht wurden. Zu sterben war nicht nur selbstverständlich, es gab vielmehr klare Richtlinien für diese Lebensphase, die in den *artes moriendi* – »den Künsten des Sterbens« – ausgewiesen waren.

Wie so oft sind es auch beim Thema Tod alte Erzählungen, Mythen und Märchen, die uns ebenfalls einen tiefen Einblick in das jeweils vorherrschende Todeskonzept einer bestimmten Epoche und Kultur gewähren. Viele Helden alter Epen wie zum Beispiel Roland oder Tristan »ahnen« beispielsweise ihr Sterben, sie fühlen, »daß ihr Leben dahinschwindet« , sie »verstehen«, daß sie sterben müssen. Auch in den Märchen wird vom Ahnen des Todes gesprochen:

BEISPIEL
Es war einmal ein Mädchen, dem starb Vater und Mutter, als es noch ein kleines Kind war. Am Ende des Dorfes wohnte in einem Häuschen ganz allein seine Patin, die sich vom Spinnen, Weben und Nähen ernährte. Die Alte nahm das verlassene Kind zu sich, hielt es zur Arbeit an und erzog es in aller Frömmigkeit. Als das Mädchen fünfzehn Jahre alt war, erkrankte sie, rief das Kind an ihr Bett und sagte: »Liebe Tochter, ich fühle, daß mein Ende herannaht, ich hinterlasse dir das Häuschen, darin bist du vor Wind und Wetter geschützt; dazu Spindel, Weberschiffchen und Nadel. Damit kannst du dir dein Brot verdienen.« Sie legte noch die Hände auf seinen Kopf, segnete es und sprach: »Behalt nur Gott im Herzen, so wird dir's wohl gehen!« Darauf schloß sie die Augen, und als sie zur Erde bestattet wurde, ging das Mädchen bitterlich weinend hinter dem Sarge und erwies ihr die letzte Ehre.
(GRIMM)

Oft treffen die Hauptpersonen der Geschichten letzte Anweisungen und Vorbereitungen für die Zeit nach ihrem Dahinscheiden. Sie nehmen diese letzte Möglichkeit der Lebensgestaltung sehr intensiv wahr. Bekannt sind Schilderungen von letzten Stunden – Todesstunden – , wo der Sterbende, der sehr bewußt seinem Tod ins Auge schaut, seine ganze Familie einschließlich aller Kinder, Angehörigen, Freunde und Nachbarn um sein Bett versammelt. Mit letzter Kraft und letztem Gestaltungswillen bereitet er sein irdisches Ende vor, führt letzte Gespräche und erwartet gemeinsam im Kreis vertrauter Menschen den Tod.
Es liegt auf der Hand, daß die Menschen jener Zeit ein anderes Bild vom Tod hatten als wir, daß ihr Todeskonzept ein anderes war als das der Menschen unserer Tage. Heute leben wir in einer Zeit, wo der Tod oft ausgeklammert ist, der Tod eher als Betriebsunfall einer auf moderne Technik ausgerichteten Medizin ist. Der Umgang mit der Wahrheit am Kranken- und Sterbebett wird zum öffentlich diskutierten Thema, und vorbei sind die Zeiten, wo die Menschen in klaren Abschiedsritualen die letzten Stunden geregelt wußten. Damit ist auch die Selbstverständlichkeit verlorengegangen, mit der Menschen aller Altersstufen an dem Prozeß des Sterbens teilnehmen konnten.

> Die Pole des Lebens – Geburt und Tod – sind aus dem familiären Rahmen verdrängt worden, sind gleichsam ausgebürgert und delegiert worden.

Dies mag in bestimmter Hinsicht ein Gewinn sein, bringt aber mit sich, daß der selbstverständliche Umgang mit Leben und Sterben und der ganzen Gefühlspalette, die diese beiden elementaren Lebensereignisse begleitet, ausgegrenzt und nicht mehr unmittelbar erfahren werden kann. Durch die Ausgliederung dieser elementaren Lebenserfahrungen aus der vertrauten Atmosphäre der Familie und des kleinen überschaubaren sozialen Rahmens – etwa einer Dorfgemeinde – kann es allmählich zu einer Abspaltung bestimmter Gefühle kommen, die ursprünglich einfach »dazugehörten«. Beispielsweise gewinnt die Angst vor dem Tod plötzlich eine übergroße Dimension, wenn sie nicht direkt am Sterbebett im Schoß der Familie und im Kreis vertrauter Menschen ausgedrückt, ausgelebt und damit verarbeitet werden kann. Den Menschen unserer Tage fehlen konkrete Erfahrungen im Umgang mit Grenzerfahrungen des Lebens oder besser ausgedrückt mit den Erfahrungen an den Grenzen des Lebens.

Wir haben bisher eher von der Entstehung übergreifender Todeskonzepte gesprochen und sie anhand von Bestattungskulten einerseits und dem konkreten Umgang mit dem Sterben andererseits betrachtet.

Wie entsteht jedoch in jedem einzelnen von uns die Vorstellungslandschaft über den Tod?

Welche Elemente tragen dazu bei, daß wir als erwachsene Menschen bestimmte Vorstellungen über das Sterben und den Tod haben?

- Die jeweils persönlichen Todeskonzepte entwickeln sich im Laufe der individuellen Entwicklung aus verschieden Komponenten. Zum einen spielt der *kulturelle Rahmen*, in dem jeder von uns groß wird, eine entscheidende Rolle bei der Entfaltung der Bilder und Vorstellungen vom Tod, die überdauernd in uns Raum greifen. Das heißt nicht, daß im Laufe unserer persönlichen Entwicklung nicht auch ganz andere Bilder vom Tod, von Jenseitsvorstellungen, von Gott usw. in uns entstehen können. Überdauern werden sie jedoch meist nur dann, wenn sie in ein größeres kulturelles Umfeld passen, in dem wir leben oder zumindest in das Umfeld einer für uns relevanten Gruppe.
- Eng mit dem kulturellen Rahmen ist der *religiöse Rahmen* verbunden. In jeder Religion spielt der Tod und alles was rund um diesen sensiblen Lebensbereich passiert, eine große Rolle. An die Auffassung vom Tod sind auch ganz konkrete Jenseitsvorstellungen geknüpft, die den Tod entweder in ein verklärendes Licht der Erlösung tauchen oder zu

einem gefürchteten Prüfstein werden lassen, zum Tag der Wahrheit und des Gerichtes über unsere Lebenstaten.

- Als dritte einflußreiche Komponente bei der Entstehung des individuellen Todeskonzeptes sei auf die jeweils für eine bestimmte Familie typischen Denk- und Verhaltensmuster hingewiesen. Der spezifische *familiäre Rahmen* ist es denn auch, der meist ganz wesentlich dazu beiträgt, welche bestimmten Todesvorstellungen überdauernd in das eigene Lebenskonzept und Weltbild integriert werden.

Alle drei Elemente beeinflussen bereits das Kind in seiner geistig-seelischen Entwicklung und führen beim jungen Erwachsenen schließlich zu einem bestimmten Todeskonzept, zu einer ganz bestimmten Einstellung zum Sterben, zum Tod und der Bedeutung, die er für das konkrete Leben hat. Es entstehen immer wieder neue, andere, noch unbekannte Konstrukte darüber, wie Tod verstanden und in das eigene Leben integriert werden kann. Die Menschen unserer Tage haben den Vorteil, sich ihre Sicht der Dinge, ihr Weltbild weitgehend selbst konstruieren zu können. Sie haben aber auch den Nachteil, jene Sicherheit nicht mehr erfahren zu können, die über viele Jahrhunderte hinweg durch allgemeingültige Todesvorstellungen und rituelle Handlungen den Menschen den Umgang mit Sterben und Tod erleichterte.

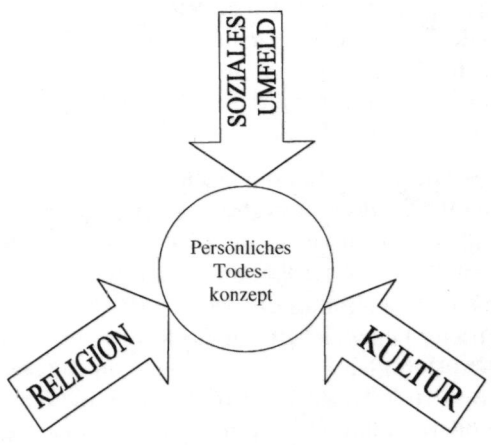

Abb. 1: Einflußfaktoren des persönlichen Todeskonzeptes

24

Anregungen für eine persönliche Auseinandersetzung der Begleiter

Impulsfrage 1
Welche Bilder und Assoziationen löst das Wort TOD in Ihnen aus? Nehmen Sie den nachfolgenden Satz als Hilfestellung, Ihre inneren Bilder in Worte zu fassen!
»Wenn ich das Wort Tod höre, denke ich an . . .«

Impulsfrage 2
Welche allgemein bekannten Umschreibungen sind Ihnen für das Wort STERBEN und TOD bekannt (etwa der Tod als Sensenmann)? Machen Sie eine möglichst umfassende Liste!

Impulsfrage 3
Welche Bestattungszeremonien und Rituale rund um den Tod sind Ihnen bekannt? Versuchen Sie eine Verbindung herzustellen zwischen konkreten Verhaltensweisen am Sterbebett, am Grab, bei den Feierlichkeiten nach der Beerdigung einerseits und den möglichen Vorstellungen, die hinter diesen Handlungen stehen. Welche Todeskonzepte vermuten Sie dahinter?

2.3   Unser Leben – ein großes Abschiednehmen

Mehrfach schon wurde darauf hingewiesen, daß Leben und Sterben untrennbar miteinander verbunden sind. Der Tod als endgültiger Schlußpunkt eines Lebens löst in vielen Menschen Angst, Verzweiflung und Hilflosigkeit aus. Nur selten sind wir bereit und in der Lage, auf die vielen »kleinen Tode« im Laufe unseres Lebens hinzuschauen. Doch könnte gerade darin der Schlüssel für ein tieferes Verständnis von Sterben und Loslassen liegen. Das Bewußtwerden der vielen kleinen Abschiede, Trennungen, Neuorientierungen, die jedes Leben von der Geburt an mit sich bringt, kann die Angst vor dem »großen Tod«, dem Ende unseres irdischen Daseins, mildern.
Zwei Möglichkeiten sollen nun angesprochen werden, die eine Beschäftigung mit der Abschiedlichkeit des Lebens nahelegen:
● das Betrachten des Jahreskreislaufes und
● das Betrachten des eigenen Lebensbogens.
Der *Jahreskreislauf*, der Weg, den uns die Natur Jahr für Jahr vorlebt, geht vom Werden hin zum Vergehen und wiederum zu neuem Werden. In einem immer wiederkehrenden Kreislauf muß Altes sterben, kann Neues entstehen.

Alles, was wir rund um uns in der Natur beobachten, hören, riechen, schmecken und fühlen können, zeigt uns diesen ewigen Kreislauf von Werden und Vergehen. Betrachten wir einmal den Ablauf der Jahreszeiten:

Der *Sommer* schenkt uns in seiner Fülle ein Gefühl der Lebensfreude, der überschäumenden Lust am Leben. Das Korn ist reif, der Wind spielt mit den vollen Ähren, die Schwalben spielen im Wind, Vögel ziehen ihre Kreise, singen und jubilieren. Das Meer, Seen und Bäche laden ein, in die erfrischende Kühle des Wassers einzutauchen. Das Grün der Bergmatten leuchtet, die Bergblumen strahlen in kräftigen Farben. Die Sonne überstrahlt alles, die Tage sind »lang«, die Abende mild. Gewitter durchbrechen manchmal die Sonnentage, und Regen bringt neue Kraft.

Der *Herbst* kündigt sich durch »kürzer« werdende Tage an, durch ein Absinken der Temperaturen. Die Abende sind nicht mehr so lau, die Kraft der Sonne nicht mehr so stark, der Wind bläst frisch über die Wiesen. Die Felder stehen im Zeichen der Ernte, Kinder spielen auf Stoppelfeldern, Schwalben ziehen gen Süden. Erste Herbstfröste lassen das Ende der warmen Tage ahnen. Die Bergmatten färben sich braun, die Berggipfel sind da und dort mit dem ersten Schnee überzuckert. Das Laub der Bäume erstrahlt in den herrlichsten, kräftigsten Farben, leuchtet auf – und fällt zu Boden.

Der *Winter* überzieht mit Nebel, Kälte, Eis und Schnee die Landschaft. Eisblumen zieren die Fenster, Eiszapfen hängen von Dachrinnen, Schneemänner stehen im Garten. Seen und Bäche liegen unter einer Eisschicht und hungrige Vögel suchen nach Nahrung. Die Tage sind kurz, und Dunkelheit ruft die Sehnsucht nach Licht wach: Laternen werden gebastelt, Kerzen angezündet.

Das *Frühjahr* kündigt sich meist zaghaft an, der Schnee schmilzt, allmählich werden die Sonnenstrahlen kräftiger, beginnen die Vögel lauter zu singen. Die Wiesen färben sich langsam grün und erste Blumen kommen aus der Erde. Die Bäume treiben ihre Knospen und die Felder werden bestellt. Die Tage werden länger – und dann passiert es, meist recht plötzlich, daß alles in Blüte steht! Jeder Baum zeigt sich in seiner schönsten Blütenpracht. Zarte, schillernde Farben verwöhnen die Augen, herrlichste Düfte liegen in der Luft und jede sanfte Brise bringt neue Gerüche.

Das Thema der Jahreszeiten mit den für sie typischen Farben, Gerüchen, Früchten, aber auch Verhaltensweisen von Menschen und Tieren hat viele Dichter herausgefordert, Wesentliches in Worten einzufangen und gleichsam festzuhalten. Exemplarisch seien an dieser Stelle einige HAIKUs wiedergegeben, jene Form der japanischen Dichtkunst, die in aller Kürze Wesentliches zum Ausdruck bringt.

SOMMER

Der Frühling geht –
Die Vögel schrein ihm nach,
In den Augen der Fische sind Tränen.
(Basho)

Die Kirschblüten sind gefallen –
Zwischen den grünen Zweigen erscheint
Der Tempel.
(Buson)

Im Sommerregen
Schwimmen die Frösche mir
Bis vor die Haustür.
(Sampu)

HERBST

Die Schritte des Ersehnten –
Wie fern sie sind
Auf den gefallnen Blättern.
(Buson)

Ein kahler Berg.
Ein alter Bauer gräbt
Wilde Kartoffeln aus.
(Basho)

Abend im Herbst.
Auf einem dürren Ast
Hockt eine Krähe.
(Basho)

WINTER

Das Riedgras sinkt.
Das Auge sieht
Die Kälte wachsen.
(Issa)

Du mache Feuer, und ich
Will dir was Schönes zeigen:
Einen Ball aus Schnee.
(Basho)

Die Welt im Schnee. Laß uns
Die schönste Aussicht suchen gehen,
bis wir taumeln, fallen.
(Basho)

FRÜHLING

Der Schnee ist geschmolzen
Das Dorf läuft über
Von Kindern.
(Issa)

Ich habe den Boten
Unterwegs getroffen, öffne den Brief –
Der Frühlingswind!
(Kito)

Als ich zurücksah,
war die Welt ertrunken
in Kirschblüten.
(Chora)

Um sich der Frage des Abschiednehmens und der Vergänglichkeit zu nä-
hern, ist bei der Betrachtung der verschiedenen Jahreszeiten besonders
auf die Übergänge zu achten.
— Wie kündigt sich der Abschied einer Jahreszeit an, das Zu-Ende-Gehen
   warmer Tage, das Aufbrechen verkrusteter Eisdecken?
— Woran merken wir ein »Frühlingsahnen« in der Natur?
— Wo steckt in einem herrlichen Sommertag noch ein bißchen Frühling
   und doch schon etwas vom Herbst?
— Was muß alles vergehen, damit Neues entstehen kann?
In jeder Jahreszeit lassen sich Vorankündigungen des nächsten Abschnitts
des Jahreskreislaufes erkennen – ebenso wie so manche Erinnerungen an
vergangene Tage nachklingen. Es gibt also gleichsam Vorbereitungszeiten
und Nachbereitungszeiten, die den Übergängen die Schärfe und Härte
nehmen, die den Jahreskreislauf der Natur als harmonisches Ganzes erscheinen lassen.

27

Für die Bewältigung eigener Lebensübergänge kann es sehr hilfreich sein, auf die Vorgänge in der Natur zu achten und genau hinzusehen, wie Abschiede vorbereitet werden und mit welcher Selbstverständlichkeit jeder Teil der Natur zu seiner Zeit losläßt, stirbt, vergeht, um nach gewisser Zeit, neu, »anders und doch gleich«, wiederzukehren. Der Kreislauf der Natur besteht aus einem ewigen »Stirb und Werde«. Daran in achtsamer Offenheit teilzunehmen, ist für den Umgang mit den Jahreszeiten des eigenen Lebens wichtig.

> So kann die Betrachtung des Weges, den die Natur durch das Jahr geht, zu einer Lebenshilfe ganz besonderer Art werden!

Eine zweite wichtige Möglichkeit, sich der Abschiedlichkeit des eigenen Lebens bewußt zu nähern, stellt das Betrachten des eigenen *Lebensbogens* dar. Wir können uns unser Leben als weiten Bogen vorstellen, der sich zwischen den Polen »Geburt« und »Tod« spannt.

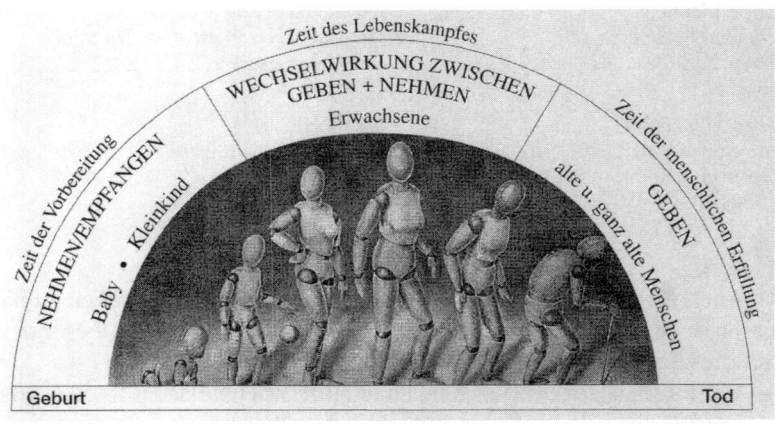

Abb. 2: Figuraler Lebensbogen

Entlang des Lebensbogens kann man nun eine Reise in die eigene Geschichte antreten. Der Beginn dieser Reise liegt bei der Geburt. Schritt für Schritt geht es dann entlang der Lebensbogenlinie durch die einzelnen Stationen des Lebens. Selten geht es bei der Betrachtung der eigenen Vergangenheit um Abschiede, Verluste und Trennungen. Meist stehen oftmals nur vordergründig positive Ereignisse im Mittelpunkt einer solchen Lebensbilanz. Doch es lohnt sich, die Stellen genauer zu betrachten, die

Abschiede nötig machten, die Verlust als Voraussetzung für Neubeginn und Entwicklung charakterisieren!

Die zahlreichen Veränderungen der ersten Lebensjahre (vgl. 3.1) können nur dann Erweiterung, Entwicklung, ein Voranschreiten im positiven Sinn nach sich ziehen, wenn wir imstande sind, Altes loszulassen und vertrauten Boden zu verlassen. Das beginnt schon beim kleinen Kind, wenn es seine ersten Schritte weg von dem sicheren »Heimathafen Mutter« macht. Die schützenden Arme der Mutter müssen verlassen werden, um die »Welt« zu erobern, um sich den eigenen Lebensaufgaben zu stellen. Dieses Thema zieht sich wie ein roter Faden durch alle Entwicklungsjahre, sei dies nun das Jugendalter, die Zeit der Berufssuche und Berufsfindung, der Partnerschaft oder des Älterwerdens. Die Zeiten der Übergänge sind oft schwierig und tragen alle Kennzeichen von Chaos, emotionalem Durcheinander, Unsicherheit und Ratlosigkeit – bis dann endlich ein Ahnen von Neuem auftaucht, ein Durchbruch zu einem neuen Weg gefunden wird.

> Selten wird uns bewußt, daß viele, viele kleinere und größere Abschiede in unserem Leben nötig sind und waren, um unseren ganz persönlichen Lebensweg zu gehen.

Jede Entscheidung für eine bestimmte Richtung unseres Lebensweges, sei dies ein Partner, ein Beruf, ein Wohnort, ein Hobby, beinhaltet viele »Neins«, viele gewollte oder ungewollte Verzichte, viele Abschiede.

Ich muß etwas loslassen, um ein bestimmtes Ziel zu erreichen.

Ich muß etwas aufgeben, was Sicherheit bedeutet, aber gleichzeitig neue Entwicklungen behindert.

Ich muß ein Risiko eingehen, Bekanntes zurücklassen, Unbekanntes wagen.

Ich muß Abschiede einplanen, um an ihnen nicht zu zerbrechen.

Ich kann versuchen, die Abschiedlichkeit meiner Existenz als Entwicklungschance zu sehen und nicht so sehr als individuellen Leidensweg.

Solche und ähnliche Aussagen könnten beispielsweise bestimmte Stellen des individuellen Lebensbogens charakterisieren. Ein gezieltes Hinschauen auf die vielen kleineren und größeren Abschiede der persönlichen Lebensgeschichte und deren Gestaltung kann jedem Menschen Einblick in seinen ganz eigenen Zugang zur Abschiedlichkeit und Vergänglichkeit menschlicher Existenz – eben auch der eigenen – gewähren. Der große Abschied, der Tod, reiht sich demnach in eine dichte Folge mehr oder weniger bewußt gelebter und gestalteter Abschiede. Wir alle haben die Möglichkeit der lebenslänglichen Einübung in das Abschiednehmen und können uns so auf das endgültige Loslassen im Sterben vorbereiten.

Hesses Gedicht *Stufen* drückt diese Lebensaufgabe und Lebenschance wohl auf einmalige Weise aus:

STUFEN

Wie jede Blüte welkt und jede Jugend
Dem Alter weicht, blüht jede Lebensstufe,
blüht jede Weisheit auch und jede Tugend
zu ihrer Zeit und darf nicht ewig dauern.
Es muß das Herz bei jedem Lebensrufe
Bereit zum Abschied sein und Neubeginne,
um sich in Tapferkeit und ohne Trauern
in andre, neue Bindungen zu geben,
und jedem Anfang wohnt ein Zauber inne,
der uns beschützt und der uns hilft, zu leben.

Wir sollen heiter Raum um Raum durchschreiten,
an keinem wie an einer Heimat hängen,
der Weltgeist will nicht fesseln uns und engen,
er will uns Stuf' um Stufe heben, weiten.
Kaum sind wir heimisch einem Lebenskreise
Und traulich eingewohnt, so droht Erschlaffen;
Nur wer bereit zu Aufbruch ist und Reise,
mag lähmender Gewöhnung sich entraffen.

Es wird vielleicht auch noch die Todesstunde
Uns neuen Räumen jung entgegen senden,
des Lebens Ruf an uns wird niemals enden . . .
wohlan denn, Herz, nimm Abschied und gesunde!

Anregungen für eine persönliche Auseinandersetzung der Begleiter

Impulsfrage 1
Welche Jahreszeit ist ihnen die »liebste«? Schreiben Sie auf, welche Bilder und Erinnerungen Ihnen zu dieser, Ihrer Lieblingsjahreszeit einfallen.

Impulsfrage 2
Stellen Sie sich einen Baum in Ihrer Lieblingsjahreszeit vor. Malen Sie sich seine Äste aus, seinen Stamm, seine Wurzeln, seinen Standort . . . .
Wenn Sie sich ein genaues inneres Bild von diesem Baum gemacht haben, beginnen Sie dieses Bild zu verwandeln – stellen Sie sich diesen Baum in allen vier Jahreszeiten vor!
Vielleicht haben Sie Lust, den Baum zu malen oder zu zeichnen . . . .
Vielleicht haben Sie Lust, ein »Jahresprojekt« zu starten und ihren Lieblingsbaum durch das ganze Jahr hindurch in allen Jahreszeiten zu fotografieren . . . .

Impulsfrage 3

Tragen Sie in der untenstehenden Abbildung eines Lebensbogens zwei oder drei markante Punkte ein, die einen Abschied in Ihrem Leben markieren sollen.

Spüren Sie nach, welche inneren Bilder in Ihnen entstehen, welche Gefühle und Gedanken mit diesem konkreten Abschied verbunden waren und sind.

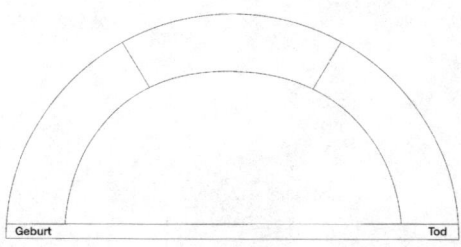

Abb. 3: Leerer Lebensbogen zur Bearbeitung

Die nachfolgenden Fragen können Ihnen bei der Bearbeitung Ihrer Abschiedssituationen vielleicht hilfreich sein:

Um welchen Abschied handelt es sich?

Ist es ein Abschied von einer Lebensphase, von Freunden, von geliebten Menschen, vom Elternhaus, von einer Arbeitsstelle, von einer bestimmten »Rolle«, von liebgewordenen Plätzen, Städten, Landschaften, von Gegenständen, Lebens- oder Berufsträumen, von Ideen und Idealen . . .

Wie hat sich die Situation angekündigt?

Gab es Vorahnungen, Vorankündigungen, Hinweise auf den bevorstehenden Verlust – also eine »Vorbereitungszeit« – oder kam alles ganz plötzlich, unerwartet . . . .

Wie sind Sie mit dieser Situation umgegangen?

Hatten Sie die Möglichkeit, den Abschied zu gestalten? Wie haben Sie den Abschied gestaltet?

Welche positiven und negativen Auswirkungen haben sich für Sie aus dieser Abschiedssituation ergeben?

Abb. 4: Eingebettet in den Zyklus der Jahreszeit . . .

Abb. 4a: Frühling

Abb. 4b: Sommer

Abb. 4c: Herbst

Abb. 4d: Winter

33

2.4   Phasen der Trauer: Typische Gefühle und Reaktionsweisen

Eine wichtige Hilfe bei der Begleitung von Kindern und Jugendlichen in ihrer Beschäftigung mit Fragen des Todes ist das Wissen um bestimmte Gefühle, die mit Verlusterfahrungen verbunden sind. Dabei ist es wichtig, sich sowohl der Gesetzmäßigkeit eines Trauerprozesses bewußt zu werden als auch der großen Bandbreite individueller Möglichkeiten, diesen zu gestalten.

Dieses Kapitel soll einen kurzen *Überblick* über das Thema Trauer geben. In den vorangehenden Abschnitten haben wir aufgezeigt, daß Abschiednehmen und Loslassen ganz eng mit dem Leben verbunden, ja geradezu ein wesentlicher Bestandteil des Lebens selbst sind. Um mit den Verlusterfahrungen des Lebens fertig zu werden und nicht an ihnen zu zerbrechen, haben wir eine Emotion mitbekommen, die uns hilft, Abschiede zu überwinden. Dieses Gefühl heißt: TRAUER. Für viele mag das Wort Trauer mit negativen Empfindungen und Gedanken verbunden sein. Und dennoch können wir sagen: »Hätten wir die Trauer nicht, wären wir hoffnungslos den Verlust- und Sterbeerfahrungen unseres Lebens ausgeliefert.«

Was ist unter dem Begriff »Trauer«zu verstehen?

Das Wort Trauer bedeutet nach alt- und mittelhochdeutschem Sprachgebrauch nichts anderes als Niederfallen, matt- und kraftlos werden, den Kopf sinken lassen, die Augen niederschlagen. Wenn wir diese Begriffe versuchen in Bilder umzusetzen, so sehen wir Menschen vor uns, die uns bereits in ihrer Körperhaltung signalisieren, in welchem Gefühlszustand sie sich befinden. Heiterkeit und Freude, Offenheit und eine aufrechte Haltung scheinen aus dem Leben dieser Menschen verbannt. Ihr Herz ist wund und ihre Gedanken gehen im Kreis. Wir kennen diese Bilder aus den Darstellungen von zahlreichen Künstlern, beispielsweise aus den Arbeiten von Käthe Kollwitz, Edvard Munch, Ernst Barlach.

Was in diesen Bildern und Skulpturen festgehalten wird, ist das Niederdrückende der Trauer, die sich für eine bestimmte Zeit wie ein schwarzes, schweres Tuch über den Trauernden legt und ihn an allen Aktivitäten hindert. Wie gelähmt muß er zuschauen, daß das Leben in all seiner Fülle an ihm vorbeizieht – ja, manchmal wird er nicht einmal das wahrnehmen können.

Abb. 5: MUNCH – Bild einer Trauergesellschaft

> Trauer ist ein starkes Gefühl, ein Gefühl, das vom ganzen Menschen
> Besitz ergreift!

Trauer versetzt den Menschen jedoch nicht in einen statischen Zustand.
Auch in Phasen der Trauer gibt es Wandlung, muß ein bestimmter Weg
durchschritten werden.
Beim Durchlaufen eines Trauergeschehens gibt es verschiedene Abschnitte. Es gibt die Phase des Nicht-Wahrhaben-Wollens, die Phase der
aufbrechenden Emotionen, die Phase des Suchen und Sich-Trennens und
schließlich die Phase des neuen Selbst- und Weltbezuges.
Was bedeutet das nun konkret?
Stellen wir uns einen Menschen vor, der gerade einen Verlust erlitten hat
und gezwungen wird, Abschied zu nehmen:

- Die erste Reaktion, die sich einstellt, ist einem Schockzustand ver-
  gleichbar. Die Endgültigkeit des Verlustes kann nicht realisiert werden,

35

die eigenen Gefühle können kaum wahrgenommen werden. Wie in Wellen kommt der tiefe innere Schmerz immer wieder an die Oberfläche, bleibt aber in der Erstarrung hängen, kann noch nicht ausgedrückt und ausgelebt werden.

- In der zweiten Station des Trauerweges wird die Erstarrung allmählich aufgebrochen. Gefühle ganz unterschiedlicher Art steigen aus dem Inneren auf und bahnen sich ihren Weg: Wut, Zorn, Leid, Schmerz, Schuldgefühle, Traurigkeit, Angst . . . Nicht ein Gefühl herrscht vor, nein – ein breites Band an Gefühlen überschwemmt gleichsam den Trauernden. Typisch sind auch die Gefühlsschwankungen, Ausdruck für die große innere Labilität.
- Die nächste Station des Trauerweges heißt »Suchen«. Wir reagieren auf jeden – auch noch so harmlosen – Verlust mit Suchen. Das Suchverhalten des Menschen ist also eine ganz natürliche Reaktion auf eine Verlusterfahrung. So gehört dieses Suchen auch zu jedem Trauerprozeß. Trauernde Menschen suchen, finden, verlieren aufs neue, suchen bis schließlich Teile des Verlorenen als innere Bilder integriert werden können, bis endlich die innere Unruhe sich legt und der Verlustschmerz als heilsamer Schmerz akzeptiert werden kann.
- Im letzten Abschnitt des Trauergeschehens kann der Trauernde sich vom Verlusterlebnis langsam lösen, das Verlorene als Teil seines Lebens begreifen und sich wieder anderen Lebensaufgaben zuwenden. Das Leben in seiner Buntheit und Fülle findet wieder Eingang in die Gefühl- und Gedankenwelt des Trauernden.

In einer zusammenfassenden Darstellung sollen abschließend einige Gefühle, Äußerungen und seelisch/körperliche Reaktionen dargestellt werden, die im Verlauf eines Trauergeschehens typischerweise auftreten. Für die Begleitung von Menschen, die eine Verlusterfahrung gemacht haben, ist es jedoch von großer Bedeutung, die besonderen Umstände des Verlustes zu berücksichtigen, die Person des Trauernden, die Verlustgeschichte des Trauernden, das Alter . . . (vgl. dazu: SPECHT-TOMANN, M./ TROPPER, D.: Zeit des Abschieds).

Wir alle wissen aus eigener Erfahrung, daß Trauer nicht gleich Trauer ist und daß wir über manche Verluste leichter und rascher hinwegkommen können als über andere. So möchten wir an dieser Stelle festhalten, daß es trotz bestimmter Gesetzmäßigkeiten des Trauerprozesses, »das Trauern« nicht gibt. Es wird immer einer einfühlsamen Beobachtung und empathischen Begleitung bedürfen, um trauernde Menschen – Erwachsene wie Kinder – in ihrer persönlichen Eigenheit anzunehmen und ihnen in einer schwierigen Lebenssituation hilfreich zur Seite zu stehen.

Trauerphasen – Kurzfassung

1. Phase
NICHT-WAHRHABEN-WOLLEN

Typische Merkmale:
Leere
Hohlheit
Empfindungslosigkeit
Betäubung
Chaos, Starre

Beispiele typischer Äußerungen:
»Das ist nicht möglich.«
»Ich fühle mich verloren.«
»Alles ist so unwirklich.«
»Nein, das kann nicht wahr sein!«

Wesentliches für die Begleitung:
Alltägliche Besorgungen übernehmen
Aufrechterhalten des Tagesrhythmus
Da-Sein ohne viel zu fragen
Alle Gefühle und Reaktionen des Trauernden zulassen

2. Phase
AUFBRECHENDE EMOTIONEN

Typische Merkmale:
Wut, Zorn
Ohnmacht
Trauer, Angst
Schuldgefühle
Freude

Beispiele typischer Äußerungen:
»Wie konntest du mir das antun!«
»Warum wurde ich allein zurückgelassen?!«
»Wären wir doch nicht weggefahren . . .«
»Wie kann Gott mir mein Kind nehmen!«
»Hätte ich mehr getan, wäre er nicht tot.«

Wesentliches für die Begleitung:
Gefühlsausbrüche nicht als Störungen verstehen
Wut und Zorn ebenso akzeptieren wie Depression

Probleme aussprechen lassen
Schuldgefühle zur Kenntnis nehmen, nicht ausreden wollen
Keine Wertungen und Interpretationen, nur Zuhören

3. Phase
SUCHEN UND SICH-TRENNEN

Typische Merkmale:
Einsamkeit
Verzweiflung
Hilflosigkeit
Freude, Dankbarkeit
Unruhe
Identifikation

Beispiele typischer Äußerungen:
»Ich glaube, ihn im Garten zu sehen.«
»Um Punkt sechs am Abend kommt er wieder nach Hause.«
»Niemand kann mich wirklich verstehen.«
»Ich träume oft von ihr.«
»Wie sehr er doch mein Leben bestimmt hat.«
»Wie lange muß ich noch leben?«

Wesentliches für die Begleitung:
Geduld und Zeit lassen
Verschiedene Formen des Suchens aushalten
Keine Zensur vornehmen – alles darf Platz haben!
Aufmerksamkeit auf suicidale Hinweise
Neuorientierungen unterstützen

4. Phase
NEUER SELBST- UND WELTBEZUG

Typische Merkmale:
Glück, Freude
Selbständigkeit
Befreiung
Dankbarkeit
Ruhe

Beispiele typischer Äußerungen:
»Endlich habe ich es geschafft und bin dem Chaos entronnen.«
»Ich bin stolz auf mich, das gemeistert zu haben.«

»Ich fühle mich befreit.«
»Er ist mein innerer Begleiter.«
»Ich verstehe jetzt mehr vom Leben.«

Hinweise für die Begleitung:
Prozeß des Loslassens unterstützen
An der Hilflosigkeit des Trauernden nicht festhalten
Das »Nicht-mehr-gebraucht-Werden« akzeptieren
Sensibel bleiben für mögliche Rückfälle
Suche nach einer passenden Beendigung der Trauerbegleitung

Anregungen für eine persönliche Auseinandersetzung der Begleiter

Impulsfrage 1
Nehmen Sie ein Blatt Papier und Stifte und versuchen Sie, Ihren Lebensweg zu zeichnen. Tragen Sie alle Stationen ein, die mit Verlust und Abschiednehmen verbunden sind und spüren Sie nach, mit welchen Gefühlen und Reaktionen diese Erfahrungen verbunden waren.

Impulsfrage 2
Begeben Sie sich auf eine gedankliche Reise in Ihre Vergangenheit und versuchen Sie sich mit den nachfolgenden Fragen auseinanderzusetzen:
»Wie habe ich im Laufe meines Lebens auf Abschiede und Verluste reagiert?«
— Was dachte ich . . .?
— Was fühlte ich . . .?
— Wo und wie spürte ich etwas in meinem Körper . . .?
— Was tat ich in solchen Situationen. . .?
»Was hat mir im Laufe meines Lebens geholfen, mit Verlustsituationen umzugehen?«
»Was hätte ich mir für solche Situationen gewünscht?«

Impulsfrage 3
Denken Sie an Situationen, in denen Sie mit Menschen konfrontiert waren, die einen Verlust erlitten hatten. Versuchen Sie nachfolgende Fragen zu beantworten:
»Woran erkenne ich, daß ein Mensch trauert?«
»Wie reagiere ich darauf?«
»Was löst die Trauer von anderen in mir aus?«

2.5 Trauererleben und Trauerbewältigung als Ausdruck individueller Lebensgestaltung

Nicht nur Kinder und Jugendliche haben das Bedürfnis und die Fähigkeit, Erlebtes auf ihre ganz persönliche Art und Weise auszuleben und zu verarbeiten. Dieser Wunsch nach individueller Lebensgestaltung bleibt mehr oder minder ein Leben lang erhalten. Im vorigen Abschnitt haben wir auf das Charakteristische des Trauerprozesses hingewiesen. Wie dieser Prozeß jedoch gestaltet und ausgeformt wird, bleibt jedem Menschen selbst überlassen. Das beginnt bereits bei den körperlichen Ausdrucksformen des Schmerzes bei Verlusterfahrungen. Während der eine in einen fast ohnmächtigen Schlaf verfällt, um so dem Zustand des Nicht-wahrhaben-Wollens quasi zu verewigen, kämpft ein anderer mit Schlaflosigkeit. Der eine fühlt sich wie gelähmt, während ein anderer durch Überaktivität den schrecklichen Tatsachen zu entkommen sucht. Auch im konkreten Handeln reagieren Menschen sehr unterschiedlich auf Verlusterfahrungen. Die einen lassen sich ganz in ihre dunkle Gefühlswelt fallen, kapseln sich ab und zeigen keinerlei soziales Interesse.

Andere wiederum suchen in Gesprächen das Erlebte aufzuarbeiten, begeben sich auf die Suche nach dem Verlorenen, rufen, klagen und suchen verzweifelt in einen Dialog mit der verstorbenen Person einzutreten. Bei Verlusten materieller Art kann man bei manchen Menschen beobachten, daß sie bestrebt sind, das Verlorene rasch wieder zu ersetzen, während dies für andere nur ein schlechtes Trostpflaster wäre.

Der Trauerprozeß zeigt typische Merkmale und Verlaufsformen, und doch wird seine Ausgestaltung von den individuellen Möglichkeiten des Trauernden bestimmt.

Die folgende Übersicht soll einen Einblick in jene Gefühle, körperliche Empfindungen und Gedanken geben, die im Laufe eines Trauerprozesses auftreten können.

● *Gefühle, die bei Trauernden auftreten können*:
Angst, Schock, Hilflosigkeit, Abgestumpftheit, Betäubung, Wut, Sehnsucht, Kummer, Schuldgefühle, Verzweiflung, Aggression, Lachen, Zorn, Befreiung, Sehnsucht, Gleichgültigkeit, Erleichterung, Selbstmitleid, Einsamkeit, Haß, Minderwertigkeit, Liebe, Leere, Dankbarkeit, Schmerz . . .

- *Körperliche Empfindungen, die bei Trauernden auftreten können:*
Müdigkeit, Leeregefühl im Magen, Zittern, Herzklopfen, Herzrasen, Beklemmung im Brustbereich, Kurzatmigkeit, zugeschnürte Kehle, Appetitmangel, Überempfindlichkeit, Muskelschwäche, Schwächeattakken, Überaktivität, verändertes Zeitempfinden.

- *Gedanken und Phantasien, die bei Trauernden auftreten können*:
Verstorbener wird gesucht, gerufen, gesehen, gerochen; laute Selbstgespräche, fehlende Zukunftsperspektiven, konfuse Gedanken, Verwirrtheit, soziales Desinteresse, Gedanken kreisen ausschließlich um den Verstorbenen, Wahnvorstellungen, lautes Sprechen mit dem Verstorbenen, wirre Träume, Suchen und Rufen, Leben in einer Phantasiewelt mit dem Verstorbenen.

Im Leben jedes Menschen sind ganz bestimmte Formen der Trauerbewältigung zu beobachten. Entsprechend seiner Persönlichkeit, seiner Begabungen und Interessen wird jeder einzelne seine ganz persönliche Trauerverarbeitung entwickeln. Wir möchten im folgenden einige Bereiche anführen, in denen Trauernde ein Ausdrucksmittel ihrer Gefühle, aber auch Trost und Hilfe finden können:

- Schreiben von Tagebüchern oder Briefen;
- Verfassen von Gedichten, Erzählungen;
- Zeichnen, Malen, Töpfern,»Gestalten«, Werken;
- Singen, Komponieren, Musizieren;
- Gehen, Laufen, Tanzen, Wandern;
- Meditation, Versenkung, Einkehr;
- Auseinandersetzung mit Texten, Bildern, Kunstwerken;
- Soziales Engagement, Anschluß an Gruppen.

Ein kurzer Blick in die Welt der Kunst hilft uns, das Trauererleben tatsächlich als Ausdruck sehr persönlicher Lebensgestaltung zu begreifen. So hat etwa Friedrich Rückert in einer Folge von Gedichten seinen Schmerz über den Tod seiner zwei Kinder auf sehr berührende Art ausgedrückt. Gustav Mahler hat diese Texte als literarische Vorlage der berühmt gewordenen Kindertotenlieder genommen. Allerdings fließen in diese Kompositionen – wie der Chronist zu berichten weiß – auch eigene Verlusterlebnisse ein. Mahler hat in seiner Kindheit einen Bruder und eine Schwester verloren. Der Tod seiner kleinen Tochter mag schließlich der konkrete Anlaß gewesen sein, sich mit den Texten von Rückert, dem als Vater ähnliches Leid widerfahren ist, auseinanderzusetzen und intensiv nach Ausdrucksformen des Schmerzes in der Musik zu suchen.
Beim aufmerksamen Lauschen dieser Musikstücke können wir ebenso wie beim Lesen des Gedichtezyklus viel von dem tiefen Schmerz, der

lähmenden Verzweiflung, der Hoffnungslosigkeit, Wut und Sehnsucht heraushören und nachfühlen, die Rückert und Mahler beim Verlust ihrer Kinder durchleben mußten.

Oft denk' ich, sie sind nur ausgegangen!

Oft denk' ich, sie sind nur ausgegangen!
Bald werden sie wieder nach Hause gelangen!
Der Tag ist schön! O sei nicht bang!
Sie machen nur einen weiten Gang!

Jawohl, sie sind nur ausgegangen
Und werden jetzt nach Hause gelangen!
O, sei nicht bang, der Tag ist schön!
Sie machen nur den Gang zu jenen Höh'n!

Sie sind uns nur vorausgegangen
Und werden nicht wieder nach Hause gelangen!
Wir holen sie ein auf jenen Höh'n
Im Sonnenschein!
Der Tag ist schön auf jenen Höh'n!

(RÜCKERT, F.)

Aus der Pop-Szene heutiger Tage möchten wir das Lied »Tears in Heaven« von Eric Clapton erwähnen. Clapton hat dieses Stück nach dem tragischen Unfalltod seines Kindes – das Kind stürzte aus dem Fenster eines Hochhauses – geschrieben und komponiert. Der Text spiegelt die große Sehnsucht des Vaters nach diesem Kind wider, die Zweifel, ob es ein Erkennen im Jenseits geben werde, die Hoffnung, auf Frieden für das Kind, aber auch den Auftrag für ihn, den Zurückbleibenden, weiterzuleben im Hier und Jetzt.

Tears in Heaven

Would you know my name if I saw you in heaven?
Would it be the same if I saw you in heaven?
I must be strong and carry on,
'Cause I know I don't belong here in heaven.
Would you hold my hand if I saw you in heaven?
Would you help me stand if I saw you in heaven?
I'll find my way through night and day,
'Cause I know I just can't stay here in heaven.
Time can bring you down, time can bend your knees.
Time can break your heart, have you begging please, begging please.
Beyond the door there's peace I'm sure,
And I know there'll be no more tears in heaven.
Would you hold my hand if I saw you in heaven?
Would you help me stand if I saw you in heaven?
I'll find my way through night and day,
Cause I know I just can't stay here in heaven.

(CLAPTON, E./ JENNINGS, W.)

Einblick in die Stadien des Trauergeschehens einerseits und des Sterbeprozesses andererseits gewährt uns das Werk des Schweizer Malers Ferdi-
nand Hodler. Hodler mußte erfahren, daß nur nach wenigen Jahren einer
glücklichen Partnerschaft seine Geliebte, Valtentine Godé-Darel – die
Mutter seiner kleinen Tochter – an Krebs erkrankte und schließlich an der
Krankheit starb. In einer Reihe von Bildern und Bildserien versuchte
Hodler das Leben und Vergehen seiner Valentine festzuhalten. Gleichzeitig findet er im Malen »sein« Medium, die eigenen Gefühle und Gedanken zu bearbeiten. Die Wahl der Farben, der Motive und Land-
schaftsansichten legt beredtes Zeugnis der Stadien des Trauerprozesses
ab. Am Ende dieses Prozesses steht aber nicht nur Leid und Verzweiflung,
sondern auch eine andere Sicht der »Welt«, vielleicht sogar ein Neuan-
fang.

Abb. 6: Die tote Valentine Godé-Darel, 26. Januar 1915 (Hodler)

Die Arbeiten von Edvard Munch legen Zeugnis davon ab, wie erschütternde Erlebnisse der Kindheit zu einem Lebensthema im künstlerischen
Schaffen werden können. Sehr früh wurde Munch mit dem Tod konfrontiert. Seine Mutter starb erst 30jährig an Tuberkulose ebenso wie
seine erst 15jährige Lieblingsschwester. Diese Erinnerungen an die frühen
Todesfälle in seiner Familie begleiteten Munch ein Leben lang. In seiner
Arbeit »Das kranke Kind« versucht Munch mit dem schmerzhaften Verlust seiner Schwester fertig zu werden. Es ist eine »Arbeit an der Erinnerung«, wie er es selbst bezeichnet. Interessant für uns ist, daß der Künstler

in sechs verschiedene Varianten dieses Thema behandelt, immer wieder neue Nuancen, neue Aspekte herausarbeitend. Es ist ein berührendes Beispiel einer Trauerarbeit, bei der ein Prozeß immer wieder durchlaufen wird und in einem künstlerischen Werk Gestalt annimmt. Das intensive Eintauchen in die Szenen des Familienlebens während Krankheit, Sterben und Trauer ermöglichte Munch auch, seine eigenen Erlebnisse mit Krankheiten und seine große seelische Not nach dem Verlust geliebter Menschen aufzuarbeiten.

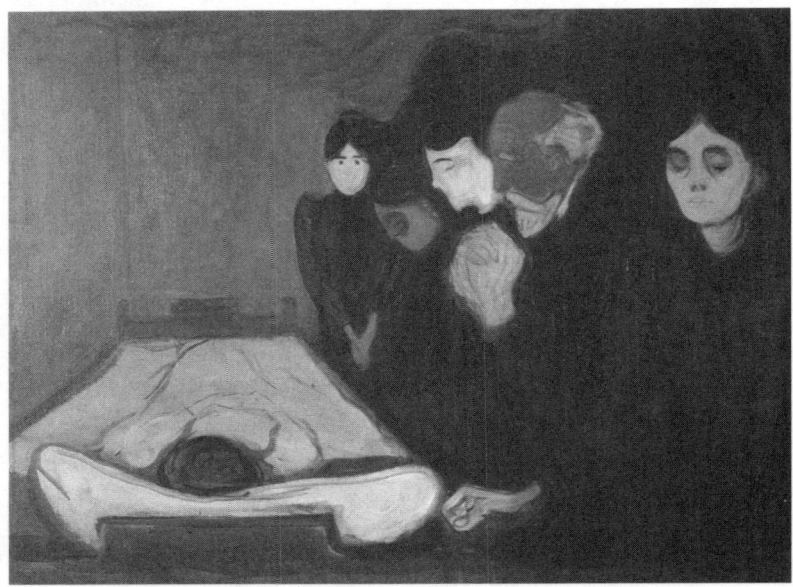

Abb. 7: Am Sterbebett (Munch)

Beispiele aus dem grafischen Schaffen von Käthe Kollwitz (1867–1945) zeigen, wie tief nicht nur das eigene Leid, sondern auch die Trauer Außenstehender an die eigene Seele rühren und nach einer Ausdrucksmöglichkeit drängen kann. Die Verlusterfahrungen des Krieges, der Schmerz trauernder Mütter, die Verzweiflung verlassener Kinder, Armut, Not und Elend sind Thema zahlreicher Lithographien, Radierungen und Holzschnitte der Künstlerin. Das Schwarz-Weiß dieser Bilder unterstreicht den dunklen Seelenzustand der Trauernden oft auf geradezu beklemmende Weise.

Käthe Kollwitz wurde selbst nicht von unendlichem Schmerz verschont, der sie ein Leben lang begleiten sollte. Ihr Sohn Peter fiel nur wenige Monate, nachdem er sich freiwillig zum Kriegsdienst gemeldet hatte, auf dem Schlachtfeld des ersten Weltkrieges in Flandern. Die Künstlerin versuchte ihre Trauer in einem plastischen Denkmal zum Ausdruck zu bringen und zu bearbeiten. Sie arbeitete viele Jahre an diesem Werk, das erst 1932 fertiggestellt und zum Mahnmal für alle Kriegsgefallenen in Belgien aufgestellt wurde. Den Verlust dieses Sohnes hat Käthe Kollwitz ihr Leben lang nicht ganz überwunden, und der Tod ihres Enkels, der im zweiten Weltkrieg in Rußland fiel, brachte alte Wunden erneut zum Bluten.

Abb. 8: Tod mit Frau im Schoß (Kollwitz, um 1921)

Das Bearbeiten der Trauer in Form von Gedichten und Erzählungen hat berühmte Vorbilder, wie wir bereits bei den Totenliedern von Rückert gesehen haben. Exemplarisch seien noch Gedichte von Rilke, Uhland und Bachmann wiedergegeben.

Der Tod der Geliebten

Er wußte nur vom Tod was alle wissen:
Daß er uns nimmt und in das Stumme
stößt.
Als aber sie, nicht von ihm fortgerissen,
nein, leis aus seinen Augen ausgelöst,

hinüberglitt zu unbekannten Schatten,
und als er fühlte, daß sie drüben nun
wie einen Mond ihr Mädchenlächeln
hatten
und ihre Weise wohlzutun:
da wurden ihm die Toten so bekannt,
als wäre er durch sie mit einem jeden
ganz nah verwandt; er ließ die anderen
reden

und glaubte nicht und nannte jenes
Land
das gutgelegene, das immersüße –
und tastet es ab für ihre Füße.

(RILKE, R.M.)

Auf den Tod eines Kindes

Du kamst, du gingst mit leiser Spur,
Ein flüchtiger Gast im Erdenland;
Woher? Wohin? Wir wissen nur:
Aus Gottes Hand in Gottes Hand.

(UHLAND, L.)

Lieder von einer Insel

Wenn einer fortgeht, muß er den Hut
mit den Muscheln, die er sommerüber
gesammelt hat, ins Meer werfen
und fahren mit wehendem Haar,
er muß den Tisch, den er seiner Liebe
deckte, ins Meer stürzen,
er muß den Rest des Weins,
der im Glas blieb, ins Meer schütten,
er muß den Fischen sein Brot geben
und einen Tropfen Blut ins Meer mi-
schen,
er muß sein Messer gut in die Wellen
treiben
und seinen Schuh versenken,
Herz, Anker und Kreuz,
und fahren mit wehendem Haar!
Dann wird er wiederkommen.
Wann?
Frag nicht.

(BACHMANN, I.)

Eine Brieffolge ganz besonderer Art stellt das Buch von Oriana Fallaci dar:
Briefe an ein Ungeborenes. Die italienische Journalistin versuchte nach
einer Fehlgeburt ihren Schmerz und ihre Trauer in einer Folge von Briefen
an das verlorene Kind zu verarbeiten. Mit ihren sehr persönlich gehaltenen Aussagen macht sie all jenen Frauen, die gleiches erlebt haben,
Mut, sich ihre Trauer um ein Ungeborenes einzugestehen.
Die angeführten Beispiele einer intensiven Auseinandersetzung mit Verlusterfahrungen durch das Medium künstlerischer Aktivitäten mögen
den Lesern Mut machen, die eigenen kreativen Quellen zu nutzen!

Anregungen zur persönlichen Auseinandersetzung der Begleiter

Impulsfrage 1
Denken Sie an ihre persönliche Verlustgeschichte und markieren Sie in
der untenstehenden Abbildung jene Gefühle, körperliche Empfindungen
und Gedanken, die Sie selbst erlebt haben.

Angst Chaos Haß
Desinteresse Schmerz Beklemmung
Selbstmitleid Zorn Müdigkeit Ruhelosigkeit Ein-
samkeit Ohnmacht Erlösung Erleichterung Wut Min-
derwertigkeit Schock Gleichgültigkeit Ablehnung
Leere Verwirrung Verzweiflung Erschöpfung
Dankbarkeit Schuld Starre

Abb. 9: Persönliche Reaktionsweisen auf Verlusterfahrungen

Bei mir tauchte zusätzlich noch auf:

Impulsfrage 2
Begeben Sie sich auf die Suche nach Texten, Musikstücken, Skulpturen, Gedichten usw., bei denen die Künstler versucht haben, ihre Gefühle der Trauer und des Schmerzes angesichts eines Verlustes darzustellen.

Wir sind nun am Ende des ersten Abschnittes angelangt, in dem wir uns ausschließlich mit den Erwachsenen beschäftigt haben. Es ging uns darum, einen guten Grundstein für die Begleitung von Kindern und Jugendlichen in dem so sensiblen Bereich von Verlusterfahrungen, Tod und Trauer zu legen. Die eine oder andere Anregung sowie die Darstellung der prozeßhaften Abläufe des Trauergeschehens werden wir wieder aufgreifen und hinsichtlich der konkreten Begleitung von Kindern neu überdenken, erweitern und ergänzen.

2.6 Fallbeispiele, literarische Texte und meditatives Bildmaterial

LYRIK

Schlußstück

Der Tod ist groß.
Wir sind die Seinen
lachenden Munds.
Wenn wir uns mitten im Leben meinen,
wagt er zu weinen
mitten in uns.

(RILKE, R.M.)

aus: Der Umkehrende

Es wandelt, was wir schauen,
Tag sinkt in Abendrot,
die Lust hat eignes Grauen,
und alles hat den Tod.

(EICHENDORFF, J.v.)

aus: die Welt ist weit

Hinter der Welt wird ein Baum stehen
Mit Blättern aus Wolken
Und einer Krone aus Blau.
In seine Rinde aus rotem Sonnenband
Schneidet der Wind unser Herz
Und kühlt es der Tau.

Hinter der Welt wird ein Baum stehen,
eine Frucht in den Wipfeln,
mit einer Schale aus Gold.
Laß uns hinübersehen,
wenn sie im Herbst der Zeit
in Gottes Hände rollt!

(BACHMANN, I.)

Das Alte verlassen

Worte finden
gegen die Angst
Schritt um Schritt
wächst der Weg
unter deinen Füßen
Schritt um Schritt
wächst dein Name
auf dich zu.

(NAEGELI, A.S.)

Ende des Herbstes

Ich sehe seit einer Zeit
Wie alles sich verwandelt.
Etwas steht auf und handelt
Und tötet und tut Leid.

Von Mal zu Mal sind all
Die Gärten nicht dieselben;
Von den gilbenden zu der gelben
Langsamen Verfall:
Wie war der Weg mir weit.

Jetzt bin ich bei den leeren
Und schaue durch alle Alleen.
Fast bis zu den fernen Meeren
Kann ich den ernsten schweren
Verwehrenden Himmel sehn.

(RILKE, R.M.)

Was werden wir sein

Was werden wir sein
In hundert Jahren?
Der Erde vermählt und Gott anvertraut,
zwei Hände voll zärtlichem Staub.

(BUSTA, Ch.)

AUSSAGEN BETROFFENER

»Die Menschen früherer Zeiten haben die letzte Stunde auf dem Sterbebett als feierlichen und heiligen Augenblick begriffen, soweit die Umstände es zuließen, als Akt, in dem das letzte Beisammensein des Sterbenden mit seinen Angehörigen zelebriert wurde. Todgeweihte erwarteten diesen Abschied, und er wurde ihnen nicht grundlos versagt. Er war ihr und der Angehörigen wichtigster Trost für den bevorstehenden Verlust und das Leid, das diesem Augenblick zumeist vorangegangen war. Und für viele Sterbende verband sich mit einem solchen Sterben in Geborgenheit die Hoffnung auf die Erlösung und ein Weiterleben nach dem Tod.«
(NULAND, S.)

»Der Tod ist immer noch gegenwärtig, jetzt mehr denn je. Ich ahne auch zum erstenmal die Versuchung, sich fallenzulassen, nachzugeben, alle Mühe auszulöschen . . . Aber vorerst ist es nur eine Ahnung, noch keine wirkliche Versuchung, der man zu widerstehen hat. Ich glaube, ich werde niemals in Gefahr kommen, mein Leben beenden zu wollen. Es ist mir zu kostbar, ich weiß von seiner Einmaligkeit, von seiner merkwürdigen Eigenschaft, nicht umkehrbar zu sein. Ich bekenne mich zu den Spannungen, die die Tatsache Leben und Tod mit sich bringt. Außerdem bin

ich kein großer Philoscphierer, ich leide unter dem Wissen, sterben zu müssen, vor oder nach meinen Lieben – eines so schmerzlich wie das andere. Aber ich beziehe aus diesem Wissen auch die Süße des Lebens, woraus denn sonst? Welchen Wert hätte ewiges Leben, ohne Spannungen ohne Widersprüche, ohne Anfang und ohne Ende?«
(WANDER, M.)

»Heuchelei bestimmte die Kindererziehung. Ich erinnere mich noch genau, wie ich einmal, als ich beim Spazierengehen mit meinem Vater an einer Hecke vorüber kam, ein totes Rotkehlchen fand. Ohne jede Scheu hob ich es auf und zeigte es ihm. ›Leg's wieder hin‹, hatte er sofort geschrien, ›siehst du denn nicht, daß es schläft?‹«
(TAMARO, S.)

GEDANKEN

»Der Tod schenkt uns das Leben. Denn der Tod macht mir die Endlichkeit meiner Existenz bewußt. Er verleiht jeder meiner Handlungen eine unvergleichbare Würde und jedem Augenblick seine Einmaligkeit. Er hebt mich aus der verinnerlichten Zeit hervor. Ohne ihn wäre ich – im präzisen Sinn des Wortes – niemand.
Das sichere und durch keinerlei statistische Schwankungen zu erschütternde Wissen, daß mein Leben endet, daß ich sterbe und mit mir eine ganze Welt, selbst mein Bewußtsein, schwindet, bestimmt auf entscheidende Weise alle wesentlichen Handlungen meiner Existenz. Damit setzt das Bewußtsein von seinem eigenen Ende im Bereich des Gelebten und zu Lebenden genaue, notwendige und feste Grenzen. Innerhalb des so begrenzten Bereichs gibt es keine Haltung, keine Norm, keine Institution und keine individuelle oder kollektive Hervorbringung des Menschen, seines Körpers, seines Denkens oder Träumens, die nicht auf die eine oder andere Art von der Erfahrung des Todes bestimmt, geformt oder angelegt wäre. Der Tod wirft seine Schatten auf alles und auf jeden. Keine einzige Parzelle der sozialen Landschaft entgeht ihm. Kein Projekt kommt ohne ihn zustande. Er lebt selbst in unseren hintersten Gedanken.«
(ZIEGLER, J.)

Von alters her kennt man diese verschiedenen Phasen (des Lebens); sie werden als Frühling, Sommer und Herbst bezeichnet. Ein Gärtner, der die Jahreszeiten gut kennt, weiß, wann er dieses oder jenes säen muß und wann er es ernten kann. Auch der Mensch, der von den Lebensphasen ein Bewußtsein hat, wird wie der gute Gärtner nicht ernten wollen, bevor der Baum nicht gewachsen ist und geblüht hat. Im Frühling sind alle Pflan-

zen noch im Keimen und benötigen viel Kraft zum Wachsen. Im Sommer breiten sich die Pflanzen in der Natur ganz aus, und im Herbst reifen die Früchte und bringen Samen. Im Winter dann ruhen die Samen in der Erde und warten auf neues Leben.
(BURKHARD, G.)

Trauer nennen wir das Gefühl für das Erlebnis des Verlustes von etwas, das für uns einen Wert dargestellt hat. Überlassen wir uns den Gefühlen der Trauer, dann treten wir in einen psychischen Prozeß ein, der uns befähigt, uns so abzulösen von dem Verlorenen, daß wir zwar den Verlust akzeptieren können, aber so viel als möglich von dem, was in der Zeit vor dem Verlust durch die Beziehung zu einem bestimmten Menschen, durch das Erleben einer bestimmten Lebenssituation in uns geweckt und belebt worden ist, nicht verloren geben, sondern weiter in unser Leben hinein tragen.
(KAST, V.)

FALLBEISPIEL

»Die erste Begegnung mit dem Tod hatte ich mit etwa sechs Jahren. Mein Vater besaß einen Jagdhund, Argo; er war von sanftem, freundlichem Wesen und mein liebster Spielgefährte. Ganze Nachmittage fütterte ich ihn mit Breichen aus Schlamm und Gras, oder ich zwang ihn, sich von mir frisieren zu lassen, und er trottete, ohne sich aufzulehnen, mit clipsgeschmückten Ohren durch den Garten. Eines Tages jedoch, als ich wieder einmal eine neue Frisur an ihm ausprobierte, bemerkte ich eine Schwellung an seinem Hals. Schon seit einigen Wochen hatte er keine Lust mehr zu laufen und zu springen wie früher, und wenn ich mich in eine Ecke setzte, um mein Nachmittagsbrot zu essen, baute er sich nicht mehr hoffnungsvoll seufzend vor mir auf.
Eines Mittags erwartete Argo mich nicht am Gartentor, als ich aus der Schule kam. Zuerst dachte ich, er sei mit meinem Vater unterwegs. Als ich aber meinen Vater, ohne Argo zu seinen Füßen, ruhig in seinem Arbeitszimmer sitzen sah, geriet ich in große innere Erregung. Ich ging hinaus und rief laut schreiend überall im Garten nach ihm, kehrte auch zwei- oder dreimal ins Haus zurück und durchsuchte es vom Keller bis zum Dachboden. Am Abend, als ich meinen Eltern den obligatorischen Gutenachtkuß geben sollte, nahm ich meinen ganzen Mut zusammen und fragte meinen Vater: ›Wo ist Argo?‹ ›Argo‹, erwiderte er, ohne den Blick von der Zeitung zu heben, ›Argo ist weggegangen.‹ ›Warum denn?‹ fragte ich. ›Weil er deine Quälereien satt hatte.‹
Taktlosigkeit? Oberflächlichkeit? Sadismus? Was lag in dieser Antwort?

50

Genau in dem Augenblick, in dem ich die Worte hörte, zerbrach etwas in mir. Ich konnte nachts nicht mehr schlafen, und tagsüber brach ich bei der geringsten Nichtigkeit in Tränen aus. Nach ein bis zwei Monaten wurde ein Kinderarzt zu Rate gezogen. ›Die Kleine ist erschöpft‹, sagte er und verordnete Lebertran. Warum ich nicht schlief, warum ich immer Argos zernagten Ball mit mir herumtrug, hat mich nie jemand gefragt. (. . .)

Von da an waren meine Handlungen nicht mehr unbeschwert, nicht mehr folgenlos. Vor Angst, noch weitere Fehler zu begehen, habe ich sie nach und nach auf ein Mindestmaß beschränkt, bin apathisch und zögerlich geworden. Nachts preßte ich den Ball zwischen den Händen und sagte weinend: ›Argo, bitte komm zurück, auch wenn ich etwas verkehrt gemacht habe, mag ich dich doch lieber als alle anderen.‹ Als mein Vater einen neuen Welpen mit nach Hause brachte, wollte ich ihn nicht einmal ansehen. Er war für mich ein Fremder, und so mußte es bleiben. (. . .)

Der Tod war, wie die Liebe, ein Thema, über das nicht gesprochen werden durfte. Wäre es nicht tausendmal besser gewesen, wenn sie mir gesagt hätten, daß Argo tot war? Mein Vater hätte mich in den Arm nehmen und zu mir sagen können: ›Ich habe ihn getötet, weil er krank war und zuviel leiden mußte. Wo er jetzt ist, ist er viel glücklicher.‹ Natürlich hätte ich mehr geweint, wäre verzweifelt gewesen, monatelang wäre ich immer wieder zu der Stelle gegangen, wo er begraben lag, hätte lange durch die Erde hindurch mit ihm gesprochen. Dann hätte ich ganz langsam angefangen, ihn zu vergessen, andere Dinge wären interessanter geworden, andere Leidenschaften hätten mich ergriffen, und Argo wäre in meinen Gedanken in den Hintergrund getreten wie eine Erinnerung, eine schöne Erinnerung meiner Kindheit. Auf diese Weise aber wurde Argo zu einem kleinen Toten, den ich in mir trage.«
(TAMARO, S.)

Abb. 10: Lebensringe – Trauerringe

Abb. 11: Trauer: ». . . wie in einem Schneckenhaus . . .«

Abb. 12: Das Kreuz meiner Trauer

Abb. 13: Trauer – ein steiniger Weg

3 KINDER BEGEGNEN DEM TOD

3.1 Erste Erfahrungen von Trennung und Verlust

Unser Leben beginnt mit einer Verlusterfahrung! Die körperliche Trennung des Neugeborenen von seiner Mutter stellt im Leben des Kindes einen großen Einschnitt dar. Neun Monate lang war das Kind in der schützenden Höhle des Mutterleibes sicher und geborgen. Zum Zeitpunkt der Geburt begibt sich das Kind auf eine Reise, die es Schritt für Schritt weg vom »Paradies« Mutter hin zu einer ihm noch unbekannten Welt bringt. Geborenwerden heißt auch, mit einer Fülle neuer, noch nie erlebter Empfindungen umgehen zu lernen: Kälte, laute Geräusche, grelles Licht, der Einfluß der Schwerkraft sind nur einige Neuheiten im Leben des Kindes. Der Verlust von allem Vertrauten verunsichert das Kind, es reagiert mit Unlustäußerungen, raunzt, schreit, zappelt. Das ganze kleine Wesen ruft gleichsam nach einem Menschen, der in der Lage ist, die Kluft zwischen »Mutterleib und Welt« zu schließen. Geschieht dies nicht oder in unzureichendem Ausmaß, so wird das Kind mit Panik reagieren, und aus der ersten Verlusterfahrung wird eine erste Erfahrung von Verlassensein werden.

Bereits in den ersten Stunden und Tagen wird bei jedem Kind der Grundstein für das Gefühl gelegt, ob es sich im Prinzip auf seine Umwelt verlassen kann. Es wird rasch ein Gefühl dafür entwickeln, ob es sich vertrauensvoll in die Arme anderer begeben kann, die seinen Schmerz verstehen und seinen Bedürfnissen nachkommen können. Trennung und Verlust mit all den körperlichen und seelischen Schmerzen, die damit verbunden sind, ist aus dem Leben nicht wegzudenken – auch und gerade im Leben kleiner Kinder. Es sind damit nicht »große« Verluste gemeint, wie etwa der Tod eines Elternteiles. Vielmehr handelt es sich bei den ersten Verlust- und Trennungserfahrungen um den Wegfall von Vertrautem, um den Verlust jeweiliger Selbstverständlichkeiten eines Lebensabschnittes mit seiner ganz typischen Lebensumwelt. Kleine Kinder verlieren immer wieder gerade erst Vertrautes, müssen gerade erst Erobertes wieder aufgeben, um neue Schritte auf dem Weg der Entwicklung zu gehen.

Welche Formen der Verarbeitung, welche Weise der Auseinandersetzung und letztlich welches Lebensgefühl im Kind entsteht, wird in den ersten Lebensjahren maßgeblich bestimmt. Es gilt demnach nicht so sehr, Verlusterfahrungen und Trennung von Kindern fernzuhalten. Zum einen ist dies durch die im Entwicklungsgeschehen liegenden Kräfte kaum möglich, zum anderen würde es das Kind auf der Reise hin zur Entdeckung der eigenen Person und »der Welt« hemmen. Es geht vielmehr darum, Anlaufstelle für die Nöte dieser Ereignisse zu sein.

Kinder – wie Erwachsene – brauchen Menschen, die Verständnis für den jeweiligen Trennungsschmerz haben, die einfühlsam die Reaktionen aushalten und die behutsam aus den dunklen Tränentälern heraus begleiten können.

Kann ein Kind erste positive Erfahrungen machen im Zusammenhang mit Trennungen, dann wird in ihm ein Gefühl von Vertrauen – von Urvertrauen – entstehen. Es wird tief in seinem Inneren wissen, daß es bei aller Verlassenheit nicht verlassen wird, daß es bei aller Einsamkeit nicht einsam bleibt, daß es bei aller Trostlosigkeit doch Trost finden kann.

Wirft man einen Blick auf den typischen Entwicklungsprozeß, den ein Kind durchläuft, so fällt auf, wie oft Altes und Vertrautes aufgegeben werden muß, damit Neues möglich wird. So wird das kleine Kind noch im ersten Lebensjahr die enge Bindung zu den Menschen seiner Umgebung selbst wieder lockern. Es wird aus einem Drang, die Welt zu erkunden und selbständig das Leben auszuprobieren, den engen Kontakt zur Mutter lösen. Es wird sich trennen, wird wegkrabbeln, wegkriechen, weglaufen. Gleichzeitig wird es aber auch den Schmerz der Trennung erleben. Manchmal braucht es dann ein Spielzeug, eine Puppe, einen Trostspender (»Übertragungsobjekt«), mit dem es die Schritte in eine erste kleine Unabhängigkeit machen kann. Allerdings wird in jungen Jahren dieses Weggehen nur dann seelisch gut verkraftet, wenn das Kind wiederkommen kann.

Das Pendeln zwischen Weggehen und Wiederkommen, zwischen Unabhängigkeit und Abhängigkeit, die Suche nach Distanz und Nähe – das alles sind Lebensthemen, die von Geburt bis zum Tod wichtig sind. Sie sind ganz eng mit Verlust, Abschiednehmen und Loslassen verbunden und stellen uns somit lebenslänglich in ganz unterschiedliche Trauerprozesse. Das Kind in jedem Erwachsenen trägt alle Erfahrungen der ersten Trennungsversuche in sich und wird die Sammlung von Abschiedserfahrungen als Grundlage jeweils aktueller Verlustgestaltung heranziehen.

Eingangs haben wir gesagt, daß das Leben jedes Menschen mit einer großen Trennung – der Geburt – beginnt. In der einschlägigen Literatur wird manchmal auch vom Geburtstrauma, vom Verlust des Nirwana, des göttlichen Zustandes, vom Verlust paradiesischer Zustände gesprochen.

Geburt als Tor zum Leben – Geburt aber auch als Beginn einer langen Verlustgeschichte! Eine Reihe von Abschieden, von Trennungen und damit verbundenen schmerzhaften Erfahrungen begleiten den Entwicklungsweg jedes Menschen. Bevor wir auf Erfahrungen der Kinder mit Tod und Sterben im engeren Sinn eingehen, möchten wir noch einmal auf die Abschiedlichkeit der menschlichen Entwicklung schlechthin hinweisen. Etwas aufgeben zu müssen, um Neues zu erreichen, sich von geliebten Menschen und Umwelten, Räumen, Orten, Personen zu trennen, um seinen eigenen Horizont zu erweitern, seinen eigenen Weg zu gehen, ist bereits im ersten Lebensjahr als Lebensauftrag sichtbar. Und so reiht sich im Laufe der Entwicklung Verlust an Verlust wie die Perlen einer langen Kette. Dabei scheint es uns wichtig, festzuhalten, daß neben dem Schmerz, etwas aufgeben zu müssen, etwas loslassen zu müssen auch die Freude steht, Neues kennenzulernen, Neues zu erlernen und neue Ufer zu erreichen. Das, was wir im Laufe des Trauergeschehens als Phase des »Neuen Selbst- und Weltbezuges« (vgl. Kap. 2.4) bezeichnet haben, ist bereits bei Kindern auf den unterschiedlichsten Stufen ihrer Entwicklung zu sehen. So bringt gerade in den frühen Jahren unserer Kindheit der Verlust und das Loslassen ganz neue Chancen und Möglichkeiten für die persönliche Entwicklung mit sich.

Warum ist es uns wichtig, darauf speziell hinzuweisen?

Wir meinen, daß jedem Menschen allein durch ein aufmerksames Beobachten der kindlichen Entwicklung die Welt der Abschiede erschlossen werden kann. Wir können sehen, welche Gefühle typisch sind, wie unterschiedlich die Reaktionen auf Verluste sein können, was hilfreich ist und wie Trauer verarbeitet werden kann. Es sind nicht erst die spektakulären, »großen« Verluste, die dies sichtbar machen!

Am Modell der Persönlichkeitsentwicklung von Erikson kann man die Abfolge von Entwicklungsprozessen sehen. Abb. 14 zeigt, wie dichtgedrängt die Aufgaben der frühen Jahre sind. Hesses Satz: »Wir sollen heiter Raum um Raum durchschreiten, an keinem wie an einer Heimat hängen . . .« (vgl. Kap. 2.3) hat gerade hier große Gültigkeit! Er betont die große existentielle Aufgabe, vor der bereits kleine Kinder stehen, gilt es doch nicht mehr und nicht weniger als jeweils eine »Heimat« zu verlieren!

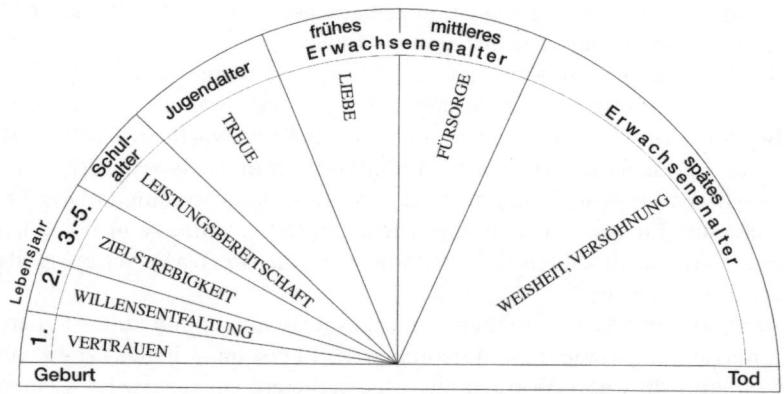

Abb. 14: Modell der psychosozialen Entwicklung nach Erikson unter Hervorhebung der seelischen Erlebnisformen und erworbenen Grundhaltungen

Wie können nun solche »Entwicklungsaufgaben« aussehen? Um welche Verluste kann es etwa bei einem Kind ab dem Kindergartenalter gehen? Einige wenige Beispiele sollen dies illustrieren:

● Kindergartenbesuch:

»Ich muß von zu Hause weggehen, um neue soziale Beziehungen einzugehen.«

● Erlebnisse in Spielgruppen:

»Ich muß mich für *einen* Spielkameraden, für *eine* Spielsituation entscheiden und alle anderen sein lassen.«

● Schulanfang:

»Ich muß mich von einer vertrauten Umgebung, vertrauten Menschen und Spielkameraden trennen, um meinen Weg als Schulkind zu beginnen.«

● Schulalter:

»Ich muß alte Pfade verlassen, um neue Erfahrungen sammeln zu können.«

● Pubertät:

»Einmal mehr muß ich vertrauten Boden zurücklassen, wenn ich neue Welten betreten und ausprobieren möchte.«

Wie wir an anderer Stelle (SPECHT-TOMANN, M./TROPPER, D.: Zeit des Abschieds) ausgeführt haben, verlaufen Trauerprozesse nicht immer komplikationsfrei. Auch in den entwicklungsbedingten Trauerabläufen gibt es Störungen. Sehr vereinfacht kann man sagen, daß überall dort, wo Stagnation eintritt, eine positive Entwicklung gehemmt wird. Ein Kind, das sich in allzu großer Liebe und Abhängigkeit an die Mutter klammert und den Schritt aus der liebevollen Umarmung hin zu den lustvollen Spielbeziehungen im Kindergarten nicht schafft, hängt »zu sehr an seiner Heimat«, wird so sehr von Trauergefühlen überschwemmt, daß ein Neubeginn, eine Bewältigung seines Trauerschmerzes nicht möglich wird. Erstarrt, erschlafft, verkrampft, verängstigt kann Loslassen nicht passieren, wird Entwicklung gehemmt. Was im Zusammenhang mit der Bewältigung interner Entwicklungsschritte auftreten kann, kann sich auch bei extern einwirkenden Verlusterfahrungen, die ein Loslassen notwendig machen, spiegeln.

Abschließend sei festgehalten, daß alles, was mit Verlust und Sterben, Loslassen und Trauer zusammenhängt, nicht erst dann in das Leben von Kindern tritt, wenn sie einen Elternteil verlieren, ein Geschwister, einen Spielkameraden oder ein geliebtes Haustier. Verlusterfahrungen, Sterben, Tod und Trauer – das alles ist kein Neuland, jeder kennt dieses Land von Geburt an!

Anregungen für die persönliche Auseinandersetzung der Begleiter

Impulsfrage 1
Wenn Sie an ihre eigene Kindheit denken:
Welche Abschiede, Trennungen, Verluste waren notwendig, damit Sie ihren ganz persönlichen Lebensweg finden konnten?
Versuchen Sie, Ihren Lebensweg aufzuzeichnen. Tragen Sie jene Nebenwege ein, die Sie nicht gehen konnten. Beginnen Sie in Ihrer frühen Kindheit und verfolgen Sie die Stationen Ihres Lebens, an denen Sie sich von jemanden oder von etwas verabschieden mußten.
Gehen Sie dabei chronologisch vor.

Impulsfrage 2
Wie sind Sie in Ihrem bisherigen Leben mit Abschieden fertig geworden?
— Was/wer hat Ihnen in der Kindheit geholfen?
— Was/wer hat Ihnen in der Jugend geholfen?
— Was/wer hat Ihnen im Erwachsenenalter geholfen?
Versuchen Sie für jede Altersgruppe ein konkretes Beispiel, eine konkrete Situation zu beschreiben und die Hilfestellungen aufzulisten.

Impulsfrage 3
Stellen Sie sich vor, Sie haben ein Patenkind, das zum ersten Mal in seinem Leben allein eine weite Reise unternimmt. Sie wissen um die Freude einerseits, aber auch um die Aufregung und Angst vor dem Neuen und Unbekannten andererseits.
Schreiben Sie nun an Ihr Patenkind einen Brief, in dem Sie

— auf die Ängste des Patenkindes eingehen;
— Unterstützung anbieten;
— auf Ihre eigenen Erfahrungen Bezug nehmen.

3.2 Entwicklung des Todeskonzeptes bei Kindern

Jedes Kind macht Erfahrungen mit der Vergänglichkeit, z. B.:
eine Blume erblüht und verwelkt;
ein Baum treibt Knospen, steht in Blüte, trägt Früchte und verliert seine Blätter;
das Frühjahr wird vom Sommer abgelöst;
den Ferien folgt die Schulzeit . . .

Jedes Kind erlebt Abschiede, z. B.:
ein Elternteil geht in der Früh zur Arbeit und verläßt das Haus;
Kindergartenfreunde ziehen in eine andere Stadt;
Großeltern kommen auf Besuch und fahren wieder weg;
Ferienfreunde müssen zurückbleiben;
Geschwister ziehen aus . . .

Jedes Kind erlebt den Tod, z. B.:
ein toter Vogel liegt auf der Erde;
eine tote Wespe schwimmt auf der Wasseroberfläche;
ein überfahrener Igel liegt auf der Straße;
der geliebte Hamster stirbt . . .

> Jedes Kind erlebt Vergänglichkeit, Abschied und Tod – aber jedes Kind erlebt es anders.

Das Erleben und der Umgang mit Situationen des Verlustes, des Abschiedes und des Todes sind nicht nur von Kind zu Kind verschieden, sondern gestalten sich nach Alter ganz unterschiedlich. An anderer Stelle haben wir dargestellt, daß bei der Entstehung des persönlichen Todeskonzeptes drei Dinge eine Rolle spielen:
- der Einfluß der vorherrschenden Kultur,
- der religiöse Einfluß mit den jeweils speziellen Vorstellungen von Leben und Tod
- sowie der Einfluß der engeren Umwelt, also der Herkunftsfamilie und des Freundeskreises.

Alle drei Elemente wirken auf das Kind und »arbeiten« gleichsam an seinen Vorstellungen. Die Grundlage dafür, daß ein individuelles Todeskonzept überhaupt entstehen kann, stellt jedoch eine normale geistig-seelische Entwicklung dar.

Kinder durchlaufen verschiedene Stufen in ihrer geistigen Entwicklung und tasten sich gleichsam langsam an die Denkstrukturen heran, die für uns Erwachsene typisch sind. Wir glauben, daß es wichtig ist, etwas von dem zu verstehen, was in den Köpfen und in den Herzen von Kindern im allgemeinen vorgeht und wie sie die Welt sehen, wenn wir über ihre Möglichkeiten mit dem Thema Sterben und Tod umzugehen, nach-denken wollen. Wenn wir besser verstehen, was etwa 4jährige beschäf-tigt, wie sie ihre Umwelt wahrnehmen und in welchen Denkmustern sie an die Welt herangehen, werden wir auch ihr Verständnis von Sterben und Tod »richtiger« verstehen können. Unsere Hilfestellung in der Be-gleitung von Kindern und Jugendlichen setzt bis zu einem gewissen Grad auch das Wissen um alterstypische Gesetzmäßigkeit im Denken der Kinder voraus.

Es würde den Rahmen dieses Buches sprengen, detailliert auf entwick-lungspsychologische Merkmale des kindlichen Weltbildes als Ganzes einzugehen (vgl. hierzu weiterführende Literatur z. B.: PIAGET, SCHENK-DANZINGER). Im Folgenden wird ein zusammenfassender Überblick über wichtige Dimensionen des kindlichen Weltbildes im Kleinkindalter, im späteren Kindesalter und in der Jugendzeit gegeben.

Kleinkindalter – Vorschulalter

Stellen wir uns ein Kind von etwa vier Jahren vor und versuchen wir uns in seine geistige Welt einzufühlen. Kinder dieser Altersstufe (*Kleinkind-bzw. Vorschulalter*) denken nicht so wie wir, für sie erschließt sich die Welt nach anderen Merkmalen. So machen sie keinen Unterschied zwischen belebten und unbelebten Gegenständen. Für sie besteht die Welt aus Menschen und aus Gegenständen, die genauso beschaffen sind, wie sie selbst. Einem Tisch beispielsweise werden ähnliche Eigenschaften zuge-schrieben wie einem Menschen und wenn das Kind sich an dem Tisch stößt, wird es vielleicht sagen:»Du böser Tisch, du hast mir jetzt weh ge-tan.« In der Fachsprache spricht man von *anthropomorphistischem* Den-ken, also einem Denken mit einer starken Tendenz zu Vermenschlichen. Viele Bilder- und Geschichtenbücher greifen dieses Element auf. Da kommt Leben in die Puppenstube, wenn alte Kochtöpfe aus ihrer Jugend berichten als sie noch glänzten! Mit großen Augen lauschen die Kinder den Erinnerungen alter Möbelstücke, die auf dem Dachboden stehen. Sie können tiefes Mitgefühl mit achtlos weggeworfenen Spielsachen entwik-keln, wenn sie in einer Geschichte hören, was so eine alte ins Eck gestellte Lokomotive beklagt . . .

Ein wichtiges Unterscheidungsmerkmal, das Erwachsenen zur Verfügung steht, fehlt den Kindern: die Fähigkeit, zwischen belebt und unbelebt zu unterscheiden!

Das kleine Kind hat auch das Bedürfnis, alle Ereignisse als »von jemandem gemacht« anzusehen. Dieses *magische Denken* verleiht Hexen, Zauberern, Feen und Elfen ungeheure Macht und erklärt auch den hingebungsvollen Glauben an Krampus und Nikolaus, an den Osterhasen und das Christkind. Alles, was dem kleinen Kind begegnet, ist »gemacht«, von Menschen, von Elfen, von Göttern . . . Im Leben des Vorschulkindes erfüllt alles einen Zweck. Alle Dinge werden zu einem bestimmten Zweck gemacht. Der liebe Gott läßt die Sonne scheinen, damit die Blumen wachsen können. Der Mond scheint vielleicht, damit sich die Glühwürmchen in der lauen Sommernacht nicht so alleine fühlen.

Das Denken in diesem Alter ist ferner an die konkrete Wahrnehmung gebunden. Diese Form des Denkens wird auch als *prälogisch* (»vorlogisch«) bezeichnet. Nur was das Kind miterleben, mit-anschauen, mitbegreifen, mit-hören kann, hat auch Wirklichkeitscharakter. Alle Veränderungen an Menschen oder Dingen werden nur dann akzeptiert, wenn das Kind Zeuge dieser Veränderungen war.

Das Vorschulkind sieht sich selbst im Mittelpunkt der Welt, es ist gleichsam Angel- und Drehpunkt einer Welt, die es sich Stück für Stück erobern muß, die es Stück für Stück zu begreifen und kennenzulernen gilt. Dieser in der Fachsprache auch als *egozentrisch* bezeichnete Weltzugang in Verbindung mit dem magischen Denken und der Tendenz, auch unbelebten Dingen menschliche Eigenschaften zuzuschreiben, führt zu einer hohen gefühlsmäßigen »Besetzung« der Umwelt. Die ganze Welt ist entweder »gut« oder »böse«, freundlich oder unfreundlich, brav oder schlimm. So können Orte, Gegenstände, Ereignisse einen positiven »Hof« entwickeln und mit Wohlfühlen, Geliebtwerden, Angenommensein usw. assoziiert werden. Andere Ereignisse, Orte oder Personen hingegen erhalten einen negativen »Hof«. Mit ihnen werden Strafe, Einsamkeit, Unlust und ähnlich negativ besetzte Gefühle verbunden. Solche negative »Umwelten« können sehr beständig das Leben des Kindes beeinflussen oder im negativen Fall beeinträchtigen. Manchmal zeigen sie sogar bis ins Erwachsenenalter ihre Nachwirkungen. Wir werden gerade auf diesen – auch als *physiognomischen Charakter der Umwelt* – bezeichneten Aspekt des kindlichen Weltbildes im Zusammenhang mit frühen Verlusterfahrungen und unbewältigten Todeserlebnissen noch zurückkommen.

Wenn auch das Tatsachengedächtnis kleiner Kinder sehr kurz ist, so hinterlassen Erlebnisse im *emotionalen Gedächtnis* oft tiefe, lang anhaltende Spuren. Beispielsweise kann Angst, die im Zusammenhang mit bestimmten Ereignissen aufgetreten ist, ein ganzes Leben lang neu belebt werden, wenn einzelne Elemente des oft weit zurückliegenden Ereignisses wieder auftreten. Dies muß gerade im Zusammenhang mit der Begleitung von Kindern berücksichtigt werden, die in ihrer frühen Kindheit Verluste erfahren haben (vgl. Kap. 4).

Interessant ist, daß bei sogenannten Primitivkulturen das magische und anthropomorphe Weltbild weitgehend bestehen bleibt. Aber auch in unserer Zivilisation gibt es Lebensphasen, in denen wir nur allzu leicht und gerne in dieses Stadium der beseelten Welt, des magischen Denkens, in die Welt von einfachen Denkmustern zurückkehren. Es sind dies oft Situationen der Krankheit, der Überlastung, der Krisen. Dieses emotionale Denken ist tief in uns Menschen verwurzelt, hat jahrtausendelange Tradition und bleibt lebenslänglich Teil unserer seelischen Tiefenschichten. In Krisensituaionen, in Zuständen großer Angst können sie in Form von Aberglaube, Vorurteilen und Tabus neu belebt werden. So manche Reaktion in Ausnahmesituationen bei Verlust und Trauer kann besser begriffen werden, wenn Begleiter sich dieser Tatsache bewußt sind! Zusammenfassend ist festzuhalten:

Das Weltbild des Kleinkindes zeigt bestimmte Merkmale. Es ist anthropomorphistisch, magisch, prälogisch und physiognomisch. Das Erleben des Kindes ist vorwiegend egozentrisch.

Die Auswirkungen der typischen Merkmale des frühkindlichen Weltbildes auf das kindliche Todeskonzept dieser Altersstufe liegt auf der Hand. Der Tod kann nicht als endgültig verstanden werden, ja eigentlich kann er gar nicht wirklich erfaßt werden! Provokant gesagt könnten wir die Auswirkungen der altersspezifischen Denkmuster eines Vorschulkindes auf sein Verständnis für den Tod so formulieren: Tot-Sein gibt es nicht, Tot-Sein paßt nicht in die Denkstrukturen von kleinen Kindern (vgl. Kap. 3.2).

Spätere Kindheit – Schulalter

Wie kommt es im Laufe der Entwicklung dazu, daß dieser frühkindliche Weltzugang sich verändert? Als wichtigster Schritt kann die Entdeckung der Bewegung angeführt werden. Die Bewegung kann als Hilfe dienen, zwischen *belebter* und *unbelebter* Umwelt zu unterscheiden. Schwierig wird es für Kinder dort, wo Bewegung dargestellt wird. So kann ein kleines Kind oft lange vor Fotos sitzen oder andächtig Bilder bestaunen, in denen tanzende oder laufende Menschen dargestellt sind. »Muß dieser Mann immer laufen? Der wird ja schrecklich müde werden!« »Die armen Kinder werden Fußweh bekommen, wenn sie immer tanzen müssen!«

Solche Sätze zeigen an, daß das Kind einen großen Schritt in seiner geistigen Entwicklung gemacht hat. Es sucht nach Möglichkeiten, die Welt nach Kriterien zu ordnen und zu verstehen, die es auch in seiner Umwelt bei seinen Eltern und Geschwistern, bei Tanten und Großeltern beobachtet.

Das Kind ist also auf der Suche nach neuen Ordnungsprinzipien. Es hat das Bedürfnis, den Schatz seiner bisherigen Erfahrungen einzuteilen, zu gliedern, zu kategorisieren. Eine große Bedeutung kommt dabei den Regeln zu, nach denen Dinge und Ereignisse zusammengefaßt, eingeteilt, gruppiert und verstanden werden können. Was bisher »einmalig« war, kann jetzt für eine ganze Gruppe von ähnlichen Gegenständen Gültigkeit erlangen. Nicht nur »mein Vater« bleibt am Sonntag zu Hause und geht nicht zur Arbeit, sondern auch der Papa von Franz, von Kathi, von Paul bleibt zu Hause. Schließlich kommt das Kind zur Aussage: »Am Sonntag bleiben alle Väter zu Hause und gehen nicht zur Arbeit.« Das Entdecken von Regeln und Gesetzmäßigkeiten ist etwas Aufregendes und führt Kinder dazu, »den Dingen auf die Spur kommen zu wollen«.

Die Bedeutung von Regeln greift nicht nur in das Denken des Kindes entscheidend ein, sie bestimmt auch das soziale Leben. Auch hier ist das Kind an den regelhaften Ordnungen in Gruppen sehr interessiert, es ist ihm wichtig, Teil dieser Ordnung zu sein. Werte und Ordnungen, die eine Gruppe regeln, werden bereitwillig übernommen. Für einen 7jährigen ist es beispielsweise etwas ganz wichtiges, »dabei« zu sein, teilzuhaben, dazu zu gehören. Das Kind in diesem Alter möchte »Rollenträger« sein, möchte ein Amt, eine Aufgabe übertragen bekommen. Auf dieses große Bedürfnis der Kinder wird in der Schule durch diverse kleine Dienste (Blumengießen, Kehrdienst, Tafellöschen usw.) eingegangen. Wir werden noch darauf zurückkommen, wie wir dieses kindliche Bedürfnis im Zusammenhang mit Sterbe- und Verlusterfahrungen nützen können. Auch die Möglichkeit und große Bereitschaft des Schulkindes zur Nachahmung sei hier erwähnt – das Lernen am Modell der Großen gewinnt an Bedeutung.

Je älter das Kind wird, desto deutlicher tritt das egozentrische Weltbild in den Hintergrund; ein zunehmend realistischer Zugang zur Welt zeigt sich (»naiver Realismus«). Wichtige Erkenntnisse gewinnt das Kind aus der *unmittelbaren* Anschauung. Im Tun, im Handeln, in der konkreten Beschäftigung kann sich das Kind Neues erobern, Einzelheiten benennen und Zusammenhänge erfassen. Sein Denken wird auch als anschaulich oder operativ bezeichnet. Schwierigkeiten bereitet einem Schulanfänger oft noch der Schluß von individuell Erlebtem hin zu vorgestellten, allgemein gültigen Situationen. Das Kind ist noch immer sehr seinem egozentrischen Weltbild verhaftet, auch wenn es schon große Schritte gemacht hat, dieses zu überwinden. Das Denken ist von »Wenn-dann« Schlüssen geprägt.

Am Ende der Volksschulzeit überwindet das Kind den naiven Realismus, der es sehr an das konkret Erlebbare gebunden hat. Der nächste Schritt erfolgt zum kritischen Realismus. Das Kind hat einen Begriff von der Konstanz der Menge (z. B. kann es begreifen, daß eine bestimmte Menge Wasser gleich bleibt, egal in welches Gefäß ich es schütte – ein hohes Glas oder einen breiten Becher. Jüngere Kinder werden sagen, daß im höheren Gefäß auch mehr Wasser ist.)

Was heißt es nun, wenn ein Kind sich etwa mit 9 Jahren von seinem egozentrischen Weltbild verabschieden kann? Zunächst bedeutet es, daß es sich von seinem Eigenleben immer wieder und immer öfter distanzieren kann. Es interessiert sich für Dinge, die außerhalb seiner Person und seines engsten Umfeldes liegen. Das Kind öffnet sich seiner Umwelt auf eine ganz neue Art und Weise: Es interessiert sich für Dinge, die es noch nicht bemerkt, ja vielleicht noch nie gesehen hat! Mit einem Mal wird das, was früher war, wichtig! Zu keinem anderen Zeitpunkt der Kindheit und Jugend hören Kinder so gerne den Erzählungen von Eltern und Großeltern über ihre eigene Kindheit zu. Das, was früher war, weckt das Interesse: Das historische Bewußtsein ist erwacht! In der Schule wird durch den Heimatkundeunterricht diesem Zug der kindlichen Entwicklung Rechnung getragen, ebenso durch Sagen und Heldenerzählungen. Im familiären Kreis können alte Poesiealben, Fotografien, alte Briefe und die »Familiensaga« für tiefe Begegnungen zwischen Alt und Jung sorgen. Für die Auseinandersetzung mit Tod und Trauer eröffnet diese Dimension des kindlichen Denkens ein weites Feld an Impulsen (vgl. Kap. 4 und 5).

Welche typischen Denkformen zeigen sich in diesem Alter?

Das »Wenn-dann«-Denken wird durch »Weil-deshalb«-Gedanken abgelöst. Kinder entwickeln in diesem Alter ein großes Bedürfnis, Zusammenhänge zu erkennen. Es ist die Zeit der selbständigen Theorienbildung. Sie übertragen Erfahrungen aus einem Bereich auf einen anderen – ohne dabei konkrete neue Erfahrungen zu sammeln – allein aus der Kraft ihrer Vorstellungen. Auch erste *formale Denkoperationen* werden möglich.

Frühes Jugendalter – Jugend

Das Jugendalter beginnt mit dem Eintritt in die Vorpubertät. Damit ist jene Zeitspanne gemeint, die vom ersten Auftreten der sekundären Geschlechtsmerkmale bis zum ersten Funktionieren der Geschlechtsorgane reicht. Genaue Altersangaben lassen sich dazu nicht machen, da es bei den Kindern große Schwankungen gibt. Auch ist in den letzten Jahrzehnten eine Vorverschiebung der körperlichen Reifung (»Akzeleration«) zu bemerken. So setzt heute mit dem Ende der Grundschulzeit oft schon die Vorpubertät ein. Damit beginnt für die Kinder eine sehr unruhige Zeit. Die körperlichen Veränderungen führen auch dazu, daß sich das gesamte Weltbild des Kindes bzw. Jugendlichen verändert. Sie sind einem Ansturm von Gefühlen, Bedürfnissen, Wünschen und körperlichen Empfindungen ausgeliefert.

Neben der rein körperlichen Kräftesteigerung setzt auch ein enormer geistiger Leistungsschub ein. Vom Zeitpunkt der Vorpubertät an entwikkelt sich das formale Denken kontinuierlich, steigt die Fähigkeit auf längere Sicht zu planen, zu organisieren. Die Ausdauer im Verfolgen von Plänen ist für dieses Alter ebenso typisch wie aus Fehlern zu lernen, Schwierigkeiten mit einzuplanen, an ihnen zu arbeiten und sie überwinden zu wollen. Auch die Fähigkeit, Verantwortung zu übernehmen und in den jeweiligen Situationen rasch und adäquat zu reagieren, zeichnet Jugendliche aus. Das, was Jugendliche von Erwachsenen unterscheidet, ist am Ende der Jugendzeit allein der geringere Erfahrungshintergrund und die meist völlig anderen Motive und Interessen, die Jugendliche in konkreten Situationen anders handeln lassen.

Zentrales Thema des Jugendalters ist die Selbstfindung und die Entwicklung eines Wertesystems. Die eigene Person wird zu etwas Einmaligem, Unverwechselbarem, Individuellem. Die Fähigkeit des jungen Menschen steigt, sich in andere hineinzuversetzen – die Seele anderer zu begreifen – und sich sehr gefühlsvollen Erscheinungen der Natur, ästhetischen Erfahrungen und Darstellungen zu öffnen.

In bezug auf die eigene Person stehen drei Fragen im Mittelpunkt:

1. »Wie bin ich?«
2. »Wie möchte ich sein?« und
3. »Für wen hält man mich?«

Im Denken zeichnet sich ein gewaltiger Unterschied zu den Jahren der Kindheit: Das Denken richtet sich immer stärker auf Zukünftiges und verläßt den Raum des Hier und Jetzt und damit die Bedeutung des unmittelbaren Augenblicks. Jugendliche können in den Bereich theoretischer Probleme vordringen. Die erlebte Wirklichkeit ist nunmehr nur *eine* von vielen Möglichkeiten, und es gilt, sich andere zu erschließen. Das Denken umfaßt endgültig die Möglichkeit, abstrakte Begriffe auch abstrakt zu definieren. Viele abstrakte Begriffe – etwa Schönheit, soziale Gerechtigkeit, Treue und eben auch Tod – lernt man erst recht in der Pubertät verstehen. Mit diesem Verständnis tauchen dann Gefühle auf, die abstrakten Begriffen einen Wert und eine ganz besondere Bedeutung im individuellen Leben des Jugendlichen geben.

> Die jeweils vorhandenen kognitiven Möglichkeiten eines Kindes bestimmen das Verständnis von »Tot-Sein«.

Die einzelnen Schritte in der Entwicklung der kognitiven Fähigkeiten des Kindes und der Entstehung seines Weltbildes machen deutlich, wie sehr das kindliche Todeskonzept von den jeweiligen kognitiven Möglichkeiten bedingt wird. Was ist dabei entscheidend?

- Ob ein Kind im Prinzip zwischen den belebten und nicht-belebten Dingen in seiner Umwelt unterscheiden kann, ist wesentlich für sein Verständnis vom »Tot-Sein«.
- Ob ein Kind zwischen »gestern . . . heute . . .morgen« unterscheiden kann und somit einen Zugang zum Zeitbegriff in bezug auf sein Leben hat, ist wesentlich für sein Verständnis vom »Tot-Sein«.
- Ob ein Kind zwischen Ereignissen in der Vergangenheit, in der Gegenwart und in der Zukunft unterscheiden kann und einen Zugang zur historischen Seite des Lebens entwickelt, ist wesentlich für sein Verständnis vom »Tot-Sein«.
- Ob ein Kind eine Beziehung zwischen Ursache – Wirkung herstellen kann, ist wesentlich für sein Verständnis vom »Tot-Sein«.

Abschließend sei auf jene vier Dimensionen verwiesen, die der Entwicklung des Todeskonzeptes eine dominante Rolle spielen. Wissenschaftliche Arbeiten haben ergeben, daß dies folgende Dimensionen sind:

- Nonfunktionalität;
- Irreversibilität;
- Universalität;
- Kausalität.

Was steckt hinter diesen Begriffen, was bedeuten sie?

Unter dem Begriff der **Nonfunktionalität** versteht man den Zusammenhang zwischen Leben und funktionierenden Körperfunktionen einerseits und Tod und dem Aussetzen dieser lebenswichtigen Funktionen andererseits.

Der Begriff der **Irreversibilität** meint in diesem Zusammenhang, daß der Tod – so er einmal eingetreten ist – nicht rückgängig gemacht werden kann.

Die Einsicht, daß alle und alles einmal sterben muß, wird mit der **Universalität** angesprochen.

Schließlich wird in der **Kausalität** die Tatsache berücksichtigt, daß die Ursachen des Todes biologischer Natur sind.

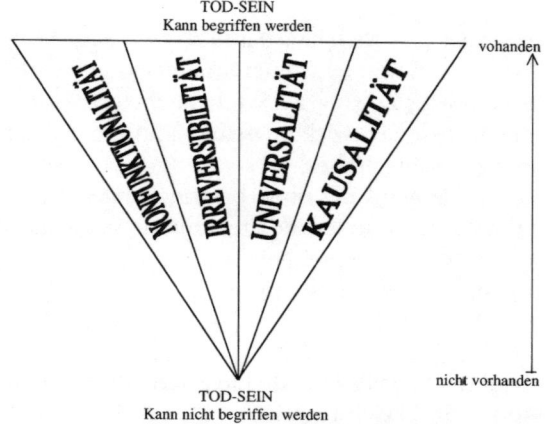

Abb. 15: Dominante Dimensionen bei der Entwicklung des Todeskonzeptes

An welchem Punkt einer der genannten Dimensionen sich ein Kind befindet, wird man aus seinen Aussagen ableiten können. Je klarer und zeitlich stabiler diese »Standortbestimmung« und je deutlicher sie beim Pol »vorhanden« (versus »nichtvorhanden«) ist, desto stärker wird das kindliche Todeskonzept dem der Erwachsenen gleichen. Allerdings wird es immer Zeiten geben, in denen die scheinbar fixen Vorstellungen wieder aufgeweicht werden, verschwimmen und unklareren, »archaischen« Bildern weichen. Dies gilt nicht nur für die Zeit der Kindheit und Jugend. Jeder Erwachsene wird sicherlich Momente in seinem Leben kennen, in denen beispielsweise die Endgültigkeit des Todes nicht begriffen werden kann.

Anregungen zur persönlichen Auseinandersetzung der Begleiter

Impulsfrage 1
Wenn Sie an Ihre Kindheit und Jugend zurückdenken:
— Erinnern Sie Sich an Lieder, Bilderbücher, Geschichten oder andere Texte, die das Sterben oder den Tod zum Thema hatten? (z. B. das Lied vom »Stieferle muß sterben . . .«, »Wer fürchtet sich vor'm schwarzen Mann . . .«, »Schneewittchen«)
— Welche Gefühle waren damals damit verbunden?

67

Impulsfrage 2

Jeder von uns trägt ein Leben lang das innere Kind mit sich, das er einmal war. Die Erfahrungen unserer frühen Kindertage sind nicht verloren. Der jeweils alterstypische Zugang zur Welt bleibt uns nicht grundsätzlich verschlossen. In jeder Entwicklungsstufe sind die vorangegangenen in mehrfacher Weise »aufgehoben«!

Machen Sie sich anhand der oben beschriebenen Denk- und Gefühlsstrukturen des Kinder- und Jugendalters auf die Suche nach Resten dieser Strukturen in ihrem Erwachsenenleben. (»Bitte, lieber Computer, . . .«, »wenn . . . dann«, »weil . . . deshalb« u.s.w.).

3.3 »Was ist das – Sterben?« – Alterstypische Vorstellungen, Reaktionen und Erlebnisweisen

Verlusterfahrungen, Sterben, Tod und Trauer sind Themen, die Eltern ihren Kindern oft ersparen wollen. Dabei wird häufig vergessen, daß diese Grundthemen des Lebens nicht auszuklammern und wegzuschieben sind. Diesen Teil des Lebens in der Begegnung und Begleitung von Kindern aussparen zu wollen, hieße, den Kindern ganz wesentliche Lebenselemente vorzuenthalten. Schließlich ist ohne Abschied kein Neubeginn, ohne Veränderung mit schmerzlichen Loslösungsprozessen keine Wandlung und ohne Durchleben einer Trauergeschichte keine Reifung der Persönlichkeit möglich.

Der Alltag bietet genügend Anlässe, um mit den Kindern gemeinsam über die Dinge des Lebens zu reden – eben auch über Werden und Vergehen. Auf die konkreten Möglichkeiten, Kindern beispielsweise durch das bewußte Gestalten des Jahreskreislaufes mit seinen Festen und Feiern die Thematik näher zu bringen, wird an anderer Stelle ausführlich eingegangen (vgl. Kap. 5).

An dieser Stelle möchten wir alterstypische Vorstellungen über Sterben und Tod, typische Reaktionen und Verhaltensweisen darstellen. Aussagen von Kindern der jeweiligen Altersstufen sollen dem Leser die Möglichkeit geben, aus seinem Denkmuster auszusteigen und in die Bilderwelt der Kinder einzutauchen.

> In jedem Stadium ihres Lebens machen Kinder ihre ganz eigenen Erfahrungen. Sie denken jeweils anders über den Tod nach, stellen jeweils andere Fragen und finden jeweils andere Antworten.

Auch die Art und Weise, wie über die Ereignisse des Todes gesprochen wird, wie die inneren Bilder nach außen transportiert werden, z. B. in

Zeichnungen oder Geschichten, wird vom Alter des Kindes stark beeinflußt. Neben der Persönlichkeit des Kindes spielt der Entwicklungsstand des Kindes, vor allem seine kognitiven Fähigkeiten, die Welt zu begreifen, eine große Rolle für seinen Zugang zur Welt des Sterbens und des Todes. Wie wir im vorigen Abschnitt ausgeführt haben, beeinflußt das kindliche Weltbild die Möglichkeiten, »Tod« als das zu fassen, wozu wir als Erwachsene in der Lage sind.

Wie nehmen Kinder den Tod wahr und welche Reaktionen gibt es auf das Erleben von Sterben und Tod?

Diese Frage kann nicht für alle Altersgruppen gleich beantwortet werden. Auch wird die spezielle Reaktion sehr davon abhängen, um welchen Verlust es sich handelt. Wir werden den kindlichen Zugang zu Sterben und Tod in seinen Grundzügen für folgende Altersgruppen getrennt darstellen:

- Kinder unter 3 Jahren;
- Kinder zwischen 3 und 5 Jahren;
- Kinder zwischen 6 und 9 Jahren;
- Kinder zwischen 10 und 14.

Kinder unter 3 Jahren

Kleine Kinder erleben Tod als Abwesenheit, als Trennung von etwas Liebgewordenem. Ihr großes Bedürfnis nach Nähe führt dazu, daß schon länger anhaltende Trennungen von der geliebten Person als bedrohend erlebt werden. Auch vorübergehende Trennungen werden wie ein »kleiner Tod« erlebt. Die Kinder protestieren zuerst, dann werden sie traurig, schließlich apathisch . . . Das fehlende Zeitverständnis und die emotionale Abhängigkeit löst beim kleinen Kind große Verlustängste aus und all jene Gefühle, die wir als Trauergefühle bzw. Trauerreaktionen kennen.

Noch ein Punkt ist bei kleinen Kindern besonders zu berücksichtigen. Durch die enge gefühlsmäßige Verbundenheit mit der Mutter oder ihm nahestehender Menschen lebt das Kind gleichsam die Empfindungen dieser Menschen mit. Dies ist zu beachten, wenn beispielsweise der Tod eines Familienmitgliedes die Mutter des Kindes tief trifft. Der Säugling empfindet die Trauer mit, er »schwingt« mit und nimmt Veränderungen in der Umgebung – etwa des gewohnten Tagesrhythmus – wahr:

Berührungen der ihm wichtigen Menschen können plötzlich anders werden . . .;

die Stimmen klingen anders . . .;

andere Menschen übernehmen vielleicht für einige Zeit die Pflege . . .

andere Gerüche wirken auf das Kind ein . . .

BEDEUTUNG DES TODES

- Der Tod kann nicht begriffen werden. Es fehlen die kognitiven Voraussetzungen abstrakte Begriffe zu begreifen.
- Tod bedeutet Abwesenheit für kurze Zeit.
- Endgültigkeit kann nicht verstanden werden.

TYPISCHE REAKTIONEN

- Verhaltensweisen, die Unbehagen ausdrücken: z. B. Änderungen im Eß- und Schlafverhalten, Reizbarkeit, scheinbar grundloses Weinen.
- Ein konkreter Verlust löst alle Gefühle aus, die auch bei anderen Trennungen auftreten.
- Wut, Zorn, Frustration, Angst usw. können gezeigt und ausgelebt werden.
- Warten und Suchen.

Fallbeispiel 1

Sonja, eine aufgeweckte Zweijährige, wird von ihrer Mutter in das Krankenhaus gebracht. Ein kleiner chirurgischer Eingriff macht es nötig, daß Sonja einige Tage stationär aufgenommen wird. Sonja hat ein ausgeprägtes Abendritual: Sie braucht ein ganz bestimmtes Lied, ein ganz bestimmtes Kuscheltier und die Hand ihrer Mutter – dann schläft Sonja rasch und gut ein. Wenn nicht . . . Die Schwestern bemühen sich sehr um Sonja. Die Mutter nimmt gut Abschied von der Kleinen und verspricht wiederzukommen: »Morgen komme ich gleich in der Früh. Wenn die Sonne aufwacht und dir guten Morgen sagt, bin ich auch wieder da!«
»Sonne – wieder da.« Sonja ruft es zur Tür. Die Mutter kommt nicht zurück.
»Sonne – wieder da.« Sonja schreit. Die Mutter kommt nicht.
»Sonne – wieder da.« Sonja bricht in hemmungsloses Weinen aus.
Die Mutter bleibt weg.
Unzählige Male wiederholt Sonja die Worte ihrer Mutter, doch nichts kann helfen. Kein Schreien, kein Rufen, keine magischen Worte – die Mutter kommt nicht. Sonja sucht ihren Bären. Ganz außer sich stößt sie die Decke weg, will aus dem Bett; schließlich klammert sie sich aufgelöst und verängstigt an ihren Bären, tiefe Schluchzer schütteln den kleinen Körper: »Sonne – wieder da . . .«

Fallbeispiel 2

Mario ist fünf Monate alt. Er ist das erste Kind seiner Eltern, Ida und Kurt. Kurz nach seiner Geburt erkrankt seine Oma, die Mutter seiner Mutter, schwer. Unter dieser plötzlich aufgetretenen Erkrankung und deren schwerem Verlauf leidet Ida sehr. Schließlich muß sie der Tatsache ins Auge sehen, daß ihre Mutter sterben wird. Eine tiefe Traurigkeit legt sich über Ida. Das Lachen von Mario bleibt unerwidert. Sie kommt zwar allen pflegerischen Maßnahmen nach, doch empfindet sie an ihrem Kind kaum noch Freude. Als ihre Mutter schließlich stirbt, bricht sie vollkommen zusammen. Mario regiert mit verstärktem Weinen, zappelt aufgeregt, schreit, stößt um sich . . . Sein Lächeln wird nicht erwidert. Seine Anstrengungen, die Aufmerksamkeit seiner Mutter auf sich zu lenken, gehen ins Leere . . . Mario wird mit einem Mal stiller, zieht sich zu-

rück, will nicht mehr mit seiner Umwelt Kontakt aufnehmen. Häufig liegt er in seinem Bettchen und jammert vor sich hin. Die große Trauer, die in seiner Familie herrscht und vor allem seine Mutter ganz gelähmt hat, hüllt ihn ein, drückt ihn nieder und nimmt ihm seine Kleinkinderfreude.
(SPECHT-TOMANN, M.)

Kinder zwischen 3 und 5 Jahren

Wenn wir uns noch einmal die Merkmale des kindlichen Weltbildes für diese Altersgruppe vor Auge halten, so wird deutlich, daß der Tod und das Tot-Sein eigentlich keinen Platz im *Denken* der Kinder hat. Demgegenüber spielt der Tod eine große Rolle in der *Gefühlswelt* des Kindes.

- Tod als abstrakter Begriff ist nicht zu fassen.
- Tod als Ereignis mit bestimmten emotionalen Reaktionen in der Umwelt kann jedoch die kindliche Seele tief bewegen.

Je jünger die Kinder sind, desto bedeutsamer ist der emotionale Hof, den das Kind angesichts eines Verlustes oder eines Todesfalls erlebt.

Die Endgültigkeit des Todes kann bis in das Schulalter hinein nicht oder nur schwer begriffen werden. Tot-Sein bedeutet auch einfach »Weg-Sein«! Und wer weggegangen ist, kann auch wiederkommen. Oft tauchen auch Bilder auf, der Verstorbene würde weiter atmen, weiter essen, gleichsam auf »Sparflamme« weiterleben und irgendwann einmal wieder »richtig« leben und am Leben der Kinder teilnehmen. Da ein tieferes Verständnis für den Tod noch nicht existiert, ist der Umgang mit dem Wort »Tod« eher ungezwungen. Ohne Angst und Scheu können Kinder nach dem Tod fragen, verfolgen die Spuren des Todes in der Natur mit großem Interesse und versuchen manchmal, selbst Herr über Leben und Tod zu sein. Alle Dinge der Welt sind für Kinder dieser Altersgruppe interessant und wichtig. Ohne große Scheu wenden sie sich den Fragen des Lebens und des Sterbens zu – sofern ihnen ihre Umwelt dies ermöglicht.
Bei kleinen Kindern steht in ihrem Tun die Neugierde im Vordergrund – so auch bei der Entdeckung, was »tot« eigentlich ist. Da kann es schon vorkommen, daß gerade erst begrabene Vögel wieder ausgegraben werden. Unabhängig davon, wie weit sich ein Kind in die Auseinandersetzung mit toten Dingen (Blumen, Blättern, toten Schmetterlingen, Vögeln) hineinbegibt, wie sehr es an den Reaktionen seiner Familie teilnimmt (Tod naher Angehöriger, Geschwister, Großeltern) immer bleibt das Ereignis etwas, was niemals das Kind selbst treffen könnte. Dieser Zustand, den Erwachsene »Tot-Sein« nennen, trifft in jedem Fall immer andere:

— eine Katze, die überfahren wird;
— einen Vogel, der stirbt;
— eine Ameise, die zerdrückt wird;
— die »alte« Oma;
— die »alte« alte Nachbarin;
— den »alten« Onkel.

Je älter das Kind wird, je näher es dem Schulalter rückt und damit der Fähigkeit, zwischen belebten und unbelebten Dingen zu unterscheiden, desto eher ist es in der Lage, die Endgültigkeit des Todes im Ansatz zu begreifen. Ein 5jähriger hat oft das Verständnis von »Tod auf Zeit«. Manchmal werden auch Vorstellungen entwickelt, die Verstorbenen würden in einer anderen Form weiterleben oder auch in einer anderen Gestalt wieder ins Leben zurückkehren.

In Spielen versucht das größer werdende Kind, sich die Dinge des Lebens »begreifbar« zu machen. So wird auch der Tod und Tot-Sein aufgegriffen und in verschiedenste Aktivitäten eingebaut. Einige Beispiele:

— »Ihr seid jetzt ›tot‹, ihr müßt ganz still sein und ganz steif am Boden liegen . . .« , gibt ein Fünfjähriger seine Spielanweisung. Die Kameraden befolgen es – und im nächsten Augenblick sind sie wieder ganz lebendig!
— »Peng, peng, peng – ich schieße euch tot!« – ruft ein Kindergartenkind und alle seine Freunde fallen mit Freude zu Boden – und im nächsten Augenblick springen sie gleich wieder lachend auf.
— »Wir spielen Tot-Sein!« Das Licht wird ausgeschaltet, alle Kinder fallen auf den Boden – bald darauf laufen sie wieder fröhlich in den Garten.
— »Dich hat ein Auto überfahren, du bist jetzt tot!«, sagt ein Kindergartenkind zu seiner Freundin. »Ich bin der Arzt. Gleich kannst du wieder aufstehen!«

Beliebte und weitverbreitete Spielthemen rund um das Thema Tod sind für ein etwa 5jähriges Kind – an der Schwelle zum Schulalter:
• Krankenhaus
• Krieg
• Unfall
• Beerdigung

Kinder dieser Altersstufe verwenden das Wort »tot« auch dann, wenn sie sich einer Sache entziehen möchten. »Ich bin tot« heißt dann soviel wie: »Ich bin jetzt nicht zu erreichen, bin nicht da, bin nicht zu sprechen . . .« Bei Verboten oder Strafen kann es vorkommen, daß ein Kind sagt: »Du sollst tot sein!« Damit will es seiner Enttäuschung Ausdruck verleihen, seinen Unmut ausdrücken. »Der böse Vater, der mir nicht erlaubt noch einmal in den Hof zu gehen, ich will nichts mehr von ihm wissen! Er soll tot sein!« Für Erwachsene ist es oft schwer, so einen Satz »richtig« anzunehmen und seine altersgemäße Bedeutung zu verstehen!

Das magische Denken hat im Zusammenhang mit dem Tod dann eine besonders große Bedeutung, wenn Kinder versuchen, dieses Denken »einzusetzen«. Damit sind Bemühungen der Kinder zu verstehen, besondere Dinge zu leisten oder zu erfinden, um z. B. die schwere Erkrankung der Oma zu beenden oder den Tod der Mutter rückgängig zu machen. Der übergroße Wunsch, mit den eigenen Kräften das Schicksal nahestehender Menschen zu beeinflussen, und der Glaube daran, dies sei auch möglich, bleibt bis ins Jugendalter erhalten – und noch so mancher Erwachsene kennt das von sich selbst! Andererseits können auch Schuldgefühle auftreten, wenn Kinder über einen Menschen etwas Böses gedacht haben. Stirbt dieser Mensch dann oder wird schwer krank, stellen Kinder dieser Altersstufe oft eine Verbindung zwischen den eigen »bösen« Gedanken und dem Todesfall her. »Herr über Leben und Tod« – das ist eine Allmachtsphantasie, die im Kopf so manchen Kindes dieser Altersstufe eine beklemmende Möglichkeit wird!

Zusammenfassend sei folgendes festgehalten:
Mit zunehmenden Alter nimmt auch die Fähigkeit des Kindes zu, vage Todesvorstellungen zu entwickeln. Typisch für diese Altersgruppe ist jedoch, daß der Tod immer andere trifft – nie das Kind selbst – und daß der Tod ganz eng mit Alter und »Alt-Sein« verbunden ist. »Alt« bedeutet dabei auch einfach »anders«, anders als die Kinder selbst. Kinder dieser Altersstufe nehmen alles sehr wörtlich. Umschreibungen des Todes mit Bildern, in denen Vergleiche mit Aspekten des Lebens hergestellt werden (»entschlafen«, »vorausgegangen«, »fortgegangen«, »ewige Ruhe«, »lange Reise«, einen Menschen »verlieren«, u. ä.) verwirren Kinder und können oft Ängste aktivieren. Auch die Teilnahme an den Ritualen der Totenwache, der Aufbahrung, der Beerdigung selbst bedarf einer guten Begleitung. Wichtig dabei sind:

- eine klare und offene Sprache;
- Mut, auf Kinderfragen altersgemäß zu antworten;
- Einfühlungsvermögen in das Weltbild der Kinder;
- Zeit für das Kind.

Ausführlicher werden wir die Möglichkeiten konkreter Begleitung im Kap. 4 ansprechen.

BEDEUTUNG DES TODES

- Vage Todesvorstellungen werden entwickelt.
- Tod ist ein vorübergehender Zustand.
- Tod wird gleichgesetzt mit Dunkelheit und Bewegungslosigkeit.
- Tod ist immer der Tod anderer.
- Tod trifft alte Menschen, »böse« Menschen – niemals das Kind selbst.

TYPISCHE REAKTIONEN

- Großes Bedürfnis, den Tod zu erforschen.
- Verwirrung bei konkreten schweren Verlusten (Suchen).
- Alltägliche Ängste können bei einem Todesfall im engen Kreis aktiviert/reaktiviert werden.
- Entwicklungsrückschritte (Regression) sind möglich.

Fallbeispiel 1
Elisabeth geht mit ihren Eltern im Wald spazieren. Begeistert bleibt sie vor einem Ameisenhügel stehen. Sie beobachtet interessiert das Treiben der fleißigen Tiere. Dann kniet sie sich nieder, schaut den Ameisen zu, die knapp vor ihren Knien auf ihrer Ameisenstraße eifrig Tannennadeln zum Hügel schleppen. Mit ihren kleinen Fingern drückt sie einige Ameisen in den feuchten Waldboden: »Und du gehst zum lieben Gott, und du auch!«
»Was machst du denn da, Elisabeth?« fragt die Mutter erschrocken. »Ich mache sie tot und wenn sie genug tot sind, können sie wieder weiterlaufen!«

Fallbeispiel 2
Anton war mit seiner Oma am Friedhof. Es ist Herbst und schon recht früh dunkel. Die Oma möchte ein paar Kerzen am Grab ihres vor kurzem verstorbenen Mannes anzünden. Anton war damals mit beim Begräbnis. Er weiß, daß sein Opa tot ist und nie mehr kommt. Aber . . .
»Oma, wie ist das Tot-Sein«?
»Friert der Opa jetzt, es wird doch schon kalt!?«
»Bringst du dem Opa so viele Kerzen, damit er es nicht so dunkel hat unter der Erde?«
»Kann der Opa mich hören?«
»Willst du auch sterben?«
Anton nimmt die Hand seiner Oma und lauscht aufmerksam den Antworten der alten Frau. Alles kann sie ihm nicht erklären, aber sie nimmt ihren Enkel in den Arm und macht ihm Mut, seine Kinderfragen zu stellen, immer wieder – solange, bis er schließlich zufrieden eine Kerze nimmt, sie auf das Grab stellt und anzündet. »Für dich, Opa!«
Auf dem Nachhauseweg meint Anton noch: »Und wenn der Opa zu Weihnachten zu uns kommt, wird er sicher keine Schmerzen mehr haben . . .«
(SPECHT-TOMANN, M.)

Kinder zwischen 6 und 9 Jahren

Mit dem Eintritt in das Schulalter macht das Kind enorme Entwicklungsschritte. Es entdeckt Regeln, Ordnungen und Gesetzmäßigkeiten. Der realistische Zugang zur Welt – man spricht auch von einem »naiven« Realismus – ermöglicht ihm, zwischen Phantasie und Realität zu unterscheiden und so auch grundsätzlich den Tod als Tatsache zu erfassen. Als wichtiges Unterscheidungskriterium zwischen belebt und unbelebt wird die Bewegung herangezogen. Somit bedeutet Tot-Sein: nicht mehr essen, nicht mehr atmen, keinen Herzschlag haben . . . erstarren.

Auch wenn Kinder dieser Altersstufe den Tod als etwas Endgültiges erkennen, heißt das nicht, daß sie emotional in der Lage sind, dies auch zu akzeptieren. Ein Hin- und Herpendeln zwischen Phantasievorstellungen früherer Jahre und den realen Einschätzungen ist typisch für dieses Alter.

Das Wissen um die Realität des Todes läßt sie auch mit einer zunehmenden Scheu vom Tod reden. Gleichzeitig interessieren sie sich sehr für alles, was rund um den Tod geschieht. Geschichten, Bilder und Erzählungen, die den Tod zum Inhalt haben oder in denen der Tod gestreift wird, ziehen ihr Interesse an.

Tote kehren in der Vorstellungswelt von 6- bis 9jährigen nicht mehr irgendwann vielleicht wieder, sie wachen auch nicht mehr von ihrem »Schlaf« auf: »Der Tod ist für immer«, lautet eine Kernaussage, zu der Kinder dieser Altersstufe fähig sind. Auch erste Gedanken zum Leib-Seele-Problem tauchen auf: »Wenn sich der Körper vom Opa auflöst – was geschieht dann mit dem anderen Teil vom Opa?« Diese hochphilosophische Frage beschäftigt bereits Kinder im Volksschulalter. Aus diesen Fragen entwickeln sich erste Unsterblichkeitsgedanken und dies ganz unabhängig von der Religionszugehörigkeit. Diese allgemeinen Unsterblichkeitsgedanken bleiben bis in die Pubertät erhalten und werden erst dann von spezifischen, meist religiös überformten Vorstellungen abgelöst.

Typisch sind auch Ängste, die durch den bewußten Zugang zum Tod entstehen können. Es kann vorkommen, daß manches nicht richtig verstanden wird, nicht eingeordnet oder noch nicht in der ganzen Tragweite erfaßt werden kann. Charakteristische »Wenn-dann«-Schlüsse können etwa zu folgenden Äußerungen führen:

»Wenn die Frau Gruber sterben kann, dann kann auch meine Mutter sterben.«

»Wenn das Kind vom Nachbarn sterben kann, dann kann ich auch sterben.«

»Wenn jemand in der Familie stirbt, dann sind alle traurig.«

»Wenn jemand gestorben ist, dann verhalten sich alle Freunde so seltsam.«

»Wenn jemand stirbt, dann wird alles in der Familie anders.«

Verlust- und Trennungsängste, die Sorge, Sicherheit, Geborgenheit und Vertrautes zu verlieren, sowie die Angst, im Kreis der Freunde plötzlich »ein anderer« zu sein, sind Ausdruck für die tiefgreifenden Verletzungen, die der Tod eines nahestehenden Menschen bei einem Volksschulkind auslösen kann. Denn es ist eines, den Tod als etwas Endgültiges zu *realisieren*, etwas ganz anderes ist es, den Tod zu *akzeptieren* und mit dem daraus resultierenden Verlust umgehen zu können!

Der Tod eines nahestehenden Menschen löst tiefe Trauererlebnisse aus. Bereits bei Kindern dieses Alters tauchen alle jene Gefühle auf, die wir beim Durchleben eines Trauerprozesses von Erwachsenen kennen (vgl. 2.4). Allerdings drücken sich diese Gefühle anders aus:

● Leugnen kann bei Kindern zu einem Betonen der Fröhlichkeit führen, sie spielen mehr, lauter, »lustiger« als sonst, versuchen gleichsam den Schmerz »wegzuspielen«.

● Zorn, Wut, Ärger, Angst können ebenso auftreten wie Schuldgefühle. Oft klingen Sätze wie: »Du bringst mich noch ins Grab.«, »Du bist wirklich ein Nagel zu meinem Sarg.«, »Ich muß mich ja zu Tode arbeiten!«. . . in den Ohren der Kinder nach. »Bin ich am Tod von . . . mit schuld?« wird zur beklemmenden Frage!

● Die Sehnsucht nach einer verstorbenen Person läßt Kinder auf die Suche nach diesem Menschen gehen. Sie suchen heimlich im Verborgenen, sie suchen offen in allen Räumen – und sie suchen in ihrer Phantasie. In dieser Phantasiewelt werden Verstorbene sehr oft auch idealisiert. Der verstorbene Opa wird zum »klügsten Mann der Welt«, die verstorbene Mutter war die »schönste Frau, die man sich vorstellen kann«. Die Äußerungen lehnen sich oftmals an Bilder der Märchenwelt an.

● Die intensive Auseinandersetzung mit dem Verstorbenen kann bei Kindern auch zu dem Wunsch führen, viele Eigenschaften und Ähnlichkeiten zwischen sich und dem Toten zu suchen und zu finden. »Ich bin musikalisch – so wie mein Vater!«, »Ich habe eine gute Hand für Blumen, wie meine Oma.« Es ist, als würde ein Teil der verstorbenen Person im Kind weiterleben können.

BEDEUTUNG DES TODES

- Realistischer Zugang wird möglich.
- Allmähliches Begreifen der Endgültigkeit.
- Ein konstantes Verständnis über längere Zeit fehlt aber noch.
- Tod wird oft noch personifiziert (Sensenmann).
- Tod wird oft als Bestrafung erlebt.
- Tod kann auch auf die eigene Person bezogen werden.

TYPISCHE REAKTIONSWEISEN

- Verlust- und Trennungsängste.
- Trennungsschmerz und Trauergefühle.
- Unterschiedliche Vorstellungen wechseln ab (Realität/Phantasie).
- Interesse an allen Dingen rund um den Tod.
- Langsames Herauskristallisieren der Begriffe: Endgültigkeit, eigene Endlichkeit, Leib – Seele.

Fallbeispiel 1

Antonia ist acht Jahre alt. Sie hat eine Reihe guter Freundinnen und geht gerne zur Schule. Eines Tages kommt sie ganz verstört nach Hause. Die Fragen der Mutter läßt sie unbeantwortet. Sie geht in ihr Zimmer. Erst am Nachmittag erzählt Antonia, daß die Mutter ihrer Freundin Nina einen schweren Autounfall hatte. Sie ist sehr schwer verletzt. »Muß die Mama von Nina sterben?« Antonia ist ganz durcheinander. Wenn Ninas Mama sterben kann, dann kann ja auch ihre eigene Mama sterben! Antonia überfällt eine tiefe Traurigkeit. Sie will nicht, daß Ninas Mama stirbt! Sie will überhaupt nicht, daß Menschen, die sie liebt, sterben! Sie hat Angst. Angst, allein gelassen zu werden. Und plötzlich fällt ihr ein, daß sie manchmal gedacht hat: »Blöde Mami, könntest du bloß weg sein!« Angst, schlechtes Gewissen und das Gefühl, die Welt ist doch nicht so sicher, wie sie bisher gemeint hat, lassen Antonia sehr lange nicht einschlafen. Sie betet – für Ninas Mama, für ihre Familie und für ihre Freundinnen. Sie bittet ihren Schutzengel, gut aufzupassen . . .

Fallbeispiel 2

Peter ist sieben Jahre und hat eine eigene Katze, Mia. Peter sorgt für seine Katze, spielt viel mit ihr und vertraut ihr manches Geheimnis an. Doch Mia ist unternehmungslustig. Sie streift durch den Garten und die angrenzenden Grundstücke, sie läuft über die Straßen und liegt unter parkenden Autos. Für Peter ist es jedoch ganz selbstverständlich, daß seine Katze jeden Tag zu ihm zurückkommt, sich füttern und streicheln läßt, ihm schnurrend um die Füße streicht. Eines Tages kommt Mia nicht. Sie kommt auch am zweiten Tag nicht. Und als Peter schon recht wütend auf seine Katze ist, die ihn so im Stich läßt, bringt die Nachbarin in einem Karton seine Katze. Tot. Mia wurde überfahren. Peter kann es nicht fassen. Er sieht, daß Mia tot ist. Sie rührt sich nicht. Ist kalt und steif. Aber das kann nicht sein! Mia kann nicht tot sein. Und überhaupt, was heißt schon tot! Peter will vom Karton mit der toten Katze nichts wissen. Peter will seine Mia wieder haben. Er schließt sich in sein Zimmer ein. »Ich habe nicht

gut aufgepaßt auf Mia . . ., ich habe zu wenig gespielt mit Mia . . . Was habe ich denn falsch gemacht?« Peter entwickelt Schuldgefühle. Doch nach außen läßt er sich nichts anmerken, laut pfeifend geht er durch die Wohnung. Peter verhält sich so, als wäre nichts geschehen. Erst als seine Mutter beschließt, Mia im Garten ein kleines Grab auszuheben und Peter einlädt, Blumen zu pflanzen, brechen die zurückgehaltenen Tränen aus dem Kind:»Mia, meine Mia . . .! Warum bist du weg?«
(SPECHT-TOMANN, M.)

Kinder zwischen 10 und 14 Jahren

Je weiter die Kinder ihre Entwicklungsleiter emporsteigen, desto ähnlicher werden ihre Vorstellungen, Gefühle und inneren Bilder vom Tod denjenigen der Erwachsenen. Zunächst taucht bei etwa 10jährigen ein großes Interesse an allen Dingen auf, die es noch nicht kennt, die es nie gesehen oder gehört hat: Das historische Bewußtsein ist erwacht! Mit großer Ausdauer und Andacht lauschen Kinder dieser Altersstufe alten Berichten – seien diese historisch überliefert oder etwa die Erzählungen der eigenen Großeltern. Über diese Erzählungen können sie ein Brücke zwischen gestern und heute herstellen und sich selbst als historische Wesen begreifen lernen, die einen Anfang und ein Ende haben. Zwischen diesen beiden Polen spannt sich ihr Lebensbogen, den sie wohl das erste Mal in ihrem Leben so bewußt vor Augen haben.

Die Frage nach der Identität beschäftigt Kinder der Vorpubertät bis weit in die Zeit des jungen Erwachsenenalters:»Wer war ich?« »Wer bin ich?« »Wer werde ich sein?«

Diese Auseinandersetzung geht auch an der Frage nach dem Tod nicht vorbei.

Das»Wenn-dann«-Denken wird von einem»Weil-deshalb« abgelöst: Die Zeit der selbständigen Theorienbildung hat begonnen. Kraft ihrer Vorstellung können Kinder dieser Altersstufe Erfahrungen aus einem Bereich auf einen anderen übertragen. So bilden sie sich auch ihre eignen Theorien über Werden und Vergehen.

Der Tod ist zwar häufig Gegenstand ihrer Gedanken – aber oft nur im »stillen Kämmerlein«! Die Verbindung zwischen»Tod und Alter« sowie »Tod und Krankheit« bleibt bis weit in das Jugendalter erhalten – auch wenn der Tod als Realität, als unausweichlicher Schlußpunkt eines Lebens akzeptiert wird. Mit dieser assoziativen Verknüpfung rückt der Tod in einen Bereich, der Kinder dieser Altersstufe»nicht wirklich« betrifft. In einen Satz verpackt könnte dies etwa so lauten:»Der Tod kommt bestimmt – irgendwann.«

Allerdings wird der Tod auch als Chance eines Neubeginns gesehen, als Inbegriff von Wandlung und der Möglichkeit einer Wiedergeburt. Das

»Stirb und Werde!« wird mit einem Mal griffig, kann in seiner tiefen Bedeutung allmählich ausgelotet werden. Die großen gefühlsmäßigen Schwankungen, denen sich ältere Kinder und Jugendliche ausgesetzt fühlen, führen auch zu schwankenden Einstellungen gegenüber Sterben und Tod. Dies ist besonders in den Reaktionen auf einen erfahrenen Verlust zu beobachten. Prinzipiell treten alle Trauerreaktionen auf, die auch bei Erwachsenen bekannt sind: Nicht-wahrhaben-Wollen, Aufbruch der Gefühle, Suchen und schließlich der Aufbau eines neuen Selbst- und Weltbildes. Doch der Trauerweg in dieser Altersstufe kann sehr unterschiedlich verlaufen: während die einen ihre Wut leben und durch ewiges Nörgeln und aggressives Verhalten auffallen, verdrängen die anderen konsequent alle Gefühle.

Wenn Trauerprozesse auf die großen Stimmungsschwankungen der Vorpubertät und dann der Pubertät stoßen, kann es zu dramatischen Entwicklungen kommen.

Viel Verständnis seitens der Erwachsenen ist hier besonders angesagt, eine behutsame und trotzdem sehr »klare« Begleitung, manchmal auch professionelle Hilfe (vgl. Kap. 4).

BEDEUTUNG DES TODES
- Tod als unausweichliches Ereignis
- Tod als abschließendes Ereignis
- Tod als endgültiges Ereignis
- Tod wird als endgültiger Liebesverlust begriffen

TYPISCHE REAKTIONEN
- Durchleben der Trauerphasen
- Auftauchen der Sinnfrage für das eigene Leben
- Fragen nach einem Leben nach dem Tod
- Individuelle Gestaltung der Trauer
- Häufig körperliche Symptome, die das konkrete Erleben von Tod begleiten (Kopfweh, Magenschmerzen, Schlafprobleme)

Fallbeispiel 1

Anke und Sarah, zehn und dreizehn Jahre alt, wissen eigentlich nichts über das Leben ihrer bereits vor Jahren verstorbenen Tante. Sie wissen nur soviel, daß sie die Lieblingsschwester ihres Vaters war und das jüngste Kind ihrer Eltern. Tante Edith hatte ein kurzes Leben. Woran war sie gestorben? Wie war ihr Leben? Wie wurde sie begraben? Was ließ sie zurück? Keiner in der Familie hat ausführlich mit ihnen darüber gesprochen – oder haben sie sich wirklich dafür interessiert . . .?

In den Ferien beschließen sie, Oma nach all den Dingen zu fragen, die sie sehr beschäftigen. Tod? Was bedeutet das eigentlich? Wo ist Tante Edith – wo ist ihre Seele? Gibt es ein Wiedersehen?

In einem langen Gespräch mit ihrer Großmutter erfahren sie, daß Edith erst vierzehn war, als sie an Leukämie erkrankte. Sie schauen sich gemeinsam mit ihrer Großmutter alte Fotoalben an, erleben die stille Trauer der alten Frau über den Verlust, der schon viele Jahre zurückliegt. Gemeinsam kommen sie ins Philosophieren . . .

Fallbeispiel 2
Patrick ist zwölf Jahre alt. Mit seinem besten Freund spielt er gerne Fußball, streift mit ihm durch Wiesen und Felder und liebt es, im Zelt zu übernachten. In einer solchen Zeltnacht sprechen die beiden Kinder auch über den Tod. Sie erzählen sich, was sie alles beobachtet und erlebt haben. Patrick war schon auf einer Beerdigung. Er hat seinen Opa gesehen, als er sehr krank war, er hat sich von ihm verabschieden können. Patrick ist stolz, daß er seinem Opa noch ein selbst geschnitztes kleines Holzstück mit ins Grab legen konnte. Marc, der Freund, hat noch keinen Toten gesehen. »Glaubst du, müssen wirklich alle sterben? Du und ich?« »Naja, irgendwann vielleicht schon.« »Werden wir uns im Himmel wiedersehen?« Die Kinder überlegen, wie so ein Wiedersehen aussehen könnte und was vom Menschen »ewig« ist. »Manchmal hab ich Angst, meine Eltern könnten bald sterben . . .«. Marc wird nachdenklich . . . Patrick schaut aus dem Zelt. Ein heller klarer Sternenhimmel ist zu sehen. »Vielleicht werden wir Sterne, wenn wir tot sind . . .«
(SPECHT-TOMANN, M.)

Abschließend sei noch kurz auf das *Jugendalter* eingegangen:
Wenn die Kinderzeit sich ihrem Ende neigt und die Jugendlichen allmählich die Schwelle zum Erwachsensein überschreiten, dann gewinnt das Thema Tod eine neue Dimension. Die individuell entworfenen Todeskonzepte werden jetzt neu geordnet, neu überdacht und hinsichtlich ihrer Stimmigkeit mit den »großen« Ideen der Religionen und philosophischen Schulen verglichen. So wie Jugendliche mit den Dingen des Lebens umgehen, so werden sie sich auch den Fragen des Todes nähern. Aggressiv-herausfordernde Jugendliche werden dem konkreten Tod anders begegnen als verschlossene Träumer. Die Lebensthemen »Sinn«, »Schuld«, »Werte« und »Zukunft« sind zentral in der Lebensauseinandersetzung von Jugendlichen. Der Tod kann dieser Auseinandersetzung eine eigene Wendung geben. Altes zurücklassen und Neues wagen, Abschied und Neubeginn schließen das Thema Tod und Vergänglichkeit ein. Die Herausforderung durch neue Entwicklungsaufgaben macht den Jugendlichen oft auch bewußt, wie sehr wir zwischen den Polen Geburt und Tod eingespannt sind und wie wir erst angesichts des Todes zum Leben finden.

Fallbeispiel
Christian ist sechzehn Jahre alt, als sein Freund bei einem Segelunfall tödlich verunglückt. Er kann es nicht begreifen. Sie hatten doch gemeinsame Ferien geplant, sie wollten doch Zelten, sie wollten . . . – aber da hämmert es in seinem Kopf und dröhnt: »Er ist tot.« Wie in Trance nimmt er an der Beerdigung teil. Er gibt seinem Freund eine Sonnenblume mit ins Grab.

Er ist wie gelähmt.

Der Sommer nimmt seinen Lauf. Keine Ferien mit dem Freund. Keine langen Abende bei Gesprächen, Kartenspiel und Lachen. Keine gemeinsame Schulzeit mehr. Wut steigt in Christian auf. Warum gerade Julian? Warum jetzt mit sechzehn! Hätte er, Christian, etwas verhindern können?

Tiefe Traurigkeit erfüllt ihn. Tagelang sitzt er in seinem Zimmer, hört die Musik, die auch seinem Freund gefallen hat, immer wieder dasselbe Lied.

Der Sommer geht vorbei. Ein Bild von Julian hängt über dem Schreibtisch von Christian. Und ein Gedicht. Er hat es selbst geschrieben, damals, als er einige Monate an einer Schule in Frankreich als Austauschschüler lebte. Mit einem Mal wird Christian lebendig. Da waren doch noch die Briefe von Julian! Unzählige Briefe hatte Julian seinem Freund aus dem Ausland geschrieben, wenige Monate vor seinem Tod. Es waren Briefe eines Jugendlichen über Gott und die Welt, über alltägliche Banalitäten und hoch philosophische Fragen, es waren Briefe der Freundschaft und Gemeinsamkeit. Christian vertieft sich in diese Briefe, letzte Botschaften seines Freundes.

Im Laufe der nächsten Monate werden diese Briefe für Christian Dreh- und Angelpunkt seiner Welt. Er liest sie – wieder und wieder. Er schreibt Antworten – wieder und wieder. Er schreibt sie in den Computer, druckt sie aus, hat sie in verschiedenen Varianten vor sich. Die Briefe werden ihm zu Begleitern in der Trauer und geben Christian die Chance einer sehr individuellen Trauergestaltung.

(SPECHT-TOMANN, M.)

Anregungen zur persönlichen Auseinandersetzung der Begleiter

Impulsfrage 1

Versuchen Sie, mit Kindern unterschiedlichster Altersgruppen und mit Jugendlichen behutsam ins Gespräch zu kommen (kleine Kinder – Kindergarten-/Schulkinder/ältere Schulkinder/Jugendliche)

— Wie erleben sie den Wechsel der Jahreszeiten?

— Welche Abschiedsgesten und -rituale sind bekannt?

— Welche Bilder und Symbole werden für den Tod verwendet?

Impulsfrage 2

Oft sind es bestimmte Sinneseindrücke, bestimmte Gerüche, Farben oder Klänge, die Menschen mit den frühen Erfahrungen ihrer Kindertage rund um Todesfälle und Beerdigungen verknüpfen. Im Erwachsenenalter können dann bei neuerlichem Erfahren dieser Sinneseindrücke alte Erinnerungen auftauchen und neu verarbeitet werden. Das nachfolgende Beispiel soll das verdeutlichen. In diesem Gedicht geht es um den Duft von Jasmin . . .

Wir möchten Sie nach dem Lesen des Gedichtes einladen, sich auf eine Reise in ihre Vergangenheit zu begeben. Vielleicht entdecken auch sie bestimmte Düfte, Lieder, Töne, Worte . . .

damals blühte der Jasmin

so tot war später nie mehr ein mensch
wie der wächserne karl des nachbarn
die kleine schwester an der hand
stehe ich vor der bahre
ringsum die weinenden frauen
in jasminschwangerer kerzenhitze

jasmin hat wohl gerade geblüht
damals in ferner kindheit
seither kündet mir sein duft
in jedem brautkranz
tod sterben verderben

im kreise seiner lieben
erkalten dürfen
die bande der welt lösen
leichnam werden

ist die seele ausgehaucht
verschwindet das lächeln
kommt das grauen

wie gut tut
die warme hand

der kleinen schwester
. . .

Maria

halte mich
nicht fest

es ist nicht aus
der tod hat nicht
das letzte wort

in den ozean
wärmenden lichts
tauche ich ein
ich gehe nicht verloren

mein sterben
war die letzte note
eines großen liedes
das ich geschrieben habe
erst durch den tod ist es vollendet

so lebendig so nahe war ich dir nie
aufgehoben ist das todesurteil
geborgen bin ich in gottes hand
schon winden engel jasminkränze
für unsere immerwährende hochzeit
(MITTLINGER, K.)

3.4 »Ich fürchte mich so vor dem Einschlafen«: Kindertrauer hat viele Gesichter

Trauer gehört zum Leben und ist die Emotion, die es uns Menschen möglich macht, mit Abschieden, Verlusten und Enttäuschungen umzugehen und nicht daran zu zerbrechen. Gäbe es die Trauer nicht, könnten Abschiedserfahrungen nicht oder nur unzureichend bewältigt werden. Aus zahlreichen Begleitungen trauernder Menschen kennt man den Verlauf des Trauerweges, weiß um die unterschiedlichen Phasen des Trauerprozesses und die Gefühle, die Menschen haben, wenn sie in Trauer sind (vgl. Abb. 16).
Denn trotz aller Verschiedenheit und Individualität gibt es beim Erwachsenen eine gewisse voraussehbare Bandbreite an Gefühlszuständen. Ist das nun bei Kindern auch so? Durchlaufen sie den gleichen Weg wie die Erwachsenen?
Prinzipiell kann diese Frage mit »Ja« beantwortet werden. Allerdings sind einige Dinge zu berücksichtigen, die sich entscheidend auf den Verlauf des Trauerns – vor allem aber auf die Ausdrucksformen von Trauer auswirken (vgl. auch Entwicklung des Todeskonzeptes, 3.2).

Einflußgrößen des Trauergeschehens bei Kindern

- Alter
- Entwicklungsstufe
- Persönlichkeitsstruktur
- Abwehrmechanismen
- Entwicklungsstand des Todesbegriffes
- Informationsstand
- Anzahl der schwerwiegenden Verluste, die das Kind bereits erlebt hat
- Soziales Umfeld, soziales Netz
- Art des Verlustes/Todes
- Vorhersehbarer Verlust vs. unerwarteter

Was man über den Verlust wissen muß

- Handelt es sich um ein Lieblingsspielzeug, ein Tier oder einen Menschen?
- Gehört die verstorbene Person zum engeren oder weiteren sozialen Umfeld des Kindes?
- Ist die verstorbene Person eine »primäre« Bezugsperson?
- In welcher Beziehung stand die verstorbene Person zum Kind (Verwandtschaft, Nachbarschaft, Freunde)?
- Welche Rolle hat die verstorbene Person im Gesamtleben des Kindes gespielt?
- Wie häufig waren die Kontakte zwischen der verstorbenen Person und dem Kind?
- Welche Folgen hat der Tod für das Kind?

Besonders gravierende Verlusterfahrungen

- Tod eines Elternteiles (»Mami darf nicht sterben!«)
- Tod eines Geschwisterkindes (»Alle denken nur an Peter!«)
- Tod im Familienverband lebender Menschen (»Annas Platz bleibt leer . . .«)
- Tod nahestehender Familienmitglieder (»Aber es war doch meine liebste Oma!«)
- Tod von engen Freunden (»Mit Sebastian ist ein Teil von mir gestorben!«)

In Kap. 4 wird auf die Bedeutung der einzelnen Verluste für das Leben der Kinder und Jugendlichen noch näher eingegangen. Es werden auch Möglichkeiten aufgezeigt, wie Eltern, Verwandte, Freunde und andere Begleiter Kindern und ihren Familien hilfreich zur Seite stehen können.

Im folgenden möchten wir ein paar wesentliche Punkte herausgreifen, die den Trauerprozeß von Kindern deutlich von dem der Erwachsenen unterscheiden.

»Lachen und Weinen«

Ganz dem kindlichen Wesen und dem kindlichen Zugang zur Welt entsprechend sind die beobachtbaren Gefühle und Gefühlsreaktionen nicht so durchgängig wie bei Erwachsenen. Immer wieder löst sich das trauernde Kind von dem alles beherrschenden Trauergefühl, taucht in die Fülle des Lebens ein, gibt sich ganz seiner Spielwelt hin und »vergißt« seinen Schmerz. Dieses Verhalten löst bei Erwachsenen oft Irritation und Kopfschütteln aus.

Fallbeispiel:
Anna ist vier Jahre alt. Sie lebt mit ihrer Familie am Stadtrand. Jedes Wochenende kommt die Oma zu Besuch. Anna liebt diese ältere, ruhige und humorvolle Frau.
Besonders die Spaziergänge sind herrlich! Anna kann bei jeder Blume stehen bleiben, muß nicht rasch weiter laufen. Oma weiß auch viele Geschichten über die Blumen, über Käfer und andere Tiere.
In der letzten Zeit fühlt sich Oma nicht so gut. Jetzt ist Oma tot.
Anna sitzt auf dem Schoß ihrer Mutter. Sie weint. Sie drückt sich fest an ihre Mutter. Tränen strömen über ihre Wangen.
Kurze Zeit darauf löst sich Anna aus den Armen der Mutter. Sie läuft in den Garten. Dort wartet Andrea, das Nachbarmädchen. Die beiden spielen. Sie laufen, springen und singen laut um die Wette. Die Mutter hört das laute Lachen von Anna – der gleichen Anna, die eben noch auf ihrem Schoß bitterlich weinte . . .
(SPECHT-TOMANN, M.)

Kinder leben in der *Gegenwart.* Und Kinder haben nicht die Ausdauer, lange an »einer Sache zu bleiben«. Dies gilt nicht nur für jüngere Kinder, die noch kein festes Zeitgefüge als Orientierung haben. Bis zu einem gewissen Grad bleibt dieses »dem Moment leben« bis weit in die Pubertät hinein erhalten. Für den Trauerprozeß bedeutet es, daß Kinder sich immer wieder lösen, sich dem Gefühl anvertrauen, das im Augenblick in seiner Umgebung vorherrscht. Freunde, Spielkameraden, Musik, Sport und Spiel nimmt sie ganz gefangen. Das dunkle Land der Trauer wird immer wieder verlassen, um das Leben in seiner ganzen Fülle auszukosten. Erst wenn Momente der Stille einkehren, wird das Kind wieder zurückkommen zu seiner Trauer. Es ist wie ein Hinein- und Hinausschlüpfen aus dem Trauerprozeß!
Für viele Erwachsene ist das schwer nachzuvollziehen. Bei kleinen Kindern bringen manche Erwachsene noch eher Verständnis auf. Doch bei älteren Kindern oder gar Jugendlichen lösen solche Reaktionen negative Gefühle – ja sogar Aggressionen aus. Wichtig wäre es, sich in solchen Situationen klar zu werden, daß das Ausleben der positiven Gefühle, die Teilnahme am »normalen« Leben nichts über die tiefe Traurigkeit und den Schmerz aussagt, den ein Kind über einen bestimmten Verlust erleidet.
In diesem Punkt sind Kinder anders!

»Alle Gefühle auf einmal«

Vieles ist in der Welt der Kinder noch nicht geordnet oder in einer Ordnung, die der Erwachsenenwelt fremd ist. Da werden Dinge als »gleich« benannt, deren Gemeinsamkeit wir nur erahnen können, Gegenstände als unterschiedlich bezeichnet, die für uns identisch erscheinen. Auch die Reihenfolge, wie Dinge oder Abläufe geordnet werden, entspricht nicht immer unserer Ordnung. Für den Trauerprozeß bedeutet es, daß das Durchlaufen einer bestimmten Reihenfolge der Gefühle (vgl. 2.4) nicht nach dem bekannten Muster abläuft. Da taucht eine Flut von Empfindungen gleichzeitig auf, Gefühle scheinen gleichsam nebeneinander zu stehen, die bei Erwachsenen in größeren Zeitabständen einander ablösen.

Fallbeispiel:
Daniel ist 8 Jahre alt. Er lebt mit seinen Eltern und seinen zwei Schwestern in einer Stadtwohnung. Vor einem Jahr hat er einen Hund bekommen. Fips, ein Dackel! Daniel hat versprochen, ganz regelmäßig mit diesem Hund spazieren zu gehen. Er ist dieser Aufgabe mit großem Eifer nachgekommen und die beiden haben sich sehr aneinander gewöhnt.
Vor einer Woche passierte es: Fips ist durch die offene Wohnungstür geschlüpft, die Treppen hinunter und mitten hinein in den Straßenverkehr. Fips wird von einem vorbeifahrenden Auto erfaßt und getötet.
Für Daniel bricht eine Welt zusammen. Laut weinend schreit und tobt er.
Daniel schimpft und wütet, flucht und jammert – gleich darauf glaubt er es nicht.
Daniel ist starr vor Schreck – gleich darauf tobt er.
Daniel ist tief traurig – gleich darauf sieht er sich schon mit einem neuen Hund über die Parkwiesen laufen . . .
(SPECHT-TOMANN, M.)

Die typischen Gefühle, die einen Trauerprozeß begleiten, treten bei Erwachsenen in einer bestimmten Ordnung auf. Es gibt eine Abfolge im Durchleben der Emotionen, die untrennbar zum Trauerweg dazugehören. Dieses Wissen um eine gewisse Regelmäßigkeit ist für Begleiter von Trauernden, aber auch für die Betroffenen selbst hilfreich. Stufe für Stufe vollzieht sich die Trauerarbeit in einem bestimmten Rhythmus. Doch bei Kindern ist dies nicht immer so. Der Rhythmus der Trauer ist oft wilder, rascher, sprunghafter.
In diesem Punkt sind Kinder anders!

»Als wäre nichts geschehen«

Den Tod eines geliebten Menschen zu akzeptieren, Verluste annehmen zu können, ist eine große seelische Herausforderung! Selbst Menschen, die schon eine Reihe von Abschieden erlebt und bearbeitet haben, werden angesichts eines erneuten Todesfalls in die Phase des »Nicht-wahrhaben-

Könnens« kommen. Verluste sind für uns Menschen lebenslänglich eine Bedrohung! Es ist immer schwierig, Trauerarbeit zu leisten! Bei Kindern kann man oft ein Innehalten in diesem »Nein, das glaube ich nicht!« feststellen. Hinzu kommt noch, daß je nach Alter des Kindes die Endgültigkeit von Zuständen nicht begriffen werden kann (vgl. 3.3). Wie zeigt sich das im Verhalten des Kindes? Kinder, die Schwierigkeiten haben, an die Todesbotschaft zu glauben, an den Verlust als reales Ereignis zu denken, werden so tun, »als sei nichts geschehen«. Oft zeigen sie sich allen Bemühungen seitens der Eltern, Freunde und anderer wohlmeinender Menschen gegenüber nur abweisend:

— sie stoßen die streichelnde Hand zurück;
— sie ziehen die Schultern hoch und wenden das Gesicht ab;
— sie winden sich aus einer Umarmung;
— sie stoßen Menschen zurück;
— sie schlagen oder werden auf andere Weise aggressiv, wenn die körperlichen Versuche des Tröstens fortgesetzt werden;
— sie laufen aus dem Zimmer, sie knallen die Türe zu;
— sie halten sich die Ohren zu;
— sie drehen das Radio laut auf;
— sie igeln sich ein, drehen das Gesicht zur Wand;
— sie verstummen.

Fallbeispiel:
Clara ist zehn Jahre alt. Sie hat einen größeren Bruder und eine kleine Schwester. Clara geht gerne in die Schule, sie ist ein lebendiges, lustiges Mädchen. In der Schule hat sie viele Freunde und kommt auch mit den Lehrern gut zurecht.
Clara lebt fröhlich und unbeschwert in den Tag. Doch dann ist plötzlich alles ganz anders. Der Vater kommt von einer Dienstreise nicht mehr zurück. Er hatte einen tödlichen Verkehrsunfall. In Claras Welt wird es mit einem Schlag dunkel. Die Mutter spricht mit den Kindern über den Unfall, über den Tod, über ihren Schmerz.
Clara will davon nichts hören. Abrupt wendet sie sich von der Mutter ab. Auch der tröstenden Umarmung der Oma weicht Clara aus. Ihr ganzer Körper sagt: NEIN. Clara weiß, daß ihr Vater nie mehr kommen wird – Clara spürt, daß er nicht für immer gegangen sein kann. Der Kopf weiß es – das Herz kann es nicht annehmen: Clara verstummt. Sie schließt die Türe ihres Zimmers und ihres Herzens. Der Tod des Vaters ist für sie kein Thema.
Wochen vergehen, da erfährt Clara, daß ihr geliebter Klassenlehrer ihre Klasse im kommenden Schuljahr abgeben muß. Mit einem Mal bricht ein Strom von Gefühlen aus Clara. Endlich bahnen sich ihre Tränen einen Weg nach draußen. Endlich kann sie Schmerz und Wut, Zorn und Sehnsucht nach dem Vater ausdrücken. Der drohende Verlust des Lehrers löst Claras Verschlossenheit, läßt sie in einen Trauerprozeß einsteigen, der ihr die Chance gibt, auch den Verlust des Vaters zu verarbeiten.
(SPECHT-TOMANN, M.)

Ein wichtiger Hinweis: auch bei größeren Kindern, die im Prinzip in der Lage sind, den Tod als etwas Endgültiges zu begreifen, ist das *kognitive*

Erfassen nicht gleichbedeutend mit den *emotionalen* Möglichkeiten des Akzeptierens. Doch auch bei noch so langem »Nein-Sagen« zum Verlust: Die Trauer bahnt sich ihren Weg! Beobachtungen aus dem Leben mit Kindern und Jugendlichen, die beharrlich an dem Nicht-Wahrhaben festhalten, zeigen, daß es oft ganz andere Anlässe sind, bei denen die große Trauer ausbricht. Bei kleineren Kindern kann das der Verlust eines Spielzeuges sein oder der Wechsel der Kindergartentante. Bei größeren kann ein neuerlicher Todesfall »alte« Krusten lösen. Auch die intensive Beschäftigung mit einem Musikstück, einem Gedicht, in denen »schwere« Themen aufgegriffen werden, kann den Kanal zur Trauer freilegen. Und wieder gilt:

In diesem Punkt sind Kinder anders!

»Böse Gedanken . . .«

Das Thema Schuld spielt im Zusammenhang mit Tod und Verlust eine große Rolle. Viele Menschen fühlen sich am Tod eines Menschen (mit-) schuldig, geben anderen Menschen die Schuld oder suchen in äußeren Ursachen die Schuld für den Tod. Dieses Ringen mit der Schuldfrage ist Teil des Trauergeschehens. Erwachsene Menschen »wissen«, daß sie nicht schuld sind (in den wenigsten Fällen gibt es einen Schuldzusammenhang!), sie wissen, daß auch der Arzt oder die Schwester den Tod des geliebten Menschen nicht verschuldet hat und sie wissen, daß »böse« Gedanken keine tödlichen Folgen haben . . . – und dennoch sind Schuldgedanken da!

Kinder bewegen sich lange in einer Welt des magischen Denkens. Und auch dort, wo diese Allmacht der Gedanken überwunden scheint, bleibt sie dem kindlichen Wesen nahe. »Kraft der Gedanken kann ich die Welt bewegen!« – also kann ich auch den Tod eines Tieres, eines Menschen »herbeidenken«.

Fallbeispiel
Toni ist 7 Jahre alt. Er lebt mit seiner großen Familie in einer Kleinstadt, umgeben von Wiesen und Feldern. Toni ist ein sehr lebhaftes Kind. Gleich nach der Schule beginnt für ihn die aufregende Zeit der Spiele und Streiche, des Vagabundierens und Erkundens. Toni läßt sich nur ungern an seine Schulpflichten erinnern, auch den Ermahnungen des Vaters kommt er nur mit Widerwillen nach. Toni durchstreift mit seinen Freunden lieber die Wiesen und Felder. Und immer wenn er beim Klug-Bauer vorbeikommt, schimpft der alte Bauer hinter den Buben her. Mit erhobener Faust droht er ihnen, wenn sie durch seine Felder laufen. Am Sonntag, nach dem Kirchgang beklagt der Bauer sich bei Tonis Vater . . .
Toni denkt: »Wenn der alte Bauer doch schon tot wäre!«
Wenige Wochen darauf erkrankt der Altbauer, kommt ins Krankenhaus und stirbt dort. Toni ist wie vom Donner gerührt. Wieso ist der Bauer gestorben? Waren das seine Ge-

danken, war sein Wunsch schuld? Aber er wollte doch nur ungestört durch die Felder laufen. Er wollte doch nur am Sonntag keine Strafpredigten mehr hören müssen. Er wollte doch . . .
Keiner erzählt Toni, daß der Altbauer schon lange an einer Nierenerkrnakung litt. Keiner erzählt Toni, daß der Altbauer über »die wilden Buben« auch geschmunzelt hat und sich an seine eigene Kindheit erinnert hat . . .
Toni fühlt sich schrecklich einsam. Er hat Angst, seine Gedanken könnten noch mehr Unheil anrichten. Er fühlt sich schuldig.
(SPECHT-TOMANN, M.)

Die Vorstellung von der Allmacht der Gedanken wird vor allem dann zum Vorschein kommen, wenn die Kinder über die Umstände des Todes nicht oder nur unzureichend informiert werden. Kinder machen sich dann ihre eigenen Gedanken, liefern ihre persönlichen Erklärungen für das »Warum« des Todes oder Verlustes.
Schuldgefühle können Kinder insbesondere dann quälen, wenn sie in Gedanken einer anderen Person etwas Böses gewünscht haben, vielleicht sogar den Tod. Das kann z. B. dann geschehen, wenn Kinder zornig über ein Verbot sind. Aber auch der unbedacht geäußerte Satz: »Du bringst mich noch einmal ins Grab!« kann schwerwiegende Folgen haben, wenn die Person dann etwa erkrankt oder stirbt. Worte werden von jüngeren Kindern sehr direkt aufgenommen und verstanden. Dies ist auch bei den Erklärungen über Todesumstände zu bedenken!
Schuld und der Umgang mit Schuld:
In diesem Punkt sind Kinder anders!

»Ich mag nicht in den Keller gehen . . .«

Jeder Tod rührt an die eigene Sterblichkeit. Jeder Tod macht uns bewußt, daß wir andere Menschen verlieren können, daß wir allein zurückbleiben. All das macht Angst.
Kinder, die einen Verlust erleben haben oft Angst, daß
— auch noch ein anderes geliebtes Wesen (Tier/Mensch) stirbt;
— sie selbst sterben könnten.

Fallbeispiel:
Barbara ist 11 Jahre. Das kräftig gebaute Mädchen wirkt sehr selbstbewußt. In ihrer Familie ist sie beliebter Mittelpunkt ihrer zwei jüngeren Brüder. Und auch für ihre Freundin Andrea ist sie sehr wichtig. Andrea ist gleich alt. Die beiden Mädchen kennen sich schon seit dem Kindergarten. Gemeinsam sind sie dann in die Schule gekommen und haben auch den gleichen Schulweg. Barbara weiß, daß Andreas Mutter schwer krank ist. Oft redet sie mit Andrea. Doch als Andreas Mutter dann wirklich stirbt, bricht auch für Barbara eine Welt zusammen »Mütter sterben doch nicht einfach so . . . !«
»Was passiert mit mir, wenn meine Mutter stirbt?« »Kann so etwas Schreckliches auch bei uns passieren?« Tausend Fragen stürmen auf das Kind ein . . .
Barbara verändert sich. Sie wird ruhiger. Verschlossener. In der Nacht schreckt sie oft auf, läuft in das Zimmer der Eltern. Es fällt ihr schwer, einzuschlafen. Barbara wünscht

sich, in der Nacht wieder mit ihren jüngeren Brüdern ein Zimmer zu teilen. Dort brennt ein kleines Licht. Dort fühlt sie sich sicherer.
(SPECHT-TOMANN, M.)

Das in den Jahren aufgebaute Vertrauen in die Welt und das Leben kann tief erschüttert werden. Das Leben wird plötzlich so unheimlich! Oft können diese Ängste von den Kindern nicht direkt angesprochen werden. Manchmal merkt man das nur an bestimmten Fragen oder fragenden – fast bittenden – Feststellungen, wie z. B.: »Gell, du bleibst aber immer bei mir?« Kinderzeichnungen können auch Einblick in die Ängste der Kinder geben. Oft sind es jedoch bestimmte Verhaltensweisen, die den Erwachsenen auffallen. Z. B. das Kind

— will nicht mehr alleine einschlafen;
— möchte, daß in der Nacht ein Licht am Flur brennt;
— braucht wieder sein Einschlafritual, seinen Schnuller, seinen Teddy . . .;
— hat Angst, allein in den dunklen Keller zu gehen;
— kommt in der Nacht wieder in das Bett der Eltern;
— geht nicht mehr allein in den Kindergarten;
— bleibt nicht mehr allein bei einem Kindergeburtstag;
— traut sich nicht mehr alleine auf den Schulweg;
— nimmt überall hin sein Kuscheltier mit.

Angst und ihre Erscheinungsformen:
In diesem Punkt sind Kinder anders!

»Und wieder schlage ich alles zusammen!«

Ohnmächtige Wut und großer Zorn können die Reaktion auf den Verlust eines Spielzeuges, eines Tieres und vor allem eines geliebten Menschen sein. Vor allem dann, wenn der Verlust ihr alltägliches Leben tiefgreifend verändert, lassen sie oft ihrer Wut freien Lauf. Sie zeigen viel direkter als Erwachsenen ihren Zorn:

— auf das Verlorengegangene, auf den Verstorbenen;
— auf Gott, der das zuläßt;
— auf das Leben schlechthin.

Fallbeispiel:
Birgit ist 5 Jahre. Sie hat keine Geschwister und lebt in einem kleinen Haus mit den Eltern und Großeltern. Sie verbringt viel Zeit mit ihrer Oma, der sie gerne im Garten hilft. Birgit geht gerne in den Kindergarten. Sie malt gerne, singt aus voller Kehle und nimmt an allen Spielen begeistert teil.
Die Kindergärtnerin bemerkt eines Tages, daß Birgit häufig in Raufereien verwickelt ist. Sie schlägt um sich und teilt Fußtritte aus. Als Birgit ihre Tischnachbarin im Streit in die Hand beißt, sucht die Kindergärtnerin ein Gespräch mit der Mutter.

Die Mutter von Birgit erzählt nun, daß die Oma vor zwei Wochen gestorben und Birgit sehr traurig darüber ist. Mutter und Tante sind sehr verwundert, daß Birgit den Tod der Großmutter nicht erwähnt hat. . . . Birgit hat in ihrer ohnmächtigen Wut und Verzweiflung über den Tod der Oma eine andere Sprache gewählt . . .
(SPECHT-TOMANN, M.)

Kinder können auf jeden Verlust, der ihnen nahegeht, sehr direkt mit Wutausbrüchen reagieren. Da der Gegenstand, das Tier oder der Mensch aber nicht mehr da ist, kann sich die Wut auf andere Dinge oder Personen richten. Aggressives Verhalten kann oft mit einem tiefgreifenden Verlusterlebnis in Zusammenhang gebracht werden. Die Aggression richtet sich u. U. auf:

— Gegenstände;
— Tiere;
— Pflanzen;
— Menschen/gegen sich selbst.

Bei älteren Kindern und Jugendlichen kann die Wut und die Anklage gegen Gott und das Leben in eine intensive Auseinandersetzung mit der Sinnfrage des Lebens führen.

Erwachsene lassen nur selten ihrer Wut freien Lauf, drücken den Zorn über den erlittenen Verlust eher indirekt aus.

In diesem Punkt sind Kinder anders!

»Jakob spielt draußen«

Die Lücke, die der Verlust eines geliebten Menschen hinterläßt, kann durch nichts geschlossen werden. Durch die Trauerarbeit gelingt es vielleicht, daß die tiefen Wunden vernarben. Was bleiben wird, sind Erinnerungen an das Vergangene und die Narben der tiefen Verletzung. In Träumen, intensiven Vorstellungsbildern, in Halluzinationen ähnlichen Erscheinungen und Tagträumen kann es manchmal gelingen, den Verstorbenen »herbeizuzaubern«. Schon für Erwachsene ist es oft schwer, die Trennung zwischen »Traum« und »Wirklichkeit« zu ziehen – zu groß ist die Sehnsucht, den Verstorbenen wenigstens für ein paar Stunden bei sich zu haben, ihm noch etwas zu sagen, ihm noch einmal zu begegnen.

Die große Phantasie von Kindern, ihr ganzheitlicher Zugang zur Welt, ihre reiche innere Bilderwelt lassen den Wunschträumen freien Lauf. Eltern und Erzieher stehen oft bestürzt vor folgenden Sätzen:

»Maria hat mich heute im Kindergarten besucht!«
»Julia war auch beim Kinderfest.«
»Heute Nacht war Papa bei mir, er hat mir die Hand gehalten!«
»Oma ist gar nicht tot, gestern hat sie mir beim Einschlafen eine Geschichte erzählt.«

90

Aber:
Maria ist ertrunken.
Julia kam bei einem Verkehrsunfall um.
Papa erlitt völlig unerwartet einen tödlichen Herzinfarkt.
Oma ist nach langer Krankheit gestorben.

Fallbeispiel
Mathias ist vier Jahre alt. Er hat das erste Mal in seinem Leben eine Katze bekommen.
Diese Katze wird ganz rasch zum Mittelpunkt seines Interesses. Er darf die Katze füttern,
die Katze darf in seinem Zimmer spielen und schlafen. Mathias hält sie glücklich im
Arm und verzeiht unter Tränen so manchen Kratzer. Es ist so wunderbar, wenn Schnurr
zu schnurren beginnt! Andächtig lauscht er diesem »eingebauten Motor« und fühlt sich
sehr wohl!
Dann geschieht das Unglück. Schnurr wird überfahren. Schnurr ist tot. Nichts auf der
Welt bringt die Katze wieder zum Schnurren. Mathias ist traurig. Dann scheint er
Schnurr vergessen zu haben.
Nach Wochen kommt er aufgeregt aus der Nachbarwohnung: »Schnurr ist dage-
wesen!«, erzählt er seiner Mutter. Und am nächsten Morgen läuft er aufgeregt in die
Küche: »Mami, Schnurr ist doch wieder da – ich hab ihn heute ganz laut unter meiner
Bettdecke schnurren gehört!«
(SPECHT-TOMANN, M.)

Wenn gleich auch Erwachsene mit all ihren Kräften nach dem Verlorenen,
nach den Verstorbenen suchen, gilt dennoch auch hier:
In diesem Punkt sind Kinder anders!

»Sie spricht genauso wie ihre Tante«

Eine letzte Möglichkeit, ein Stück von den verstorbenen Menschen »zu
retten« liegt in der Übernahme einzelner Verhaltensweisen, Rede-
wendungen, typischer Merkmale. Kinder und Jugendliche haben ein
großes Bedürfnis, sich an Modellen und an Vorbildern zu orientieren.
Dies gibt ihrem Leben eine gewisse Ordnung und Linie.
Stirbt nun ein Mensch, der diesem jungen Leben Halt und Orientierung
gegeben hat, taucht die Sehnsucht auf, »etwas« zu behalten. Kinder
schlüpfen dann gleichsam in bestimmte Merkmale des Verstorbenen.
Eltern wissen darüber zu berichten:
»Peter ißt plötzlich wie sein verstorbener Bruder.«
»Marianne lacht wie ihre Freundin, die vor einigen Wochen starb.«
»Jakob hinkt seit einiger Zeit – ja, seit der Opa tot ist – der hatte einen
steifen Fuß!«
»Sabine zieht nur mehr Hosen an, seit ihr großer Bruder verunglückte.«
»Anna redet plötzlich so komisch, so künstlich – als wäre sie ihr Groß-
vater . . ., der ist vor einem Monat verstorben.«
»Peter schiebt den Teller immer von sich – genauso wie Tante Ida, als sie
noch bei uns lebte.«

91

Fallbeispiel:
Irene ist erst 13 Jahre alt, als ihre Mutter stirbt. Es ist eine schwere Zeit für alle. Die Mutter war lange krank gewesen. Irene und ihre kleineren Geschwister können gut mit ihrem Vater über den Schmerz und die Verzweiflung reden. Gemeinsam weinen sie, gemeinsam suchen sie nach Lösungen, gemeinsam sind sie traurig. Doch Irene ist die Älteste . . . Die Kleinen würden eine Mutter brauchen. Wie sehr Irene ihre Mutter immer bewundert hat! Wie ordnete sie die Blumen in der Vase? Wie schnitt sie die Karotten? Wie hat sie die Bettdecke der Kleinen immer zurecht gelegt und glatt gestrichen?
Irenes Hände schlüpfen in die Hände der Mutter.
Der Vater ruft : »Ganz wie Martha!«
Die Geschwister rufen: »Ganz wie Mami!«
(SPECHT-TOMANN, M.)

Wenn Verstorbene zu inneren Bildern werden, dann ist der lange Weg der Trauer zu Ende gegangen. Bevor dieses Ziel erreicht ist, gibt es Abschnitte, in denen Menschen versuchen, sich über Identifikation und Rollenübernahme einen Teil des verstorbenen Menschen zu retten. Wie dies bei Kindern und Jugendlichen geschieht – dafür gilt einmal mehr der Satz:
In diesem Punkt sind Kinder anders!

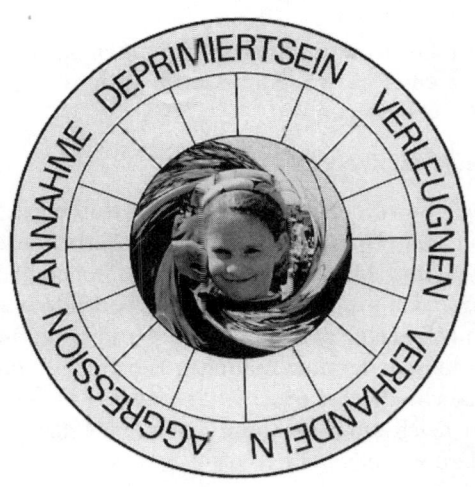

Abb. 16: Das Gefühlsrad

3.5 »Und morgen werde ich nicht mehr sein . . . «: Sterbe- und Trauerprozeß schwerstkranker Kinder

Bisher wurde versucht, einen Einblick in die Vorstellungen und Reaktionsweisen von Kindern zu geben, die dem Sterben und dem Tod in ihrer Umwelt begegnen. Dabei handelt es sich immer um das Vergehen und Sterben, das andere betrifft. Das Kind wird zwar an seine eigene Sterblichkeit erinnert, doch es geht im eigentlichen Sinn nicht um seinen eigenen körperlichen Tod. Anders ist das bei Kindern, die durch einen schweren Unfall oder eine Krankheit mit dem eigenen bevorstehenden Ableben konfrontiert sind. Es würde den Rahmen dieses Buches sprengen, detailliert auf diese Thematik einzugehen. Es gibt dazu eine Reihe sehr eindrucksvoller Berichte betroffener Kinder und Eltern sowie Literatur für Begleiter. An dieser Stelle sei nur auf die allgemeine Gesetzmäßigkeit des Sterbeprozesses hingewiesen, die auch bei Kindern auftritt. Die letzte Lebensstrecke weist gewisse Regelmäßigkeiten auf, dies gilt für junge wie für alte Menschen. Ein Überblick über die einzelnen Phasen und die möglichen Reaktionsweisen soll Klarheit über die einzelnen Stationen des Sterbeweges geben. Die angeführten typischen Aussagen stammen aus Begleitungen von Erwachsenen bzw. von älteren Kindern. Die Äußerungen jüngerer Kinder oder ganz kleiner Kinder werden dann entsprechend ihres Entwicklungsstandes und ihrer sprachlichen Ausdrucksfähigkeit anders lauten. Dort, wo Sprache nicht oder noch nicht zur Verfügung steht, kommt es auf der Verhaltensebene (Rückzug, Verweigerung) oder im nicht sprachlichen Bereich (Körperhaltung, Tonfall, Blickkontakt, Bewegungsfluß) zu entsprechenden Ausdrucksformen.

In der Begleitung ist es wichtig, auf folgende Punkte zu achten:

- Je jünger die Kinder sind, desto weniger verstehen sie kognitive Erklärungen.
- Je jünger Kinder sind, desto stärker schwingen sie mit den Gefühlen ihrer Umwelt mit.
- Nicht-sprachliche Ausdrucksformen (Zeichnen, Plastizieren, Musizieren) zeigen oft mehr als sprachliche Äußerungen, wo das Kind auf seinem Sterbeweg gerade steht.

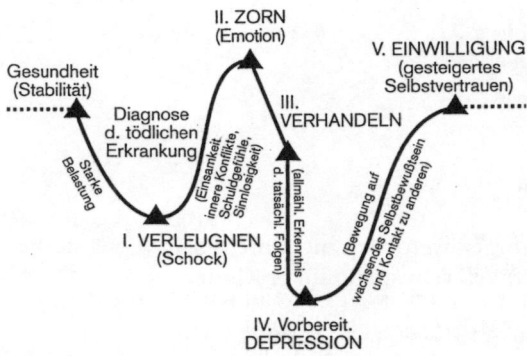

Abb. 17: Stationen eines Sterbeweges

Übersichtstabelle über die Phasen des Sterbeprozesses, typische Merkmale und Äußerungen

1. Nicht-wahrhaben-Wollen
Typische Merkmale:
Schock
Verdrängen
Leugnen
Stimmungslabilität

Typische Äußerungen:
Nein, nicht ich!
Ich kann das nicht verstehen, Mami!
Ich bin wie gelähmt
Ich kann es nicht glauben
Es ist doch gar nichts . . .

2. Auflehnung
Typische Merkmale:
Wut, Zorn, Haß
Nörgeln
Kritisieren
Selbstanklage
Schuldzuweisung

Typische Äußerungen:
Warum ich?
Muß ich wirklich sterben, Mami?
Mir geht alles auf die Nerven!
Gott hat mich nicht mehr lieb!
Warum ist das passiert – wer ist schuld?

3. Verhandeln
Typische Merkmale:
Hoffnungsvoll
Kooperativ
Aktiv
Umgänglich

Typische Äußerungen:
Ja, ich muß sterben, aber . . .
Ich gehorche bestimmt, wenn ich nur nach Hause darf.
Ich rufe nicht so oft nach der Schwester, wenn . . .
Nur einmal noch in die Musikschule gehen!

Ich werde auch ganz tapfer sein – dann fahren wir ans Meer!

4. Depression
Typische Merkmale:
Trauer, Tränen
Rückzug
Angst
Depressive Zustände
Sinnfrage, Lebensbilanz

Typische Äußerungen:
Ja, ich.
Ich habe Angst vor dem, was kommt.
Was haben wir nicht alles zusammen gemacht!
Werdet ihr mich auch nicht vergessen?
Mein Lieblingsspielzeug soll Tina bekommen.

5. Annahme
Typische Merkmale:
Friedlicher Zustand
Erschöpfung
Gelöstheit
Große Sensibilität

Typische Äußerungen:
Ja, ich!
Der Tod macht mir keine Angst mehr.
Alles ist so bunt, so schön, so intensiv . . .!
Bleibe bei mir!
Ich bin so müde, doch alles ist gut so.

Auch wenn Kinder kognitiv noch nicht verstehen können, daß ihr Leben zu Ende geht, so werden sie es in den meisten Fällen spüren. Intuitiv »wissen« sie um den Ausgang ihrer Krankheit, »wissen«, daß sie dem Tod nahe sind. Dazu kommt, daß sie mit großer Feinfühligkeit und Feinhörigkeit die Stimmungen und Gefühle ihrer Umwelt wahrnehmen und aufnehmen. Sie können durch das Erleben der großen Trauer ihrer Eltern und Geschwister, ihrer Verwandten und Freunde sehr belastet sein. Die Trauer, die sie rundherum spüren, umhüllt sie wie ein schwerer, dunkler Mantel. Da bleibt kein Platz für Lachen. Da bleibt kein Raum für Hoffnung – und sei es nur, den kommenden Tag schmerzfrei zu erleben. Kinder, die ihrem frühen Tod entgegengehen – diesem »unzeitgemäßen« Tod – brauchen jedoch Menschen, die trotz aller Trauer jeden Moment mit ihnen *leben!* (Vgl. Kap. 5.3).

> Die Sprache sterbender Menschen unterscheidet sich von der Sprache gesunder, mitten im Leben stehender. In Symbolen und Bildern bringen sie ihre tiefsten inneren Vorstellungen und Gefühle zum Ausdruck.

Auch die Sprache schwerkranker und sterbender Kinder verändert sich. In verschlüsselter Form sprechen sie über Sterben und Tod, über Jenseitsvorstellungen und Hoffnungen. Sie sehen mit einem »inneren Auge«. Da tauchen Erlebnisse, Erinnerungen, Märchen und Bilder aus ihrer Vergangenheit auf. Wie ein innerer Film laufen diese vor ihrem geistigen Auge ab. Manchmal lassen sie uns Begleiter Anteil nehmen an dieser inneren Bilderwelt. In Fragen oder Feststellungen geben sie Signale, was sie beschäftigt oder wie nahe sie sich dem Tod fühlen. Häufig vorkommende Symbole sind:

- Schlüssel (z. B.:»Mami, wo ist der richtige Schlüssel?«)
- Häuser, Wohnungen, Räume (z. B.:»Ich muß noch mein Zimmer aufräumen.«)
- Türen (z. B.:»Ich sehe sie ganz genau, die goldene Tür!«)
- Reisen (z. B.:»Anna, bringe mir meine Wanderschuhe mit . . .!«)
- Wertgegenstände, Geld (z. B.:»Peter, bringe mir mein Sparschwein mit . . .!«)
- Koffer packen (z. B.:»Was muß alles in meinen Rucksack, Oma?«)
- Briefe (z. B.:»Papi, ich brauche einen Notizblock.«)
- Heimat, zu Hause (z.B:»Ich gehe nach Hause . . . dort ist es ganz licht und schön.«)
- Allein-Sein (z. B.:»Jetzt bin ich ganz allein . . .«)

Manchmal können Kinder aus einem tiefen inneren Wissen heraus gleichsam das Ergebnis eines langen Prozesses mit einer einzigen Feststellung:»Papi, ich muß sterben.« oder Frage:»Gell, ich muß sterben, Mami?« vorwegnehmen. Nicht immer sind es die engsten Angehörigen, die sich die sterbenden Kinder als Gesprächspartner auswählen. Oft ist es eine bestimmte Krankenschwester, ein anderes Kind auf der Station, die Putzfrau . . . Es wird in jedem Fall ein Mensch sein, bei dem das Kind das Gefühl hat, in seinem Kummer und Schmerz angenommen zu werden, ohne eine zu große Belastung zu sein. Kinder haben sehr sensible Antennen dafür, was sie anderen zumuten können. Und sie gehen mit den Gefühlen ihrer Angehörigen meist sehr behutsam um.

Nicht immer werden es Menschen sein, mit denen Kinder oder Jugendliche ihre Gefühle und Gedanken besprechen wollen. Manchmal wird es das Tagebuch sein, dem sie sich anvertrauen; oder Briefe; oder Gedichte; oder Tonbandkassetten; oder Zeichnungen . . .

Fallbeispiel

Brief einer Jugendlichen etliche Wochen vor ihrem Tod:

»Mami, Du sollst wissen, daß ich Dich immer liebgehabt habe und Dich immer lieben werde. Ich weiß, daß ich in den Himmel komme, und ich weiß, daß ich dich sehen werde, wenn Du stirbst. Ich möchte, daß Du im Gebet immer an mich denkst und mit mir sprichst. Ich möchte Dich nicht immer weinen sehen. Ich werde im Himmel glücklich sein, das sollst Du wissen, solange Du lebst. Sag jede Nacht zu Dir selbst: Träum schön, Gott segne dich, ich habe Dich lieb und danke, lieber Gott, weil ich Dich hören werde. Auch Papi, Karen und Ann habe ich sehr lieb. Ich habe auch Dich lieb. Du hast die schlimmen und die guten Zeiten mit mir durchgestanden, und das werde ich nie vergessen. Ich liebe Dich sehr, Mami.
Alles Liebe,
Immer Deine Tochter Chris«
(KÜBLER-ROSS, E.)

Nicht immer wird das gesprochene oder geschriebene Wort im Vordergrund stehen. Entsprechend ihrem Alter und ihrer kreativen Möglichkeiten werden Kinder öfter als Erwachsene auf andere Ausdrucksformen zurückgreifen: Malen, Zeichnen, Fotografieren, Gestalten . . .

Trauern um den toten Hund (Magdalena, 9 Jahre)

Tränen um die verstorbene Tante (Yasmin, 8 Jahre)

Bei allen sterbenden Menschen ist eine Verschränkung von Sterbeprozeß und Trauerprozeß festzustellen. Wenn ich sterben muß, muß ich alles und jeden zurücklassen – das macht unendlich traurig! Bei Kindern ist dieses Traurigsein oft viel konkreter auf etwas Bestimmtes bezogen. Tief in ihrem Inneren mag zwar auch die »große« Trauer schlummern über ihr ungelebtes Leben, über all das, was noch vor ihnen liegen könnte. Das, was sie aber vordergründig traurig macht, sind ganz konkrete Dinge, z. B.:

- nicht mehr in den Kindergarten gehen zu können;
- ihre Lieblingsblume im Garten nicht mehr zu sehen;
- nicht mehr den Nachbarhund streicheln zu können;
- am Sonntag nicht mehr zur Oma zu fahren;
- nicht mit auf Zeltlager fahren zu können;
- nicht mehr mit Onkel Hans durch den Wald zu gehen;
- nicht mehr den guten Kuchen von Tante Erna essen zu dürfen;
- nicht in ihrem eigenen Bett einschlafen zu können.

Das Durchleben und Durchleiden des Sterbe- und Trauerprozesses bei Kindern führt häufig dazu, daß sie zu einer inneren Reife und Weisheit gelangen, die man sonst nur bei alten Menschen erleben kann. Es ist, als würden Kinder, die an einer lebensbedrohenden Krankheit leiden oder durch einen Unfall mit dem bevorstehenden Tod konfrontiert sind, wie im Zeitraffer viele Entwicklungsschritte durchleben. Durch ihre Erlebnisse, die Intensität der Gefühle und das Vordringen zu einem tiefen inneren Wissen um das Geheimnis von Leben und Sterben strahlen sie oft eine heitere Gelassenheit und Weisheit aus, die vielen Erwachsenen verschlossen bleibt.

Es ist das Bild vom Kokon und dem Schmetterling, der sich aus der Hülle befreien kann, das viele Kinder wählen, um ihren Weg aus dem Leiden zu beschreiben.

Abb. 19: Von der Raupe über den Kokon bis zum prachtvollen Schmetterling

Abb. 19a

Abb. 19b

Abb. 19c

3.6 Fallbeispiele, literarische Texte und meditatives Bildmaterial

LYRIK

Jeder Tag ist ein kleines Leben,
jedes Erwachen und Aufstehen eine
kleine Geburt,
jeder frische Morgen eine kleine Jugend
und jedes Zubettgehn und Einschlafen
ein kleiner Tod.
(SCHOPPENHAUER, F.)

dein Gesicht
im zelt meiner hände
schließe ich die augen
sie wenden sich nach innen
tasten sich vor
in vergessene höhlen
und dann höre ich
das pochen deines herzens
mutter

manchmal
meine ich
deine brustwarze
an der wange zu spüren
der suchbewegung
meines mundes
sinne ich nach

mein atem
erinnert mich
die nabelschnur
ist durchschnitten
mein mund wird
andere lippen suchen
und das pochen meines herzens
wirst du hören
mein kind
(MITTLINGER, K.)

deine Füße I
sie sind noch nicht weit gelaufen
keine hornhaut keine narben
haben keine soldatenstiefel getragen
sind nicht herumgetrampelt
auf gottes schöner welt
in ein zimmer geschlichen vielleicht
unter eine decke geschlüpft

deine Füße II
tempelhüpfend
schnurspringend
sah ich sie
neulich noch
auf plateausohlen
in stöckelschuhen
stelzend
üben sie sich
im frausein
(MITTLLINGER, K.)

Kaum abgenabelt
Kaum abgenabelt
Sind wir
Wie Schnittblumen:
Aufblühend
Bei guter Temperatur,
sterbend
auf jeden Fall.
(KNEF, H.)

Haiku
Ich gehe, und
Du bleibst –
Zwiefacher Herbst.
(Shiki)

Augenschein
Zur Nacht hat ein Sturm alle Blätter
entlaubt
Sieh sie an, die knöchernen Besen.
Ein Narr, wer bei diesem Anblick glaubt
Es wäre je Sommer gewesen.

Und ein größerer Narr, wer träumt und
sinnt
Es könnt je wieder Sommer werden.
Und grad diese gläubige Narrheit,
Kind,
ist die sicherste Wahrheit auf Erden.
(GINSBERG, E.)

Ich bin von der Mutter Erde
Ich bin von der Mutter Erde
Sie ist meine Mutter
Sie gebar mich mit Stolz
Sie zog mich auf mit Liebe
Sie wiegte mich am Abend
Sie schob den Wind herbei und ließ ihn singen
Sie errichtete mir ein Haus aus harmonischen Farben
Sie nährte mich mit Früchten ihrer Felder
Sie belohnte mich mit Erinnerung an ihr Lächeln
Sie bestrafte mich mit dem Dahinschwinden der Zeit
Und am Ende
Wenn ich mich danach sehne fortzugehn
Wird sie mich umarmen für alle Ewigkeit.
(WALTERS, A.L.)

Der Blütenzweig
Immer hin und wider
Strebt der Blütenzweig im Winde,
Immer auf und nieder
Strebt mein Herz gleich einem Kinde
Zwischen hellen, dunklen Tagen,
Zwischen Wollen und Entsagen.

Bis die Blüten sind verweht
Und der Zweig in Früchten steht,
Bis das Herz, der Kindheit satt, seine Ruhe hat
Und bekennt: voll Lust und nicht vergebens
War das unruhevolle Spiel des Lebens.
(HESSE, H.)

AUSSAGEN BETROFFENER

»Mein Opa ist tot. Er liegt unter der Erde, im Sarg. Ich habe ihm ein Bild gemalt. Das kann er im Himmel anschauen.« (Ida, 5 Jahre)

»Wenn ich tot bin, liege ich in einem Sarg. Dort ist es ganz dunkel. Auch die Hasen sterben, die Vögel – und überhaupt alle Tiere, wenn sie alt sind. Auch unser Hund Tino ist gestorben. Er war sehr krank. Aber nur wir Menschen bekommen einen Sarg. Ich möchte Blumen auf meinem Grab.« (Agnes, 8 Jahre)

»Im Himmel bin ich dann bei Gott. Eigentlich möchte ich noch einmal auferstehen. Vielleicht kann ich noch einmal auf die Welt kommen? Dann fängt alles ganz von vorne an, wird ganz neu sein.« (Thomas, 10 Jahre)

»Ich glaube, daß wir alle an einen Ort kommen, wo es ganz licht und schön ist. Unser Körper wird zerfallen – aber unsere Seele wird frei sein und fliegen. Niemand wird mehr Schmerzen haben, oder traurig sein oder weinen müssen. Wir werden alle Menschen wiedersehen, die schon gestorben sind. Vielleicht können wir dann zusammen auf die Erde schauen.« (Alexandra, 12 Jahre)

Was ich über den Tod denke!

Ich glaube, daß man über das Thema Tod nicht so leicht reden kann, weil man sich das gar nicht richtig vorstellen kann, wenn es einem nicht schon einmal passiert ist. Im September 1998 habe ich mir einen Hasen gekauft. Ich habe ihn über beide Ohren geliebt und habe mir oft vorgestellt, wie das wohl sein wird, wenn er tot ist. Nie hätte ich es wissen können, doch schon bald hatte ich es erfahren. Am liebsten hätte ich mich auch umgebracht, weil es schrecklich war, es war furchtbar, einfach unfaßbar. Jeden Tag am Abend habe ich geheult und mir vorgestellt, wie es ihm geht. Ich glaube, es gibt für jedes Tier und jeden Menschen einen guten Platz im Himmel. Aber einfach das Gefühl, daß du jemanden, der dir wichtig war, verloren hast, ist schlimm. (Carina, 13 Jahre)

Ich hasse den Tod,
weil er über uns
Menschen bestimmt.
Jeder, egal ob Erwachsener
oder Kind, jeder hat Angst
vor dem Tod. (Bettina, 13 Jahre)

Sie fehlt mir noch immer . . .
»Ich, Irmina-Anna, habe auch eine sehr liebe Person verloren. Meine Oma. Sie war meine einzige Oma, die ich hatte, und ich mochte sie sehr. Sie starb vor zwei Jahren. Mit Worten kann ich überhaupt nicht sagen, wieviel sie mir bedeutet hat.
Jedesmal, wenn ich oder meine Mama sie fotografiert haben, hat sie sich frisiert. Sie trug immer einen weichen, rosa Mantel, in den ich mich so gerne hineingekuschelt habe, wenn sie mich umarmte. Und ich vermisse noch viel mehr von ihr.
Sie geht mir ab, als wenn sie gestern gestorben wäre. Sie fehlt mir sehr!«
(Irmina-Anna, 13 Jahre)

»Leben und Sterben ist immerzu, jede Minute auf der Welt. Also muß alles, was ich mache, denke und sage so gut wie möglich sein, da ich nichts wiedergutmachen kann. Ich finde, erst wenn man so klug geworden ist, daß einem kaum noch Fehler unterlaufen und man alles im Leben erlebt hat, sollte automatisch der Tod in irgendeiner Nacht kommen und einen ganz schnell sterben lassen, am besten im Schlaf.« (Anna, 14 Jahre)

Ich denke, der Tod gehört zum Leben, ist ein Teil davon. Denn gäbe es kein Ende, so wäre uns ein Anfang nicht bewußt. (Jemand, der nur im Dunklen sitzt, hat keine Ahnung, daß es auch Licht gibt!)

Wenn mich das Thema Tod nicht unmittelbar berührt, (z. B. wenn niemand in meiner Umgebung dem Tod nahe ist), so fürchte ich mich nicht davor, dann kann ich ihn als Teil des Lebens akzeptieren. Sehe ihn sogar als neuen Anfang.

Doch stirbt jemand, den ich liebe (oder fühle ich mich vom Tod bedroht), so habe ich immer große Angst.

Als meine Großmutter völlig unerwartet und in der Abwesenheit meiner Familie und mir starb, packten mich zunächst Verzweiflung und Mitleid für meinen Vater, der nur sieben Monate zuvor auch seinen Vater verloren hatte (ebenso unerwartet). Warum war sie nur gestorben? Wir hatten noch vor unserer Abreise miteinander telefoniert und sie klang schon viel besser. Wenn ich vorher gewußt hätte, daß ich sie nicht mehr lange habe, so hätte ich mich sicher mehr gekümmert. Ich kann mich einfach nicht damit abfinden, dass sie nicht mehr da ist, ihre Wohnung leer ist!

Seit ich Großmutter und Großvater in kurzem Abstand verloren habe, habe ich noch mehr Angst um die Menschen, die ich liebe. Ich glaube, ich muß mehr in den Fluß des Lebens vertrauen. (Julia, 15 Jahre)

»Ich werde den Tod zu meinen Lebzeiten nicht begreifen, geschweige denn, seinen Sinn erklären können. Aber der Tod hat einen Sinn, sonst hätte ihn Gott nicht geschaffen. Wenn ich gestorben bin, so stelle ich mir vor, schlafe ich einen zeitlosen, traumlosen Schlaf. Für mich bedeutet das ewige Leben die höchste Belohnung, die man bekommen kann. In ihm gibt es keine Körper mehr, sondern nur noch Wesen, die zusammen eine große Masse von Frieden, Harmonie, Liebe und Glück bilden.« (Anna, 16 Jahre)

(Alle Texte stammen aus Arbeiten von Kindern und Jugendlichen unter Begleitung von Doris TROPPER)

»im morgengrauen will er sich auf den weg machen sterben nennen sie diesen umzug in das andere land das noch keiner so richtig beschrieben hat es gibt keine landkarten davon denkt er und keine wander- oder reiseführer im morgengrauen hörte er immer wieder geben die menschen ihre seele gott zurück ein morgenopfer an die göttin die gottheit ich löse mich auf ich zerinne bin butter im feuer schmelzend rauch steigt auf und es wird gut sein. . .« (MITTLINGER, K.)

»Der Tod ist ein Übergang – wie wenn man an das andere Ufer kommt.« (LASALLE, H. E.)

GEDANKEN UND GESCHICHTEN

Als er noch kleiner gewesen war, hatte Misha zum Geburtstag seiner Mutter immer angefangen, seinem eigenen, der sechs Wochen später stattfand, mit Spannung entgegenzusehen. Aber dieses Jahr war ihm der Gedanken, daß er bald vierzehn werden würde, nicht angenehm . . .
(LAIRD, Ch.)

Erinnerung an den Tod meiner Tante
Ich erwache. Helles Licht. Bin noch im Trance, will wieder flüchten in die Dunkelheit, in eine Bewußtlosigkeit, die gedankenlosen Tiefschlaf und somit Ruhe mit sich bringt. Doch irgendwer berührt mich im grellen Schein der Lampen. Bedrohend, mit eiskalter Hand und erfüllt mich mit Angst. Ich versuche mich wieder zu versenken in die traumlose Gleichgültigkeit. Doch reales Denken zwingt sich meinem geschwächten Körper auf. Irgendwann muß ich dem Leben doch ins Auge blicken und drei Worten, die sich verbittert den Weg in mein Bewußtsein bahnen: »Sie ist tot«.
Ich sehe sie noch tanzend vor mir, in farbenfroher Kleidung, ein Lachen spielend um ihre Mundwinkel und dieses einzigartige, lebensfrohe Strahlen in ihren Augen . . .
Tot.
Es zirkuliert in meinem hohlen Schädel.
Tot.
Ein Wort, das nur als flüchtig dunkler Schatten in meinem Vokabular existiert, niemals Ausmaß, niemals Form und Wirkung verriet! Und eigentlich will ich die Bedeutung dieses ominösen Wortes gar nicht kennen. Ich schließe erneut die Augen . . ., sie bestreitet eine weitere Reise in ihrem Leben, so wie sie es ja so liebte, sie reist . . ., erkundet Länder, Kulturen, Eigenheiten aller Länder, aller Welten, aller Sterne!
Ein Gefühl in mir verspricht: ewige Erlösung, Wandel!
(SPECHT, H.)

Dein Körper soll vertraut sein mit seinem Tod – in allen seinen möglichen Formen und Graden – wie ein selbstverständlicher, naheliegender und gefühlsmäßig indifferenter Schritt auf dem Weg zu dem Ziel, dessen du dein Leben wert befandest.
(HAMMARSKJÖLD, D.)

FALLBEISPIELE

Zuerst stellte Susanne ihrer Ur-Oma viele Fragen. Später fragte sie nur noch selten. Am letzten Tag ihres Lebens, den die Ur-Oma vorausgesehen haben mußte, fragte Susanne sie einfach, ob sie sie »bald besuchen« würde. Niemand außer der Ur-Oma hätte diese Frage damals verstanden. Sie berührte sanft die Hand ihrer Urenkelin und sagte: »Aber natürlich, du weißt doch, mein gebrechlicher alter Körper macht es nicht mehr lange. Aber es wird schon noch gehen, solange du mich hier brauchst. Bald werden wir zusammen sein, und weißt du was? Dann werde ich wieder hören und sehen, und wir werden zusammen tanzen.«
(KÜBLER-ROSS, E.)

»Ich blieb bei ihr, bis sie ins Leichenhaus gebracht wurde. Dann habe ich ein Taxi genommen und bin zu der Freundin gefahren, bei der du untergebracht warst. Noch am selben Abend nahm ich dich mit zu mir. ›Wo ist Mama?‹ hast du mich beim Abendessen gefragt. ›Mama ist auf eine lange Reise gegangen‹, habe ich zu dir gesagt – ›eine Reise bis in den Himmel.‹ Stumm hast du mit deinem blonden Lockenkopf weiter gegessen. Kaum warst du fertig, hast du mich mit ernster Stimme gefragt: ›Können wir ihr zuwinken, Großmutter?‹ ›Aber natürlich, mein Liebling‹, habe ich geantwortet, dich auf den Arm genommen und in den Garten getragen. Lange sind wir so auf der Wiese stehengeblieben, während du mit deinem Händchen den Sternen zuwinktest.«
(TAMARO, S.)

Abb. 20: Stufen der Entwicklung

Abb. 21: Entwicklungsschritte

Abb. 22a: »In Trauer erstarrt . . .«

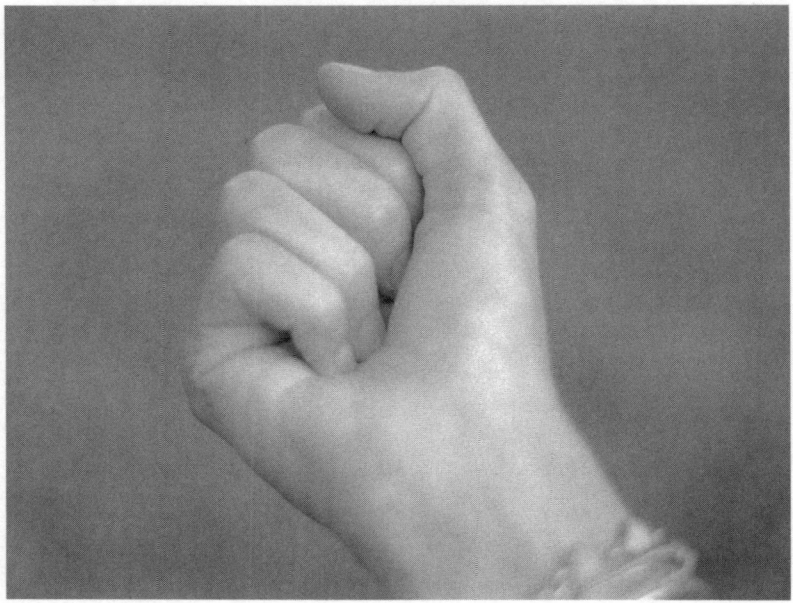

Abb. 22b: »Im Zorn der Trauer . . .«

Abb. 22c: »Vom Leben ausgesperrt . . .«

Abb. 22d: »Hoffnung«

110

4 KONKRETE BEGLEITUNG VON TRAUERNDEN KINDERN UND JUGENDLICHEN

Nach einer ausführlichen persönlichen Auseinandersetzung mit der eigenen Verlustgeschichte und Informationen über Trauerverhalten und Trauererleben von Kindern in unterschiedlichen Altersgruppen geht es nun um die praktische Begleitung von Kindern und Jugendlichen. Im Folgenden wollen wir neben Impulsen für kreative Möglichkeiten der Trauerarbeit auch sensibel machen für »die Kunst« der einfühlsamen Begleitung.

4.1 Orientierungshilfen zu Beginn einer Trauerbegleitung

Jede Trauerbegleitung sollte gut geplant sein. Bevor wir uns Hals über Kopf in diesen schwierigen Prozeß begeben, müssen aus der Distanz und mit dem nötigen Abstand einige Punkte abgeklärt werden. Wir sind auf anderer Stelle bereits auf die Trauerphasen von Erwachsenen und Kindern eingegangen (vgl. 2.4 und 3.4). Dieses Wissen um natürliche Reaktionen und Verhaltensweisen ist wichtig und notwendig. Ebenso wichtig ist es aber auch zu wissen, daß unterschiedliche Trauerprozesse verschiedener Familienmitglieder nicht gradlinig, wie auf einer Autobahn, verlaufen. Jedes einzelne Familienmitglied hat sein ganz persönliches Trauertempo und seinen ganz persönlichen Trauerstil. So kann es täglich – ja sogar stündlich – zu jeweils ganz unterschiedlichen Ausdrucksweisen und seelischen Befindlichkeiten der einzelnen Familienmitglieder kommen. Rückschritte, Sprünge, Wiederholungen bereits durchlebter Phasen, erstarrtes Trauerverhalten – all das ereignet sich nicht uniform für alle Menschen innerhalb eines von einem Verlust getroffenen Familiensystems. Individuelles Trauererleben und individuelle Trauergestaltung stehen immer vor dem gemeinsamen Trauerverhalten einer Familie.
Trauernde Kinder befinden sich in einem wahren Gefühlschaos, ähnlich einer Achterbahn in schwindelerregender Höhe! Sie müssen alle Emotionen zum Fließen bringen. Wenn Zorn und Wut mit einem Meer an Tränen wechseln, wenn Aggression mit Müdigkeit und Lachen mit Depression gepaart ein Wechselspiel der Gefühle hervorrufen, dann muß von der Begleiterseite eine gewisse Standfestigkeit gegeben sein. Begleiter müssen mit beiden Beinen am Boden stehen. In diesem breiten Spek-

trum an Emotionen gilt es, Ruhe, Geborgenheit und Ausgeglichenheit zu vermitteln, um nicht gemeinsam mit dem trauernden Kind wie ein Faltboot auf stürmischer See zu versinken.

Wie kann sich ein Begleiter in dieser Gefühlsflut orientieren? Was muß abgeklärt werden? Welche Informationen sind nötig, um gut begleiten zu können?

Es sind vor allem vier Bereiche, die ein Trauerbegleiter immer im Auge behalten sollte und die sich zu Beginn jeder Trauerbegleitung als Orientierungshilfen anbieten:

Wem gilt die Trauer?

Wir können auch bei Kindern und Jugendlichen häufig davon ausgehen, daß sie im Zuge ihres mehr oder weniger langen Lebens bereits unzählige Verlusterlebnisse erlitten haben. Vom kaputten Teddy-Bären über die verlorengegangene Lieblingspuppe, vom verstorbenen Haustier bis zum schwerkranken oder sterbenden Großvater – viele Facetten der Trauer haben sich im »Trauergedächtnis« eingenistet. In einer akuten Trauersituation kommen immer wieder die alten, noch nicht verarbeiteten Verluste hoch. Daher ist es wichtig, sich ein Bild von der Person oder dem Ereignis oder der Sache zu machen, der die Trauer gilt. Die positive Bewältigung der aktuellen Trauer kann nur dann gelingen, wenn ein Verlust nach dem anderen klar voneinander abgetrennt bearbeitet wird und es nicht zu einer Vermischung unterschiedlicher Trauerereignisse kommt.

Wer trauert?

Am Beginn der Trauerbegleitung muß die Frage im Mittelpunkt stehen, wer dieses Kind, dieser junge Mensch ist, der begleitet werden soll. Aber auch das Verhältnis zwischen Trauerndem und dem Begleiter ist wichtig. In welcher Beziehung stehen sie zueinander? Auch alte Trauergeschichten spielen wiederum eine Rolle. Eng mit der trauernden Person verknüpft sind konkrete Erlebensweisen, Abwehrmechanismen und andere Bewältigungsstrategien. Es gilt zu klären, »wer« eigentlich begleitet werden soll. Geht es um die Person von heute, geht es um den jetzigen Verlust oder geht es eher um das verlassene kleine Kind aus der Vergangenheit, das getröstet werden möchte.

Wie war die Beziehung zum Verstorbenen?

Gerade bei Kindern oder Jugendlichen ist es nicht immer so, daß sie beim Verlust naher Verwandter am meisten betroffen sind und am intensivsten trauern. Oft ist der Tod eines Freundes der Familie oder der Tod eines Schulkameraden von dramatischem und ausgeprägterem Trauerverhalten gekennzeichnet. Mehr als der für sie natürliche Tod des alten Großvaters beispielsweise, der seinen Weg zu Ende gegangen ist. Die *Beziehung* zu diesem Menschen ist ausschlaggebend, die Nähe spielt eine große Rolle und häufig auch, ob dieser Verstorbene »Vorbild-Qualitäten« für das Kind oder den jungen Menschen hatte.

Für welche Situation gilt die Trauer?

Einschneidend im Erinnerungsvermögen ist meist der erste schwere Verlust, das erste große Begräbnis, das erste endgültige Abschiednehmen für Kinder. Dabei spielt die Person häufig noch keine große Rolle, mehr die erlebten Rituale und vor allem der wahrgenommene Umgang der Erwachsenen mit ihrer eigenen Trauer. Daraus kann sich eine »Voreinstellung« gegenüber Sterben/Tod/Begräbnis entwickeln, die sich bei späteren Ereignissen wieder bemerkbar macht.

Das Aufkeimen der »alten Trauer« hat viele Gesichter: manchmal kommen die schmerzhaften Erinnerungen an verstorbene Menschen wieder, manchmal sind es jedoch auch ganz andere Trauersituationen und Verlustanlässe, die plötzlich wieder aus dem tiefsten Unterbewußtsein hervortreten und sich über die Emotionen ihren Weg nach außen bahnen. Auch hier gilt es wieder, den trauernden jungen Menschen sensibel und gefühlvoll auf die »richtige« Trauerspur zurückzuführen, und zwar durch den Hinweis auf den konkreten Anlaß ihrer/seiner Trauer.

Zu Beginn einer Trauerbegleitung ist es also besonders wichtig, sich ein klares Bild über die zu begleitende PERSON, den erlittenen VERLUST und die konkrete TRAUERSITUATION zu machen (vgl. 3.4). Folgende Fragen können dabei hilfreich sein:

Bereich: Trauernde Person

WER TRAUERT?
- Alter des Kindes
- Entwicklungsstufe/Entwicklungsstand
- Persönlichkeitsstruktur
- Abwehrmechanismen
- Todeskonzept
- Informationsstand
- Anzahl bereits erlebter Verluste
- Soziales Umfeld, soziales Netz

Bereich: Erlittener Verlust

WER IST GESTORBEN?
- Handelt es sich um den Verlust eines Tieres oder eines Menschen?
- Gehörte die verstorbene Person zum engeren oder weiteren sozialen Umfeld des Kindes?
- War die verstorbene Person eine primäre Bezugsperson?
- In welcher Beziehung stand die verstorbene Person zum Kind?
- Welche Rolle spielte dieser Mensch im gesamten Leben des Kindes?
- Wie häufig und wie eng waren die Kontakte zu diesem Menschen?

Besonders belastende Verluste:
- Eltern/Elternteil
- Geschwister
- Menschen, die in der Familie leben
- Menschen aus dem Familienverband (z. B. Großeltern)
- Menschen, zu denen eine besonders enge Beziehung besteht (z. B. Freunde, Lehrer)
- Drohender Verlust des eigenen Lebens oder bleibender Einschränkungen

Bereich: Trauersituation

WIE IST DIE SITUATION?
- War der Verlust zu erwarten oder traf er das Kind/den Jugendlichen plötzlich?
- War das Kind/der Jugendliche auf den Verlust vorbereitet?
- Bestand die Möglichkeit einer Verabschiedung?
- Handelt es sich um ein besonders tragisches Ereignis (Mord, Suizid, Unfall)?
- Persönliche Lebensumstände des Kindes/Jugendlichen?
- Welche Folgen hat der Verlust für das Kind/den Jugendlichen?
- Mit wem teilt das Kind/der Jugendliche den Verlust?
- Welche sozialen Stützen sind vorhanden?

4.2 Wenn die eigene Betroffenheit so groß ist: Hilfreiche Maßnahmen in belasteten Familiensituationen

Oft sind die ersten Trauerbegleiter nicht professionelle Helfer, Pädagogen oder Freunde, sondern die Mitglieder der eigenen Familie. In vielen Fällen können Kinder und Jugendliche im Schoß ihrer Familie die Unterstützung bekommen, die sie brauchen. Allerdings gibt es auch Situationen, in denen Familien überfordert sind, weil ALLE vom Verlust gleichermaßen schwer getroffen sind.

Man kann sich beispielsweise gut vorstellen, daß Eltern ihr Kind im Falle des Todes einer Schulfreundin gut und adäquat begleiten können. Sie können die notwendige emotionale Distanz zum Geschehen aufbringen, die eine stabile und dennoch einfühlsame Begleitung erfordert. Sie werden in der Lage sein, Orientierungshilfen für ihre Begleitung heranzuziehen und können so die Reaktionsweisen des Kindes im Rahmen eines Trauergeschehens einordnen.

Ganz anders ist dies, wenn Eltern oder Elternteile gleichermaßen vom Tod eines Menschen betroffen sind wie ihr Kind oder ihre Kinder, dann z. B., wenn ein Kind stirbt oder der Partner. Von Frauen, deren Mann verstorben war, hörten wir immer wieder, daß sie geradezu verzweifelt versuchten, in dieser Krisenzeit ihren Kindern viel Normalität zu verschaffen. Allerdings mußten sie sich eingestehen, daß sie in der ersten Zeit nach dem schweren Schicksalsschlag ihre Kinder kaum wahrgenommen haben. Viel zu sehr waren sie in ihrer eigenen Trauer gefangen. Die Kinder hingegen fühlten sich mit ihrer Trauer und ihrem Nichtverstehen allein gelassen. Dies galt besonders für größere Kinder und Jugendliche, die nicht mehr so sehr auf die routinemäßigen Aktivitäten mütterlicher Fürsorge angewiesen waren. Im nachhinein erleben sich diese Frauen als depressiv, hineingerutscht in ein tiefes, schwarzes Loch mit eingeschränkten Wahrnehmungsmöglichkeiten, da sie in der eigenen Trauer wie in einem Kokon lebten.

Für Erwachsene, die in der eigenen Kindheit den Tod des eigenen Vaters, der geliebten Großmutter oder eines anderen sehr nahestehenden Menschen erleben mußten und nicht ausreichend bearbeitet haben, erschwert sich die Verlustaufarbeitung und läßt sie um so länger in einem »tiefen, schwarzen Loch hilf- und regungslos« verweilen.

Wenn Kinder und Jugendliche einen geliebten Menschen verlieren, dann stehen sie unter einer immensen Belastung, die ihre weitere Entwicklung negativ beeinflussen kann. Dies gilt ganz besonders beim Verlust eines nahestehenden Familienmitgliedes, wenn die Familie ihrer Stützfunktion nicht nachkommen kann. Die dabei auftretenden Probleme können sich für Kinder und Jugendliche – selbst innerhalb einer Familie – ganz unterschiedlich darstellen: Während z. B. das eine Kind das Schweigen als Hauptproblem beschreibt, diese schreckliche Sprachlosigkeit während der Zeit der Krankheit, des Sterbens und auch der Zeit nach dem Tod des Vater, sieht seine Schwester, ein 15 Jahre altes Mädchen, den Mangel an Mitgefühl für die Mutter, Wut auf sie und Neid auf den jüngsten Bruder,

der ausschließlich im Fokus der Mutter stand, als die schwierigsten Probleme in der ersten Zeit der Trauer.

Ob Schweigen, Zorn, Wut, Ohnmacht oder Aggression im Vordergrund steht, was Kinder und Jugendliche auf jeden Fall brauchen, ist *Unterstützung*. Es hängt jedoch von der Qualität und der Art der Unterstützung ab, wie Trauer aufgearbeitet werden kann. Wichtige Punkte, um wirklich Trauern und damit mit der Zeit auch »abtrauern« zu können, sind daher:

- BEZIEHUNG/NÄHE statt ISOLATION
- SICHERHEIT statt ANGST
- KOMMUNIKATION statt SCHWEIGEN
- WAHRHEIT/KLARHEIT statt PHANTASIEN
- ALLTÄGLICHE NORMALITÄT/ROUTINE statt CHAOS

Dabei ist es selbstverständlich, daß die Hilfen auf die Bedürfnisse der Kinder zugeschnitten sein müssen. Gerade in der Zeit der Trauer brauchen Kinder und Jugendliche besonders viel *Geduld, Zuwendung* und *Zeit*. Je jünger die Kinder sind, desto mehr Sicherheit und Hilfen brauchen sie; je älter die Jugendlichen werden, desto mehr Alleinsein und Distanz wünschen sie sich, um selbst eine Zukunftsvision entwickeln zu können, in der der Verstorbene zu einer inneren Figur werden kann.

Die nächsten Angehörigen sind aufgrund ihrer eigenen Betroffenheit häufig nicht in der Lage, ihre Kinder körperlich und gefühlsmäßig zu unterstützen, da sie selbst ein großes Maß an Liebe und Zuwendung benötigen.

Alle »Trauerreaktionen« bei einem unmittelbaren Verlust im Zusammenhang mit der persönlichen Über-Betroffenheit rufen geradezu nach einer Krisen-Intervention von außen. Dazu braucht es Menschen, die einerseits für die Grundbedürfnisse der Trauerfamilie sorgen (Essen und Trinken, Einhalten des Schlaf-Wachrhythmus usw.), aber auch Zeit für Gespräche mit den Kindern haben. Das können Freunde oder Nachbarn sein, Menschen, die bereit sind, menschliche Nähe, Geduld und Verständnis aufzubringen für die Berg- und Talfahrt einer Trauerarbeit und die Toleranz besitzen, jedes Familienmitglied seinen eigenen Trauerweg gehen zu lassen.

Es gibt allerdings bestimmte Situationen der Trauerbegleitung, die akut nach professioneller Hilfe und therapeutischen Maßnahmen verlangen. Dies trifft zu bei:

- plötzlichem und völlig unerwarteten Tod (»wie ein Keulenschlag aus heiterem Himmel«);
- dramatischem Tod (z. B. durch Selbstmord, Mord, Gewalt oder einen schrecklichen Unfall);

- wenn Kinder/Erwachsene sich mitschuldig am Tod fühlen (tatsächlich oder vermeintlich);
- wenn sich in den letzten Jahren Todesfälle in dieser Familie gehäuft haben;
- Fehlen eines sozialen Netzes bzw. einer funktionierenden (Groß-)Familienstruktur.

Der Verlust eines Menschen, der zur eigenen Familie gehörte, ist für Kinder *und* Eltern besonders schwierig. Wenn im Folgenden auf die Schwierigkeiten der Kinder eingegangen wird und auf einige Möglichkeiten, Kindern hilfreich zur Seite zu stehen, dann möchten wir den belasteten Eltern auch Wege anbieten, ihre Kinder und das, was mit ihnen geschieht, besser zu verstehen. Wir sind uns bewußt, daß es unter bestimmten Bedingungen nötig ist, professionelle Hilfe in Anspruch zu nehmen und möchten Mut machen, diese Hilfe bei Bedarf auch anzunehmen!

Verlust eines Elternteiles oder der Eltern

Wenn Mama oder Papa stirbt, dann bricht für Kinder eine Welt entzwei. Kinder verlieren durch den Tod der Mutter oder des Vaters subjektiv gleichsam alle Möglichkeiten, geliebt zu werden. Der Boden wird ihnen unter den Füßen weggezogen. Ihre Trauerreaktionen treten dabei sehr intensiv auf: innerer Rückzug, übersteigerte körperliche Aktivität, Konkurrenzdenken, Wut, Aggression, Schuld, Trennungsängste, somatische Reaktionen.

Je jünger Kinder sind, desto schwieriger wird es, den Tod eines nahen Menschen zu verstehen und damit fertig zu werden. Babys »*verstehen*« zwar nicht, wenn man ihnen vom Tod der Mutter berichtet, doch sie *spüren* die Veränderung, vermissen gewohnte Stimmen, Gerüche, Sinneseindrücke. Je jünger Kinder sind, desto mehr körperliche Nähe brauchen sie im Falle eines tiefgreifenden Verlustes. Kleine Kinder klammern sich auch oft an den überlebenden Elternteil und die notwendige und »gesunde« Abnabelung des Kindes kann dann nur schwer stattfinden. Größere Jugendliche stürzen sich häufig in intensives Sporttraining und überfordern sich bis zur völligen Erschöpfung, um nicht nachdenken zu müssen. Mit dem Tod eines Elternteiles verlieren Kinder immer auch ihr »Kindheit«. Der schmerzhafte Verlust beendet ihre Kindheit abrupt.

Wir sind an anderer Stelle bereits konkret auf die Verlustängste von Kindern im Zusammenhang mit Tod und Sterben eingegangen (vgl. 3.4). Beim Tod eines Elternteiles nehmen diese Ängste oft eine fast bedrohliche Dimension an. Zimmertüren dürfen dann in der Nacht nicht mehr geschlossen werden und ein kleines Licht muß brennen, da diese Kinder große Ängste vor der Dunkelheit entwickeln; Angst vor dem Alleinsein und vor jedem neuen Verlust kann zu somatischen Erscheinungsbildern führen, bis hin zu lebensbedrohenden Asthmaanfällen. Besonders bedrohend wird von allen Kindern der Verlust der Mutter empfunden, die für die Entwicklung und das Heranwachsen des jungen Menschen von entscheidender Rolle ist. Falls ein Vater erkrankt, nimmt normalerweise die Mutter die Zügel in die Hand und der Heranwachsende merkt die Störung im familiären Gefüge nicht ganz so stark. Im Einzelfall kann das natürlich auch anders erfahren werden.

Kinder und Jugendliche fühlen sich beim Verlust der Eltern oft:

- entwurzelt;
- leer;
- ohne Halt;
- voller Angst;
- vom Leben abgeschnitten;
- vereinsamt.

Viele Fragen tauchen auf, z. B.:

- »Warum ist gerade meine Mutter/mein Vater gestorben?«
- »Wer wird mir ab jetzt Mutter/Vater sein?«
- »Warum habe ich nicht mehr für sie/ihn getan?«
- »Werde ich auch bald sterben müssen?«
- »Wie muß ich sein, was muß ich tun, damit meine Mutter/mein Vater mit mir zufrieden wäre?«
- »Wie kann ich meinen Geschwistern/dem Vater/der Mutter helfen?«
- »Darf ich überhaupt leben und lustig sein?«

Jede dieser Fragen steht mit konkreten Ängsten und speziellen Fragen an das Leben und die Überlebenden in Zusammenhang. Wenn Eltern sterben, klagen alle trauernden Kinder über eine Leere, über das Gefühl des Nicht-Gelebten, Nicht-Vollendeten und über das große Bedauern des Nicht-Gesagten und Nicht-Getanen. Unendlich viele Schuldgefühle laden sie in ihrer Zeit der Trauer auf ihre Schultern, manche zerbrechen sogar daran; Suizid-Gedanken kommen oft, aber die Verantwortung und das Mitgefühl gegenüber dem noch lebenden Elternteil und den Geschwistern ist groß genug, um diesen allerletzten Schritt dann doch meist nicht zu tun.

»Wenn ich gewußt hätte, daß mein Vater nicht mehr lange zu leben hat, dann hätte ich nicht dauernd mit ihm diese Konflikte gehabt. Ja, wir haben miteinander gestritten, er wollte mich nicht verstehen und heute tut mir das so unendlich weh, daß wir damals keine gemeinsame Basis gefunden haben.«

(Marianne, 22 Jahre alt; beim plötzlichen Herztod ihres Vaters war sie gerade 15 Jahre alt geworden)

Fallbeispiel:
Gertrud saß aufrecht. Sie hatte die Palmzweige beiseite geschoben und beugte sich über das Wasser. Herabgefallene Blätter in allen Farben trieben eilig am Boot vorbei. Wenn ihre Haare herabfielen und das Wasser berührten, klebten sie einen Augenblick an ihnen, lösten sich wieder und wirbelten weiter.
Plötzlich begann sie zu sprechen:
»Als Mama sich nicht mehr bewegte und nicht mehr antwortete, bin ich ins Dorf gegangen und habe es den Leuten gesagt.«
»Ich weiß.«
»Zwei Frauen und der Zauberer sind mitgekommen. Sie haben mich sogleich ins Bett gelegt und mir zu trinken gegeben. Die eine der beiden Frauen ist die ganze Nacht bei mir geblieben und hat mit mir gesprochen und mir die Stirn mit einem Tuch abgewischt. Sie haben Gräser erhitzt und sie mir auf die Brust gelegt, immer wieder. Sie haben mir gesagt, daß Mama schläft, aber ich habe gewußt, daß sie tot ist. Draußen hat nachts eine Wache gestanden, jede Nacht.
Dann habe ich immer nur auf dich gewartet und nach dir gefragt, und sie haben mich beruhigt. Bis du gekommen bist. Auch in der zweiten Nacht ist eine Frau bei mir geblieben. Ich war so froh, daß ich nicht allein war.« (SCHULZ, H.)

Abb. 23: Die tote Mutter und das Kind (Radierung, Munch, 1901)

Verlust eines Geschwisters

Der Tod eines Geschwisters gehört für Kinder neben dem Verlust der Eltern oder eines Elternteiles zu den schwierigsten Trauerfällen. Der Verlust eines Bruders oder einer Schwester stellt immer auch den Verlust des Familiengefüges dar, so wie es war und den Verlust der Eltern, so wie sie waren. Wenn ein Kind stirbt, bricht für die Eltern eine Welt zusammen. Schlagartig ist alles anders, verschwindet Freude und Lachen. Die Trauer um das verstorbene Kind läßt die lebenden Kinder vereinsamt zurück, stößt sie in eine dunkle Ecke, in der sie kaum wahrgenommen werden.

Elisabeth Kübler-Ross schreibt in »Kinder und Tod«: »Nicht die sterbenden Erwachsenen, nicht die sterbenden Kinder und nicht die Eltern von sterbenden Kindern sind die am meisten vernachlässigte Gruppe von Menschen, sondern die Geschwister von sterbenden Kindern.« Kinder/Jugendliche fühlen sich durch den Verlust eines Bruders oder einer Schwester oft:

- einsam;
- überflüssig;
- lästig;
- unbedeutend angesichts des/der Verstorbenen;
- isoliert und von den Gefühlen der Eltern abgetrennt.

Unterschiedliche Fragen tauchen auf, z. B.:

- »Warum ist niemand für mich da?«
- »Darf ich eigentlich lachen und fröhlich sein?«
- »Werde ich vielleicht auch bald sterben müssen?«
- »Bin ich vielleicht mit schuld am Tod von . . .?«
- »War sie/er wirklich so lieb und brav und schön und . . .?«
- »Wie kann ich meine Eltern aufheitern, es ihnen recht machen?«
- »Wie muß ich mich verhalten, daß sie mich auch mögen?«

Hinter diesen Fragen stehen ganz spezielle Ängste und Sorgen der Kinder. Auch wenn die Trauer der Eltern sehr groß ist, wäre es für die Kinder wichtig, daß sich jemand aus dem vertrauten Familienkreis ihrer Nöte annimmt – und sei es »nur« durch gemeinsames Weinen, durch eine innige Umarmung und die stille Erlaubnis, »lebendig« zu sein.

Was kann belasteten Eltern *helfen*, den Kontakt zu den lebenden Kindern nicht zu verlieren und die schwere Zeit gemeinsam zu bewältigen?

- Nähe: Körperkontakt schenkt Wärme und Geborgenheit;
- Gespräche: Gefühle zulassen, an- und aussprechen;
- Information: Klarheit, was zum Tod führte;
- Gemeinsames Trauern: Einbeziehen statt Isolieren (»geteilte Tränen«);
- Gemeinsames Tun: Dem/der Toten etwas mitgeben, Gestalten;
- Gemeinsames Erinnern: Sonnen- und Schattenseiten der/des Toten ansprechen;
- Individuelle Trauerformen: Ernstnehmen jedes Familienmitgliedes;
- Altersgemäßes Verhalten: Weinen und Lachen, Trauer und Freude zulassen;
- Vertrauen schenken: Zurückbleibenden Kindern das Leben zutrauen;
- Hilfe annehmen: Sich und/oder den Kindern professionell helfen lassen.

Was sollten durch den Tod eines Kindes belastete Eltern im Umgang mit ihren lebenden Kindern *vermeiden*?

- Zusätzliche Veränderungen: z. B. Umzug, Schulwechsel, Zimmerwechsel;
- »Heimlichtuereien«: Ausschließen der Kinder von wichtigen Gesprächen;
- Idealisieren des/ der Toten:»Unrealistisches Bild«;
- Häufiges Tadeln: Verstärken der Gefühle,»nicht recht zu sein«;
- Mahnende Worte bei Fröhlichkeit: Abtöten positiver Stimmungen;
- Schuldzuweisungen:»Hättest du damals . . . «,»Wären wir nur nicht . . .«;
- Häufige Verbote: Untersagen von vertrauten Umgangsformen.

Aussagen betroffener, gesunder Geschwisterkinder unterstreichen, wie wichtig ein guter Kontakt ist. Neid, Eifersucht und andere negativ besetzte Gefühle belasten Kinder, und es ist gut, wenn sie ausgesprochen werden können. Wichtig wäre es auch, die Aussagen der Kinder und Jugendlichen nicht als Kritik zu verstehen, sondern als Bitte um Beachtung. Das trauernde Kind/der trauernde Jugendliche braucht Zeit und Raum, um seine Gefühle und Gedanken auszudrücken, ohne sanktioniert, belehrt oder gerügt zu werden. Auch ist es wichtig, daß die Begleitperson angesichts der Äußerungen nicht selbst in ein emotionales Loch fällt, sondern sie als das zu verstehen in der Lage ist, was sie sind: Ausdruck einer durch schweren Verlust belasteten Kinderseele.

»Ich bin wütend auf Philipp. Immer hat er sich aussuchen dürfen, was er essen wollte. Wenn er gar nicht wollte, war das auch gut. Ich muß immer alles essen, mich fragt keiner, was ich will. Immer hat Philipp alles bekommen, was er wollte. Oma und Opa waren da und haben ihm ein tolles Buch mit Rennautos gebracht. Warum bekomme ich nie etwas geschenkt?«
(Karl, 7 Jahre, kurz nach dem Tod seines Bruders)

»Warum muß ich immer brav und still sein. Mama hat überhaupt keine Zeit mehr für mich. Manchmal wünsche ich mir, daß Karin endlich stirbt, damit das aufhört!«
(Petra, 12 Jahre, während des langsamen Sterbens ihrer Schwester)

»Ist Mario krank geworden, weil ich im Garten bei Oma mit ihm so oft gestritten habe? Hat er deshalb sterben müssen?«
(Martina, 5 Jahre, nach dem Tod ihres Bruders)

Fallgeschichte:
Marie ist 15 Jahre alt; sie ist die Schulfreundin meiner Nichte. Maries Bruder Axel ist an Leukämie erkrankt, er feierte erst kürzlich seinen 11. Geburtstag. Zur Zeit liegt er auf einer onkologischen Kinderstation. Marie wollte mit einer außenstehenden Person

sprechen und kam zu mir. Lässig nimmt sie auf dem Sofa Platz, dann kuschelt sie sich in eine Ecke, nimmt das Sofakissen und hält es mit verschränkten Armen um ihren Bauch.

Ich frage Marie:»Wie geht es dir? Schön, daß du zu mir gekommen bist!«
Nach einer Minute des Schweigens bricht es aus ihr heraus:
»Gestern in der Schule fragte mich Frau Prof Kurze: Wie geht es deinem Bruder? Danke, gut, antwortete ich.
Meine Mitschülerinnen Gabi und Susi sind in der Pause plötzlich ganz still geworden. Ich dachte, sie erzählen mir irgendwelche Jungsgeschichten, die sie in der Diskothek erlebt haben, denn ich darf da ja nicht mehr hingehen, seit mein Bruder krank ist. Da flüstern sie plötzlich mit großer Anteilnahme: Du, wie geht's denn dem Axel? Er ist im Spital, ich glaube, es geht ihm gut.
Am Nachmittag zu Hause – ich bin noch nicht einmal richtig zur Türe hereingekommen, läutet das Telefon. Oma ist am Ende der Leitung; sie will wissen, ob es etwas Neues aus dem Spital gibt. Ich beruhige Oma und sage ihr, daß es keine schlechten Nachrichten gibt.
Ich laufe noch schnell zum kleinen Lebensmittelladen bei uns um die Ecke. An der Kasse schaut die Frau mit einem vorwurfsvollen Blick auf mich und fragt: Na, wie geht's denn so zu Hause? Danke, gut, sage ich.
Am Abend kommen Mama und Papa gemeinsam nach Hause. Sie waren heute seit langem wieder einmal zusammen in der Stadt. Was bringen sie mit: eine tolle, neue Uhr – für Axel. Mama erzählt mir noch, wieviel sie gekostet hat und Papa hofft, daß sie ihm gefallen wird.
Und du willst wissen, wie es *mir* geht?«
Marie bricht in Tränen aus, verkrampft sich und schreit:»Beschissen, mir geht es beschissen!«
Sie schluchzt, ich setze mich zu ihr aufs Sofa und berühre vorsichtig ihre Hand. In einer wilden Bewegung wirft sie sich in meine Arme. Ich spüre ihre heißen Tränenströme an meiner Schulter. Ich wiege sie hin und her, halte sie fest.
Nach einer Weile flüstert sie mir zu:»Du bist der erste Mensch seit langer Zeit, der mich fragt, wie es mir geht. Danke . . . «
(TROPPER, D.)

Konfrontation mit schweren Krankheiten

Eine besondere *Ausnahmesituation* im Leben einer Familie stellt die Konfrontation mit einer schweren, oft tödlich verlaufenden Krankheit dar. Die Anzahl der jährlichen Neuerkrankungen an Krebs ist ständig im Steigen begriffen. Viele Familien werden gezwungen, sich mit der »Diagnose Krebs« eines geliebten Familienmitgliedes auseinanderzusetzen. Viele Kinder und Jugendliche müssen erleben, daß die Mutter an Krebs erkrankt, daß der Vater mit Verdacht auf Krebs ins Krankenhaus kommt, daß die Oma an Krebs stirbt oder daß sie selbst an einer Krebserkrankung leiden. Aufgrund der großen gesellschaftlichen Relevanz dieses Themas und der oftmals erlebten Hilflosigkeit von Familien angesichts solcher Schicksalsschläge möchten wir diesem speziellen Fall eines drohenden Verlustes bzw. einer besonders tragischen Verlusterfahrung einen eigenen Platz einräumen.

Verbesserte diagnostische Möglichkeiten und bessere Behandlungs-
methoden haben dazu geführt, daß die Diagnose Krebs heute kein Todesurteil mehr sein muß. So gibt es zwei unterschiedliche Phasen der Erkrankung, die auch für die Auseinandersetzung und Verarbeitung bei
Kindern und Jugendlichen unterschiedlich verlaufen. Vereinfacht gesagt
existieren die folgenden zwei Möglichkeiten:

- von der Diagnose zur Heilung
- von der Diagnose zum Tod

Sehr oft bleibt die Frage lange offen, welchen Weg der Patient gehen wird.
Mit dieser Unsicherheit verbunden ist ein Wechselbad von Gefühlen.
Hoffnung wechselt mit tiefster Hoffnungslosigkeit ab, Mut und kämp-
ferisches Verhalten wird von Erschlaffen und Apathie abgelöst . . . In der
ersten Phase der Erkrankung ist die Hoffnung auf Heilung bei allen Familienmitgliedern meist sehr groß. Je nach Stand der Erkrankung ist auch
die Chance für eine Heilung groß. Nicht zuletzt aus diesem Grund wäre
es ganz falsch, die Wahrheit über die Krankheit vor den Kindern verbergen zu wollen. Dies gilt im Prinzip bei der Erkrankung eines Elternteils
ebenso wie bei der Erkrankung eines Geschwisters oder wenn das Kind
selbst betroffen ist.

Phasen der Krankheit und Umgang mit der Wahrheit

In der *ersten* Phase dominiert meist das »Prinzip Hoffnung«. Das bedeutet
nicht, Kindern die Wahrheit über die Schwere der Erkrankung zu verheimlichen. Es geht darum, die Wahrheit zu wissen und dennoch gemeinsam Wege der Hoffnung zu beschreiten. Kinder und Jugendliche
müssen in diese »Familienwahrheit« mit einbezogen werden. So fühlen
sie sich ernst genommen, nicht ausgeschlossen und können alle Bemühungen unterstützen, welche die Familie unternimmt, damit der/die
Kranke wieder gesund wird. Wenn die Kinder in diesen Prozeß mit einbezogen werden, sind ihre Liebesbezeugungen, ihre Hilfestellung und
Aufmerksamkeit auch in ihrem jugendlichen Alter von wesentlicher Bedeutung für den Krankheitsverlauf. Es ist absurd anzunehmen, daß man
vor Kindern die Realität verbergen kann, denn dieses Wechselbad von
Spannung und Erleichterung, von Hoffnung und Depression, von Sorge
und Verlustängsten wird ihnen in der gesamten Bandbreite zumindest in emotionaler Hinsicht wahrgenommen. Eine Atmosphäre der Offenheit und Ehrlichkeit schafft auch jenen Raum des Vertrauens, der für
beide Seiten ein echtes Abschiednehmen und Loslassen ermöglicht.
Wenn die Eltern ihrem heranwachsenden Kind die Wahrheit über die
Krankheit verheimlichen, entstehen Gefühle der Angst und Bedürfnisse
nach Schonung. Dieser »Kreislauf des Schweigens und Verdrängens«
kann oft nur schwer durchbrochen werden. Unter solchen Umständen

besteht die Gefahr, daß sich der Heranwachsende ganz in sich verschließt und sich eigene, »verdrehte« oder überzogene Vorstellungen über die Krankheit macht, die oft beängstigender sind als es der Realität entspricht. In einem Klima der Lüge blockieren Angst und Beunruhigung ein ungezwungenes Verhältnis zwischen den Betroffenen. Dazu kommt, daß junge Menschen einen außerordentlichen Wissensdurst und hohe Fähigkeiten haben, Erklärungen zu verstehen. Es kann hilfreich sein, ihnen unter Einbeziehen des Hausarztes oder anderer kompetenter Personen alle Einzelheiten der Krankheit und der zu erwartenden Heilung zu erklären.

In der *letzten* Phase der Krankheit, wenn sichtbar wird, daß keine Hoffnung mehr auf Heilung besteht, spätestens dann müssen Kinder, entsprechend ihren intellektuellen und persönlichen Fähigkeiten über die Wahrheit informiert werden (vgl. 5.4). Am besten ist es, wenn der erkrankte Elternteil selbst mit dem Kind redet. Er oder sie muß ihnen viel Zeit gewähren und ihnen zuhören, um sich bei den Erklärungen von ihrer Aufnahmebereitschaft leiten zu lassen. Bei diesem heiklen Thema geht es nicht darum, irgendeine theoretische Information zur Krankheit und ihrem Verlauf zu machen. Vielmehr geht es darum, den Kindern umfassend zu helfen, die bis zur endgültigen Trennung verbleibende Zeit auf bestmögliche Art zu (er)leben. Sie sollen immer wieder Gelegenheit haben, ihre Gefühle und Gedanken auszudrücken und zu verarbeiten, um so ein positives inneres Bild aufzubauen.

Aussagen betroffener Kinder sollen die Bedeutung eines ehrlichen Umganges gerade in so schwierigen Lebenssituationen unterstreichen:

»Niemand hat mir etwas gesagt und ich habe mich wieder in mein Bett gelegt. Und am Morgen bin ich aufgestanden und Papa und Tante Trude hatten rote Augen. Da war mir elend zumute, sehr elend. Ich suchte Mama, aber ich konnte sie nirgends mehr finden. Dann habe ich Papa gefragt, wo sie denn sei, und er hat mir gesagt, daß sie gestorben ist. Ich habe nichts mehr gefühlt, jetzt ist es viel schlimmer für mich. Ich bin unendlich traurig und leer.«(Katja, 9 Jahre)

»Ich wußte nicht einmal, wie sehr sie litt, denn als sie ins Spital gebracht wurde, sagte man mir, sie müsse Untersuchungen machen und es hätte keinen Sinn, daß ich sie besuchen ging, da sie den ganzen Tagen bei den Untersuchungen wäre.

Und so schloß ich mich immer mehr meinen Tanten an, die sich meiner annahmen und ich vergaß meine Mutter. Sie haben mich verraten und ich verzeihe es ihnen nicht.« (Anna, 12 Jahre)

Was kann helfen?

Wir möchten eine Reihe von Maßnahmen anführen, die in der Begleitung von Kindern und Jugendlichen in so schweren Lebenszeiten hilfreich sein können:

Zeit geben

In der Rolle als Trauerbegleiter von Kindern in dieser Extremsituation müssen wir uns *Zeit nehmen* und ihnen *Zeit geben*. Wir müssen uns Zeit nehmen, sie geduldig eine bestimmte Strecke ihres Trauerweges zu begleiten. Wir müssen ihnen Zeit geben, sich zu orientieren, ihren Gefühlen Ausdruck zu verleihen und in einen Dialog mit uns als Begleiter einzutreten. Im Konkreten bedeutet die Bereitschaft des Begleiters zum Gespräch nicht unbedingt, daß dieses auch zu diesem Zeitpunkt angenommen wird. Nur die bloße Möglichkeit, mit einer Person auch über die eigenen,»negativen« Gefühlsregungen wie z. B. Wut, allein zurückgelassen worden zu sein oder Aggression gegen den Unfallfahrer, der den Tod des geliebten Menschen verursacht hat, ansprechen zu können, kann eine erste Sicherheit geben und helfen, eine Vertrauensbasis zu schaffen.

Gespräche gegen die Einsamkeit: Die Erinnerung gibt Erfüllung

Mit »Erinnerungsarbeit« hilft man Kindern und Jugendlichen, dieses schwierige Erlebnis zu »be-greifen«, vielleicht sogar zu akzeptieren. Letzeres entwickelt sich nur dann, wenn es sich um Jugendliche handelt, die sich bereits der eigenen Begrenztheit bewußt sind. Dann kann sich jene Erinnerung bilden, die dem Leben Erfüllung gibt und den Abschied weniger bitter erscheinen läßt.

Diese Erinnerungsarbeit kann konkret in Folgendem bestehen:

— Fotoalben, Erinnerungsstücke oder Briefe des verstorbenen Menschen gemeinsam mit dem trauernden Kind/Jugendlichen anschauen/lesen;

— Kleidungsstücke des verstorbenen Menschen auswählen lassen und als Erinnerungsstück anvertrauen;

— die Betroffenen selbst zur Erinnerungsarbeit anregen (Führen eines Tagebuches, Aufschreiben von alltäglichen bis außergewöhnlichen Erlebnissen mit dem Verstorbenen);

— einen Brief an den toten Elternteil verfassen lassen, in dem alles niedergeschrieben werden kann, was nicht mehr oder noch nicht gesagt werden konnte. Dieser Brief kann als spätere Erinnerung erhalten bleiben, er kann beim Begräbnis in das Grab gegeben oder später am Grab des verstorbenen Menschen verbrannt werden (vgl. reinigende Kraft des Feuerrituals, 5.5);

— mit anderen Familienmitgliedern über den verstorbenen Menschen sprechen, sich der schönen gemeinsamen Dinge erinnern, an die Höhepunkte des gemeinsamen Lebens denken; Austausch von Gefühlen, positiven und negativen Gedanken.

Rückkehr in das »normale Leben«

Abstoßend und irritierend mag es uns oft erscheinen, wenn wir beobachten, mit welcher Vehemenz Jugendliche sich wieder in das normale Alltagsleben begeben (vgl. 3.4). Für die Trauerbegleitung ist es wichtig zu wissen, daß Kinder und Jugendlichen gerade in so schwer belasteten Familiensituationen ein ganz großes Bedürfnis nach der Alltäglichkeit entwickeln. Sie sollen daher unbedingt ihre nächsten Pläne umsetzen dürfen: etwa die Teilnahme am Abschlußball oder die Klassenfahrt in die Berge. Der vertraute, alltägliche Rhythmus und das Zusammensein mit Menschen, die auch diese Emotionen der individuellen Trauer verstehen, schaffen jenen Rahmen, den diese Jugendliche brauchen, um »abtrauern« zu können.

4.3 Vom Umgang mit Krisen: Aufbau eines Beziehungsnetzes

Was ist eine Krise? Gibt es darauf überhaupt eine allgemeingültige »richtige« Antwort? Was jeder einzelne für sich und sein Leben als Krise bezeichnet, wird sehr unterschiedlich sein, genauso unterschiedlich wie die Strategien, die er im Laufe seines Leben entwickelt hat, um mit den krisenhaften Lebenssituationen zurecht zu kommen. Rückzug oder Anschluß an Menschen in ähnlicher Situation, Rationalisieren oder Ausleben der Emotionen, Versuche, einen klaren Kopf zu behalten oder Ablenkung – es bieten sich viele Möglichkeiten des Krisenmanagements an. In besonders schwierigen Situationen ist der einzelne Mensch jedoch nicht mehr in der Lage, sich selbst ausreichend zu helfen, sondern braucht eine Stütze von außen. Andererseits kann jeder einzelne von uns rasch in die Rolle eines Begleiters in schwierigen Krisensituationen kommen. Gerade im Zusammenhang mit den kleinen und großen Verlusterfahrungen von Kindern wird deutlich, wie sehr »Krisen-Begleitung« eine Dimension menschlicher Beziehungen ist, zum menschlichen Miteinander gehört und nicht nur eine Frage für professionelle Helfer ist.

Für Kinder, wie für Erwachsene auch, gibt es kleine und große Krisen. Wie schwer einzelne Verluste auf der Kinderseele lasten, läßt sich von außen schwer beurteilen. Oft sind es auch Menschen außerhalb des engen Familienkreises, die mehr vom Schmerz der Kinder/Jugendlichen mitbekommen als z. B. die Eltern. Was aus der Sicht der Erwachsenen oft »kaum der Rede wert ist«, kann für Kinder/Jugendliche »das Ende der Welt sein«. Wo Erwachsene über einen Verlust relativ leicht hinwegkommen, können Kinder/Jugendliche in tiefe Krisen stürzen.

Was kann für das eine oder andere Kind, den einen oder anderen Jugendlichen beispielsweise eine Krise auslösen?

- Wenn der geliebte Hund stirbt, dem das Kind alle seine geheimsten Gefühle anvertraut hat, kann das eine Krise auslösen.
- Wenn die vertraut gewordene Kindergärtnerin die Gruppe abgeben muß, kann das eine Krise auslösen.
- Wenn der Lieblingsteddy ein Bein verliert und nicht zum Puppendoktor gebracht wird, sondern einfach »verschwindet«, dann kann das eine Krise auslösen.
- Wenn die Oma stirbt, die immer für das Kind da war, es ernst genommen hat und Verständnis für die täglichen Kindersorgen gezeigt hat, dann kann das eine Krise auslösen.

Wir können eine Reihe von Beispielen anführen, bei denen kleine, scheinbar nebensächliche Verluste beim Kind zu einer Krise führen können. Ebenso gibt es aber auch Beispiele, in denen scheinbar große Verluste keine nachhaltige, krisenhafte Reaktionen beim Kind auslösen. Worauf es im Leben mit Kindern ganz besonders ankommt, ist, ein wachsames Auge auf Reaktionsweisen zu haben, die in konkreten Verlustsituationen auftreten und nicht allzu rasch von sich selbst auf das Kind/den Jugendlichen zu schließen. Ebenso wichtig ist es, die Signale um Hilfe ernst zu nehmen und nicht beiseite zu schieben.

Was kann dem Begleiter helfen?

Wenn wir als erste Ansprechpartner in eine krisenhafte Situation geraten, dann ist es sinnvoll im Sinne einer « akuten Erstversorgung« zu handeln. Hier empfiehlt sich ganz besonders das Modell des Wiener Psychiaters SONNECK, das unter dem Namen BELLA Eingang in viele Ausbildungen und Kurse gefunden hat.

BELLA steht für:	
	B- eziehung
	E- rfassen der Situation
	L- linderung
	L- eute
	A- nsatz einer Lösung

Im konkreten bedeutet dies:
Beziehung: Zuerst muß eine Beziehung zum betroffenen Kind/Jugendlichen hergestellt werden. Es/er muß wahrnehmen, daß ich DA bin und ich werde versuchen, durch Körperkontakt, Blickkontakt oder Sprache auf meine Bereitschaft aufmerksam zu machen.
Erfassen der Situation: Ich muß in dieser Krise den Überblick bewahren und als Außenstehender versuchen, die Umstände und Zusammenhänge

zu erfassen (Worum geht es hier? Was ist eigentlich passiert? Um wen wird getrauert?, vgl. 4.1).

Linderung: Heftige Reaktionen sowie erste Symptome eines ernsthaften Schockzustandes (Verwirrtheit, Kreislaufprobleme, Weinkrämpfe) bedürfen ganz einfacher, erster Handlungen, wie z. B. Halten der Hand, Umlegen einer wärmenden Jacke, Verabreichen eines Glases Wasser, Anbieten einer Sitzgelegenheit. Kinder und Jugendliche in einem Zustand des Schocks dürfen niemals alleingelassen werden!

Leute: In die Erstbetreuung müssen so rasch wie möglich Menschen aus dem sozialen Umfeld miteinbezogen werden. So sind andere Verwandte, Freunde, Nachbarn, Vertrauenspersonen zu informieren und zu verständigen.

Ansatz einer Lösung: Erst zum Schluß gilt es, über einen Lösungsansatz zur Bewältigung der Probleme nachzudenken und mit der konkreten Trauerbegleitung zu beginnen, wenn man bereit ist, diese zu übernehmen.

Neben dieser konkreten »Krisenintervention« geht es bei Verlusterlebnissen immer auch darum, das Beziehungsnetz, in dem der Betroffene steht, bewußt zu machen und gegebenenfalls zu (re)aktivieren.

Wie kann man sich so ein Beziehungsnetz vorstellen?

Vielleicht haben Sie schon einmal mit Ihrer Kindergruppe oder Schulklasse ein »Beziehungsnetz« geknüpft: Ein großer Wollknäuel wandert quer durch den Raum und »verknüpft« die im Kreis Sitzenden untereinander. Am Ende kommt der Knäuel wieder zu Ihnen zurück und nach dem Verknüpfen kann man stehend ein wunderbares Netz spannen. Dabei ist immer interessant, mit wem man wie verbunden ist (auf direktem Wege oder über Umwege).

Dieses Netz kann uns als »Muster« eines Beziehungsnetzes dienen, in das jeder Mensch von Geburt an hineinverwoben ist. Bei Kindern und Jugendlichen gibt es noch viele »direkte Verknüpfungen«. Eltern, Großeltern, Onkel und Tanten leben noch, und durch Kindergarten, Schule, Arbeit und den Freundeskreis wird viel an Beziehung »gelebt«. Bei alten Menschen ist ihr soziales Netz häufig schon sehr brüchig: Verwandte und alte Freunde sind der Reihe nach weggestorben. Auch wird es im Alter immer schwerer, neue soziale Kontakte zu knüpfen.

Bahnt sich nun in einer Begleitung eine krisenhafte Entwicklung an, so muß das familiäre und soziale Beziehungsnetz des Kindes aktiviert werden. D.h. im konkreten, daß wir in unserer Begleiterrolle Ausschau halten müssen, wer für diese Trauerbegleitung noch in Frage kommt, und zwar zuerst aus dem »inneren Beziehungsnetz« (nächste Verwandte, enge Freunde). Darüber hinaus kann es aber auch notwendig werden, eine Erweiterung herbeizuführen, etwa einen Kinderarzt oder eine Psychologin beizuziehen bzw. Kontakt mit professionellen Einrichtungen aufzunehmen.

Abb. 24: Vom Aufbau eines Beziehungsnetzes . . .

4.4 Hilfen für ein gutes Gespräch

Gespräche gehören zu jeder Trauerbegleitung. Aber oft ist es eine Kunst, die »richtigen« Worte zu finden und ein »gutes« Gespräch zu führen. Es ist wichtig, daß wir uns zuerst einmal selbst die Frage stellen: »Was macht überhaupt ein gutes Gespräch aus?« »Wie äußert sich eine gelungene Kommunikation«? Wenn wir uns mit Kindern und Jugendlichen in einer Trauersituation auf ein Gespräch einlassen, dann müssen wir uns selbst als erstes sehr viel *Zurückhaltung* auferlegen. Manchmal bedarf es auch einiger Zeit, um sich auf die »andere Sprache« einzulassen, einen ganz anderen Rhythmus und Verlauf zu akzeptieren und viele »Verhaltensregeln«, die wir im Umgang mit Erwachsenen pflegen, erst einmal zu vergessen. Kinder und Jugendliche sprechen eben anders, direkter, manchmal bringen sie in einer uns brutal anmutenden Art und Weise das Gesagte auf den »Punkt«, das Um-den-heißen-Brei-Schleichen und in nichtssagenden Worthülsen sprechen ist meistens nicht ihre Methode. Eine möglichst unkonventionelle, offene und auf alle Überraschungen vorbereitete Haltung erleichtert den Erwachsenen die Kommunikation und schafft jenen Raum des Vertrauens und der Sicherheit, den diese Jungen brauchen, um über ihre Gefühle und Gedanken zu sprechen.

Darüber hinaus ist es immer gut, einige Regeln für eine gute Gesprächsführung im Auge zu behalten.

Am wichtigsten sind *Kontaktaufnahme* und *innere Haltung* sowie *authentisches Verhalten*.

- *Kontakt* muß man aufnehmen, bereits bevor ein Gespräch stattfindet. Der erste Satz kann über Gelingen oder Nichtgelingen wesentlich entscheiden: Haben wir eine freundliche, ehrlich gemeinte und einladende Geste gesetzt oder signalisieren wir bereits Hast und Unruhe, vielleicht gar Unlust auf das kommende, schwierige Gespräch? Wir müssen uns frei machen für Gespräche, uns Zeit nehmen und auch abklären, ob mein Gesprächspartner gerade in der Lage ist, mit mir über seine Situation, seine Gefühle zu sprechen.

- Unsere *innere Haltung* sollte geprägt sein von Wertschätzung, Respekt und Akzeptanz. Sich dieser Werte zu besinnen und danach zu handeln, ist nicht immer leicht. Gerade im Umgang mit Kindern und Jugendlichen neigen wir gerne dazu, uns als die »alles wissenden Erwachsenen« aufzuspielen, verfallen gerne in die Lehrer-Schüler-Rolle und sind viel zu schnell mit ablehnenden Haltungen und Gegendarstellungen zur Hand. Dieses »Ja, aber . . .« – hat keinen Platz in guten Gesprächen mit trauernden Kindern. Wir haben unsere bitteren Erfahrungen schon längst im Laufe unseres Lebens gemacht. Diese Kinder müssen es erst tun; wir können es ihnen nicht abnehmen und daher sollten wir ihnen das Recht auf freie Meinungsäußerungen zugestehen. Wir müssen auch aushalten können, daß sie wütend und zornig sind, traurig und aggressiv über den Verlust oder das Verlassenworden-Sein.

- Junge Menschen beobachten immer sehr genau die Körperhaltung ihres Gegenübers, und wenn bei uns verbale und nonverbale Elemente nicht übereinstimmen, dann legen wir kein *authentisches Verhalten* an den Tag. Es ist nicht allein wichtig, *was* wir sagen, sondern *wie* wir etwas sagen. Hier haben auch keine Verallgemeinerungen Platz. Wir müssen mit Ich-Aussagen und Ich-Botschaften arbeiten, da damit signalisiert wird, daß man das Kind als Gesprächspartner ernst nimmt und zum Gesagten, aber auch zu allen ausgedrückten Gefühlen steht.

Neben der Sprache unseres Körpers kommt dem *Blickkontakt* wesentliche Bedeutung zu. Offener, ehrlicher Blickkontakt ist die beste Basis für ein gutes Gespräch. Der Blick in die Augen eines Jugendlichen macht deutlich, daß ich als Erwachsener mit allen meinen Sinnen bei ihr/ihm bin, daß ich bereit bin, sie/ihn auf ihren/seinen Weg des Erzählens und Berichtens zu begleiten. Dieser Blickkontakt ermöglicht es auch, Reaktionen und Emotionen frühzeitig abzulesen und vielleicht darauf zu reagieren,

z. B. indem wir sie/ihn an der Hand berühren oder in den Arm nehmen. *Aktives Zuhören* ist mindestens genau so wichtig wie der Augenkontakt und erfordert sehr viel Disziplin von uns Erwachsenen. Es ist viel leichter, selbst zu reden und zu erzählen, seine eigenen Sorgen und Probleme auf dem Tisch auszubreiten, als still und aufmerksam dazusitzen und das Gegenüber sprechen zu lassen. Gerade bei Kriseninterventionen oder in schwierigen Gesprächen können wir unsere »Patentrezepte« aus dem Hinterkopf gleich wieder vergessen, denn aktives Zuhören bedeutet, die ganze Geschichte bis zum Ende in Ruhe und Gelassenheit erzählen zu lassen. Dabei müssen wir auf das Tempo des Gesprächspartners einsteigen, und Kinder und Jugendliche sind häufig wesentlich langsamer als die Erwachsenen. Aktives Zuhören bedeutet weiter, den sachlichen Inhalt einer Aussage zu wiederholen, lediglich um sicherzugehen, alles auch wirklich verstanden zu haben und die wahrgenommenen Gefühle zu benennen.

»Zuhören ist die Fähigkeit, herauszuhören, *was* mein Gegenüber sagen möchte und *wie* er es meint«.

Jedes gute Gespräch braucht seine *Zeit*. In einer Fünf-Minuten-Pause am Gang oder zwischen Tür und Angel werde ich kein intensives Trauergespräch führen können. Um genügend Zeit zur Aussprache zu geben, ist es sinnvoll, wenn beide Gesprächspartner den Zeitrahmen abstecken und sich gemeinsam darauf einigen, wann und wo und wie das Gespräch stattfinden soll. Wesentlich für das Gelingen sind auch eine entspannte Atmosphäre in einem abgetrennten Raum mit bequemen Stühlen und Sitzgelegenheiten.

In jedem Gespräch muß auch genügend Platz für *Fragen* sein. Hier geht es nicht darum, auszuhorchen und neugierig alles in Erfahrungen zu bringen, sondern um das Erfassen aller Aspekte und Signale. Die notwendigen Informationsfragen nach dem wer, was, wo, wann und wie (niemals warum!) bringen mir die nötigen Informationen, die ich brauche, um überhaupt einmal abzuklären, worum es hier eigentlich geht, was das primäre Anliegen meines Gesprächspartners ist. Fragen sind auch immer wieder eine recht gute Möglichkeit, den Gesprächsfluß zum Fließen zu bringen, wenn er ins Stocken geraten ist. Allerdings sollte man mit Fragen sehr sparsam umgehen, damit sich mein Gegenüber nicht »ausgehorcht« fühlt.

Nähe und Distanz, die körperliche Ent-Fernung zu meinem Gesprächspartner spielt ebenfalls eine große Rolle. Trauernde Kinder und Jugendliche brauchen bei einfühlsamen Gesprächen fast immer auch körperliche Nähe und suchen diese daher. Das Nähe-Distanz-Verhalten läßt sich jedoch nicht eindeutig niederschreiben, es hängt wieder von der Beziehung ab, die ich zu diesem Kind oder Jugendlichen habe, von seiner und meiner augenblicklichen Verfassung und vom Inhalt des Gesprächs. Generell kann man sagen, daß »Überdosierung« in beiden Fällen nicht für ein gutes Gesprächsklima sorgt: Menschen, die alle und alles umarmen und sich anklammern, irritieren genauso wie jene, die durch räumliche Entfernung eine kühle Atmosphäre der Distanz schaffen.

Gute Gespräche, die heilsam sind und zum Abbau von Ängsten beitragen, bedürfen weiters noch der *Akzeptanz fremder Meinungen* und eines *positiven Umgangs* mit *negativen Reaktionen.* Nicht immer ist es leicht, eine »andere« Meinung zu akzeptieren, doch diese Wertschätzung ist die nötige Voraussetzung und Basis im kommunikativen Umgang. Negative Reaktionen und Emotionen dürfen nicht gegen uns gerichtet erfahren werden; hier ist *Abgrenzung* angesagt. Wir müssen akzeptieren lernen, daß zu einem gesunden Trauerprozeß alle diese Reaktionsweisen dazu gehören und vom Inneren an die Oberfläche kommen müssen. Wenn es uns gelingt, diese oft als die negativen Gefühle bezeichneten Reaktionen aus unserem Gegenüber herauszuholen, dann haben wir bereits einen wesentlichen Beitrag zur »Gesundung« im Trauergeschehen beigetragen. Hier gilt, daß es für Außenstehende leichter ist, sich allen negativen Reaktionen zu stellen, während im innerfamiliären Kreis das Aushalten von anderen Meinungen und negativen Verhaltensweisen äußerst schwierig ist.

Zum Abschluß sei an dieser Stelle noch angeführt, daß zur guten Gesprächsführung auch das Aushalten von *Schweigen, Sprachlosigkeit und Stille* gehören. Pausen sind oft notwendige Standortbestimmungen, um den berühmten »roten Gesprächsfaden« wieder zu finden oder neue Aspekte seiner Situation zu überdenken. Daher sollte es Begleitern niemals peinlich sein, wenn Stille einsetzt. Gemeinsames Schweigen schafft häufig mehr Verbundenheit als oberflächliches verbales Geplauder.

Impulse für Erwachsene zur Überprüfung eigener Gesprächshaltung:

- »Kann ich mir selbst die Zeit nehmen, mich auf wichtige Gespräche mit schwierigen Themen vorzubereiten und auch einzustimmen?«
- »Habe ich zu viel geredet und zu viele Fragen gestellt?«
- »Habe ich gut zugehört?«
- »Ist es mir gelungen, dem Kind oder Jugendlichen ein Gefühl der Akzeptanz und Wertschätzung zu vermitteln?«
- »Habe ich meinem Gesprächspartner Zeit zur Verarbeitung des Gesprächsinhaltes gelassen oder war ich zu vorschnell und unterbrechend?«

- »Habe ich auf die Situation Rücksicht genommen und meinem Gegenüber ›seine Zeit‹ gelassen?«
- »Ist es mir gelungen, auch die nonverbalen Botschaften wahrzunehmen?«
- »Habe ich vorschnell Gesten, Gefühle und Emotionen interpretiert?«
- »War ich geduldig genug oder war ich zu bestimmend?«
- »Ist es mir gelungen, das Kind oder den Jugendlichen dorthin zu begleiten, wohin sie/er wollte oder sind wir auf meinen ›bewährten‹ Weg gekommen?«

4.5 Hilfen, Kinderfragen über Tod und Sterben zu begegnen

Kinderfragen können Erwachsene in Erstaunen versetzen, verunsichern oder vor den Kopf stoßen. Kinderfragen können aber auch zum Nachdenken anregen und der Beginn einer Entdeckungsreise in die Welt der Kinder und Jugendlichen sein. Worauf ist zu achten, wenn sich Kinder mit heiklen Fragen an uns wenden?

Es sind drei Bereiche, die bei der Begegnung mit einem fragenden Kind/ Jugendlichen beachtet werden sollen:

- Persönliche Einstellung zum Kind und zu seiner Situation, persönliche Grundhaltung dem Thema gegenüber;
- Hören und richtiges Aufnehmen der Fragen;
- Reaktionen auf die Fragen (verbal/nonverbal), Antworten.

Überblick über grundsätzlich hilfreiche Einstellungen und Verhaltensweisen, Kinderfragen richtig und angemessen zu begegnen:

- Sich auf das Kind einstimmen: ZEIT HABEN, ZEIT NEHMEN, ZEIT GEBEN
- Was will das Kind wirklich wissen? ZUHÖREN, »HERAUSHÖREN«
- Auf die Vorstellungswelt des Kindes eingehen: ANPASSEN
- Keine ausführlichen, langen Erklärungen: EINFACHE ANTWORTEN
- Nicht ausweichen: DA-SEIN, DA-BLEIBEN
- Eigene Unsicherheiten zugeben: NICHT »ALLWISSEND« SEIN
- Schweigen aushalten: ZUHÖREN, NÄHE ZULASSEN
- Aufmerksamer Gesprächspartner sein: OFFENHEIT
- Nichts verschweigen, nicht lügen: KLARHEIT, EHRLICHKEIT
- Aushalten immer wiederkehrender Fragen: GEDULD

In Gesprächen mit Kindern über Sterben und Tod ist es besonders wichtig, Worte zu finden, die einfach und klar sind, die sich der Denk- und Sprechweise der Kinder angleichen. Eine »Verniedlichung« ist ebenso unangebracht wie das Verwenden von Bildern aus dem Alltagsleben. Kinder verstehen vieles wortwörtlich. So wichtig es ist, die Phantasie der Kinder zu fördern und die Bilderwelt auch in der Sprache lebendig zu halten: Gespräche über den Tod verlangen *Klarheit*.

Wie bei allen Tabu-Themen gilt es auch bei Fragen über Sterben und Tod folgende Punkte zu beachten:

• Genau hinhören, was das Kind/der Jugendliche wirklich fragt. Um was geht es dem Fragenden eigentlich? Drückt die Frage etwa ein Bedürfnis nach Information aus, ist sie eher als Ausdruck persönlicher Ängste und Sorgen zu verstehen oder sind Verhaltensunsicherheiten die eigentlichen Auslöser für die Frage?

• Nur auf das antworten, was gefragt ist! Keine Antworten geben, die über das Gefragte hinaus reichen und geduldiges Abwarten, bis sich vielleicht neue oder weiterführende Fragen seitens des Kindes/Jugendlichen ergeben.

• Nur der eigenen Überzeugung gemäß antworten. Kinder/Jugendliche haben einen sechsten Sinn für Unstimmigkeiten. Eingestehen der eigenen Unsicherheiten, dort wo sie vorhanden sind. Rückfragen und Einladung, sich gemeinsam auf die Suche nach einer Antwort zu begeben.

Oft sind die Worte, die Erwachsene bei ihren Antworten wählen, der Anlaß für viele innere Fragezeichen beim Kind. Statt durch die Antwort Sicherheit und Klarheit zu erhalten, tauchen oft viele neue weiterreichende Fragen auf. Manchmal können bestimmte Äußerungen auch Ängste auslösen, an die das Kind bislang noch gar nicht gedacht hat. Im folgenden werden wir einige Äußerungen näher beleuchten, die zu Mißverständnissen führen können.

Mißverständliche Äußerungen und ihre möglichen Folgen

»Oma ist eingeschlafen.«
Kinder wissen, daß Einschlafen zum Leben gehört. Sie schlafen jede Tag ein – und wachen wieder auf! Auch in den Märchen schlafen Helden ein, um nach hundert Jahren stark und gesund wieder durchs Leben zu gehen. Dornröschen wurde nach langem Schlaf wachgeküßt und alle waren fröhlich und feierten! Wird das Einschlafen mit dem Tod in Zusammenhang gebracht, können leicht Einschlafängste ausgelöst werden oder die sichere Erwartung, die Oma würde wieder aufwachen. Das Begreifen der ohnehin schon schwer zu begreifenden Endgültigkeit wird erschwert!

»Opa war alt und müde.«
Jedes Kind ist viele Male am Tag müde. Kleine Kinder werden besonders oft müde, erholen sich rasch wieder, spielen weiter, werden wieder müde . . . Der Kreislauf von Aktivität und Passivität, von Laufen, Spielen, Lachen einerseits und Ausruhen, Schlafen, Erholen, Müde-Werden andererseits gehört zu jedem Kinderalltag. Wenn nun Müde-Werden Sterben bedeutet, können Ängste vor alltäglichen Lebenserfahrungen auftreten. Und was passiert mit der Mutter, die müde wird und sich nach dem Mittagessen niederlegt? Wird sie auch sterben? Kinder können solche Wort- und Begriffsverknüpfungen beunruhigen. Da kann es schon vorkommen, daß die schlafenden Eltern eine kleine Kinderhand spüren, die die Augenlider aufhebt, die an den Armen rüttelt: »Papa bist du tot?« »Mami, nicht müde sein!«

»Wir haben Tante Klara verloren.«
Wenn wir etwas verloren haben, werden wir es suchen! So denken und handeln Erwachsene. So denken und handeln auch Kinder. Aber daß Menschen »verloren gehen« ist schwer zu begreifen – es sei denn, sie haben sich verirrt. Im dunklen Wald, so wie Rotkäppchen. Oder im riesengroßen Kaufhaus, im dunklen Keller, in der fremden Stadt. »Warum haben wir nicht besser aufgepaßt auf Tante Klara? Werden die Eltern mich auch verlieren?«, so oder so ähnlich äußern sich Trennungsängste, die als Folge der Verknüpfung von Tod und Verlorengehen entstehen können.

»Gott hat Onkel Hannes zu sich genommen, weil er . . . (schon so müde war, so ein guter Mensch war, ihn bei sich haben wollte . . .)«
Das Sterben eines Menschen als Gottes Wille zu erklären ist für viele Eltern eine gute Möglichkeit, den Kindern auch ein Stück religiöses Verständnis und religiösen Halt mit zu geben. Aufpassen sollte man aber mit den Erklärungen.
»Was ist das für ein Gott, der geliebte Menschen einfach wegnimmt, nimmt er Mama und Papa auch weg, vielleicht mich?«
Kinder sind sehr oft mit ganz einfachen Sätzen zufrieden. Es genügt, einfach zu antworten und abzuwarten, ob noch Fragen kommen bzw. nachzufragen, welche Vorstellungen sich für die Kinder selbst aus einem Satz ergeben. Das Bedürfnis nach tieferen Erklärungen, nach einer grundsätzlichen Auskunft über das »Warum« ist meist nicht nötig und entspringt eher dem Bedürfnis der Erwachsenen. Die Antworten der Kinder und die neu gestellten Fragen können wie ein roter Faden durch das Gespräch führen und helfen herauszufinden, was das Kind wirklich beschäftigt und was es begreifen kann.

»Emma ist auf eine lange Reise gegangen.«
Kinder können durch die gedankliche Verbindung zwischen Reise und
Tod vor vielen Fragezeichen stehen: Warum hat Emma sich nicht verabschiedet? Wohin ist sie denn gefahren? Wie schaut es dort aus? Warum
schreibt sie keine Ansichtskarte? Was wird sie wohl mitbringen? Wann
kommt sie wieder zurück? Und was heißt lang? Ist sie zu meinem Geburtstag wieder da? Wird sie Weihnachten mit uns feiern? Vielleicht kann
ich sie suchen gehen!?
Wiederum ist die getroffene Wortwahl nicht geeignet, Kindern den Gedanken der Endgültigkeit näherzubringen. Das, was für Erwachsene eine
schöne und oft auch berührende lyrische Umschreibung des Todes und
des Sterbens ist, kann Kinder in Verwirrung stürzen.

»Ernst war krank.«
Diese nüchterne Aussage kann sehr hilfreich sein, die Ursachen des Todes
einem Kind klar zu machen. Ergänzend ist es aber notwendig, bei kleinen
Kindern viele »sehr« dem »krank« voranzustellen. Kinder haben einen
Schnupfen, bekommen Masern, haben Bauchweh oder Kopfweh – sie
wissen, was »krank« bedeutet. »Mami, ich habe so Bauchweh, muß ich
jetzt sterben?« kann die Angst eines Kindes ausdrücken, das *tot* und *krank*
gedanklich verbunden hat. Kinder brauchen keine langen Krankenge-
schichten oder ins Details gehenden Schilderungen von Schmerz und
Leid der Verstorbenen. Meist genügt es, »sehr, sehr, sehr krank« zu wiederholen.

WICHTIG: Einfach und klar die Endgültigkeit betonen!

> Tot ist tot.
> Walter kommt nicht mehr zurück.
> Oma kann dir nie mehr Geschichten vorlesen.
> Opa wird nicht mehr zu Weihnachten bei uns sein.
> Anna schreibt keine Briefe mehr.
> Tante Paula kann nie mehr ein Geburtstagspaket schicken.
> Tot ist tot.

4.6 Trösten statt Vertrösten: Die Kunst einfühlsamer Begleitung

Oft ist es schwer, die richtigen Gesten und Worte zu finden, um Trost zu
spenden. Für Erwachsene und in einem noch viel größeren Ausmaß für
Kinder ist es wichtig, Trost zu erfahren und nicht vertröstet zu werden.

Trost bedeutet:
Ich nehme dich in deinem Schmerz wahr – **jetzt**.
Ich bin bereit, auf dich zuzugehen – **jetzt**.
Ich will versuchen, ganz für dich dazu sein – **jetzt**.
Ich weiche dir nicht aus – **jetzt**.
Ich höre dir zu – **jetzt**.
Vertrösten würde ein Aufschieben bedeuten, ein Wegschieben, ein Ausweichen. Durch so eine Haltung fühlt der Trauernde sich allein und im Stich gelassen. Vertrösten bedeutet, den Schmerz des anderen verkleinern, verharmlosen, nicht ernst nehmen. Vertrösten macht einsam.

Was kann trösten?
- Schmerz und Tränen aushalten
- Fragen, Klagen, Anklagen . . . zulassen
- Körperkontakt möglich machen
- Zeitnehmen/Zeithaben/Zeitgeben
- Gemeinsames Traurigsein
- Traueraktivitäten unterstützen, begleiten
- Selbst ruhig bleiben und Da-Sein

Gerade wenn Kinder traurig sind, möchten viele Erwachsene trösten – und doch sind die meisten Trostversuche Vertröstungen. Kinder sollen doch unbeschwert und unbelastet sein! So werden Kindertränen vorschnell weggewischt, wird allzu rasch ein neuer Tiergefährte besorgt, werden Spielsachen zur Ablenkung gekauft oder ein Tapetenwechsel vorbereitet.

Das, was Kinder in Verlustsituationen jedoch brauchen, wäre die Bereitschaft, den Schmerz der Kinder ernst zu nehmen – egal, ob es sich um eine verlorene Puppe, eine überfahrene Katze, den verunglückten Spielgefährten oder den verstorbenen Opa handelt. Auch wenn es darum geht, daß durch eine körperliche Behinderung, durch eine schwere Erkrankung das Leben des Kindes nachhaltig beeinträchtigt oder sogar vom Tod bedroht ist, ist Trost und nicht Vertrösten oft der einzige Lichtblick.

Wie gut Erwachsene trösten können, wird u. a. auch davon abhängen, ob sie selbst vom Verlust stark betroffen sind (vgl. 4.2).

Was gehört zum guten Trösten?
- Alle Gefühle zulassen
- Individuelle Trauerformen annehmen
- Alle Reaktionen respektieren
- Kummer-Tränen fließen lassen
- Aggressive Ausdrucksformen aushalten (verbal/nonverbal)
- Lachen *und* Weinen akzeptieren

- Entwicklungsrückschritte richtig einordnen
- Nähe zulassen
- Einfach-Sein
- Zusätzliche Veränderungen vermeiden

Manchmal ist es den Erwachsenen gar nicht bewußt, daß ihre Worte und ihr Verhalten beim Kind nicht als Trost ankommen. Sie wollen dem Kind etwas Gutes tun, wollen es schonen, ablenken und die große Last von der Kinderseele nehmen. Manchmal ist es aber auch die Furcht, den Kindertränen nicht wirklich richtig begegnen zu können.
Einige Beispiele sollen zeigen, was mit »vertrösten« gemeint ist.

»Peter, dafür bist du wirklich noch zu klein.«
»Andrea, ich habe jetzt keine Zeit für dich, morgen . . . .«
»Maria, ich erzähle dir ein anderes Mal ausführlich von Oma.«

Diese Sätze stellen ein *Vertrösten auf später* dar. Sie lösen im Kind ein Gefühl der Einsamkeit aus. Kinder fühlen sich nicht ernst- und in ihrer Situation nicht angenommen. Auch können durch solche Vertröstungen der Kinderfragen und Kinderängste Vorstellungen und Phantasien gefördert werden, die in den meisten Fällen viel dramatischer und bedrohlicher sind, als es die Wahrheit ist.

»Nicht weinen, Andreas . . ., schau dort, die lieben Schafe.«
»Ist ja schon gut, Camilla . . ., gehen wir ein Eis essen.«
»Hanna, komm und laß das Weinen, ich lade dich ins Kino ein.«

Vertrösten durch Ablenken deckt die Fragen und Schmerzen der Kinder und Jugendlichen zu. Wiederum bleibt Einsamkeit und das Gefühl, nicht verstanden zu werden, zurück. Das Ablenken von kindlichem Schmerz, das Wegwischen kindlicher Tränen entspringt sehr oft der Unfähigkeit Erwachsener, Kinderleid auszuhalten – zu sehr rührt es an unser Herz und manchmal an unsere eigenen ungeweinten Kindertränen . . .

»Lena, morgen schaut alles ganz anders aus.«
»Kind, die Welt geht nicht unter! Das Leben geht weiter!«
»Anreas, du wirst sicher bald jemanden anderen finden.«

Vertrösten durch Übergehen des momentan auftretenden Schmerzes, der aktuellen Trauer um einen Verlust. Es sind oft die kleinen alltäglichen Verluste, die Erwachsene oft »übersehen« und bagatellisieren. Für ein kleines Kind ist es schlimm, wenn die Sonnenblume, die es lange gehegt und gepflegt hat, eines Tages abgeknickt am Boden liegt. Da geht für einen Augenblick tatsächlich die Welt unter! Wie muß sich da ein kleiner Gärtner fühlen, der zum »Trost« hört: »Die Welt geht deshalb doch nicht unter, schau, da gibt es ja noch andere Sonnenblumen!«?

> »Wer weiß, wozu es gut war, Axel.«
> »Agnes, du kannst vielleicht etwas daraus lernen.«
> »Ich kann mir schon vorstellen, wie du dich fühlst, aber daran kannst du wachsen.«

Vertrösten durch Schaffen von Distanz und Flucht in Floskeln. Mit dieser Form des Vertröstens hält man sich den Schmerz und die Trauer des Kindes oder Jugendlichen vom Leib. Nähe, Wärme und Verständnis können nicht aufkommen, und die Betroffenen fühlen sich meist »abgespeist«. Rückzug und Kontaktverweigerung können die Folge sein.

Die Trauerbegleitung besteht häufig darin, durch ganz einfache und kleine Aufmerksamkeiten den Trauernden das Gefühl echter Anteilnahme und Verständnis zu vermitteln. Wichtig dabei ist es, jenen Rahmen der Sicherheit und Geborgenheit zu schaffen, in dem alle Gefühlsregungen ihren akzeptierten, nicht bewerteten Platz finden.

Auf einen einfachen Nenner gebracht, bedeutet eine einfühlsame Begleitung:

DASEIN und BEREITSEIN
ZUHÖREN
NICHTS (BE)WERTEN
SICH SELBST ZURÜCKNEHMEN

Viele kleine Gesten der Verbundenheit und Anteilnahme können neben einfühlsamen Worten in der Begleitung trauernder Kinder/Jugendlicher gesetzt werden. Dabei ist es wichtig, zu entscheiden, was für uns und für den Augenblick gerade »paßt«. Hier einige praktische Beispiele aus einer langen Liste von Hilfsangeboten:

Für Kinder und Jugendliche

— Spaziergänge in freier Natur
— Die Möglichkeit zum Spielen und Herumtollen geben
— Anbieten »normaler« Aktivitäten: Kinobesuch, Pizza-Essen, Eisdiele
— Kleine Geschenke: Bilder(Bücher), Steine, bunte Kugeln
— Gemeinsamer Gang auf den Friedhof

- Einen »Abschiedsbrief« an den Verstorbenen schreiben lassen
- Gedanken und Vorstellungen zu Papier bringen lassen (Zeichnungen, Gedichte, Texte, Tagebuch)
- Ermutigung zum Erzählen: alles aussprechen lassen
- Kontakte zu Kindertrauergruppen (Rainbow-Gruppen) herstellen

Für mitbetroffene Erwachsene

- Regelmäßiger Telefonkontakt
- Briefe mit persönlich gehaltenen Aussagen
- Einladungen (zum Essen, Spazierengehen)
- Übernahme von dringenden Einkäufen
- Hilfestellung bei Hausarbeiten
- Angebot, auf die Kinder aufzupassen, um Freiraum für den Erwachsenen zu schaffen (z. B. Besuch beim Friseur oder Massage)
- Blumen schenken
- Gemeinsamer Konzertbesuch oder Stadtbummel
- Konkrete Hilfestellung bei Behördenwegen
- Kuchen, Keks backen
- Vermittlung von Kontaktadressen (Therapeuten, Trauergruppen)

Trauerbegleitung – von Kindern und Erwachsenen – ist immer eine spezielle Beziehungsaufgabe und hat lebensbegleitenden Charakter. Nicht immer zeichnet sich unsere Begleiter-Rolle über einen längeren Zeitraum ab; manchmal werden wir sozusagen »über Nacht« zu »Trauerexperten« gemacht, müssen auf der Stelle und sofort mit Trauer-Emotionen zu Rande kommen. Freundin oder Freund in der Trauer zu sein, das hängt von unseren persönlichen Fähigkeiten ab, wie gut wir selbst mit dieser »Farbe unseres Lebens« umgehen können.

Anzumerken ist auch, daß Jugendliche in der Pubertät sich eher Gleichaltrigen anvertrauen und in *Peer*-Gruppen Trost und Unterstützung suchen, weil sie sich dort besser verstanden und aufgehoben fühlen. Auch dies müssen wir als BegleiterInnen akzeptieren und tolerieren. Das Angebot zum Gespräch sollte jedoch immer bestehen bleiben, wie ein geöffnetes Fenster oder eine Einladung ohne Verpflichtung.

4.7 Jedes Alter braucht seinen eigenen Trost: Konkrete Möglichkeiten der Trauerbegleitung von Kindern verschiedener Altersstufen

Unabhängig von ihrem Alter trauern alle Kinder und haben große Sehnsucht nach dem verstorbenen, geliebten Menschen oder Haustier. Natürlich gibt es keine »innere Landkarte«, auf der alle Fortschritte im Trauerprozeß und in der Trauerbegleitung »ausgesteckt« werden können. Wir wissen aber, daß Verlustschmerzen am besten verarbeitet werden, wenn sie offen gezeigt werden, und daß Kinder in einer sicheren, fürsorglichen und harmonischen Umgebung, in der auch das Aufbrechen von Gefühlen und Emotionen unterstützt wird, besser mit einem Verlust umgehen können.

Viele Möglichkeiten zur Trauerbegleitung wiederholen sich und ziehen sich wie ein roter Faden durch alle Altersstufen. Sie variieren nur in der Anpassung an das jeweilige Alter des Kindes/Jugendlichen.

Das Beibehalten bestimmter Grundelemente der Begleitung trägt dazu bei, daß auch in Zeiten großer Niedergeschlagenheit und Trauer bekannte Muster des Trostes ein liebevolles Umfeld für Kinder schaffen, das ihnen hilft, ihren eigenen Trauerweg zu gehen.

Kinder und Jugendliche in ihrer Trauer altersgemäß zu begleiten, setzt neben dem Wissen um den Entwicklungsstand des Kindes sowie seine alterstypischen Vorstellungen und Reaktionsweisen (vgl. 3.2 und 3.3) vor allem viel Einfühlungsvermögen und eine liebevolle Grundhaltung voraus.

Kinder unter 3 Jahren

Im Kleinkindalter fehlen bekanntlich alle kognitiven Voraussetzungen, um das »abstrakte Phänomen« TOD überhaupt begreifen zu können. Daher sprechen diese Kinder von Toten wie von lebenden Menschen und suchen die ihnen vertrauten Personen.

Was können wir konkret tun?
- Keine Veränderung der häuslichen Abläufe und Pflegegewohnheiten
- Essenszeiten, Spielzeiten, Singen, Geschichtenvorlesen alles sollte »so, wie immer« stattfinden, was für die betroffenen Erwachsenen oft sehr schwer ist
- Emotionale Zuwendung: Kleine Kinder können das Geschehen noch nicht verstehen, wohl aber spüren sie die Trauerreaktionen der Erwachsenen um sie herum. Daher brauchen kleine Kinder in dieser Zeit sehr viel Nähe durch Berührungen und Zärtlichkeiten

- Auch in dieser Altersgruppe ist es bereits angezeigt, den Tod beim Namen zu nennen und zu sagen: »Opa kommt nicht mehr zu dir, er ist gestorben oder er ist tot.« Viele Märchen und Geschichten (die vor allem kleine Kinder gerne mögen) beschäftigen sich mit den Themenkreisen Leben – Sterben – Tod – Trauer (vgl. 4.8: Impulse für kreativen Möglichkeiten der Trauerbegleitung)

Kleine Kinder haben noch keine Angst vor dem Tod, später jedoch eine natürliche Trennungsangst. Da die Anwesenheit einer geliebten Bezugsperson für sie von grundlegender Bedeutung ist, kann leicht die Furcht vor dem Verlassenwerden entstehen. Kinder sind sich ihrer Abhängigkeit von den wichtigen Personen ihrer Umgebung bewußt. Bei denjenigen, die früh im Leben ein Verlust-Trauma erlitten haben, kann sich leicht ein Gefühl von Angst einstellen. Oft müssen sie das Trauma wieder und wieder »durchleben« und lernen, die Panik, den Schmerz, die Furcht und die Wut über das Verlassensein loszulassen.

Besonders heftig brechen diese Gefühle auf, wenn ein geliebter Mensch stirbt und sich das Kind besonders im Stich gelassen fühlt. Solche Kinder sind dann sehr verletzlich und bleiben es oft Zeit ihres Lebens. In ihrem Innern nistet sich ein allgemeines Mißtrauen ein, häufig auch eine Angst vor engen Beziehungen (um nicht wieder jemanden zu verlieren) und tiefe Trauer über die Abwesenheit von Liebe. Nicht selten gipfeln dann Verlusterlebnisse nach weiteren Todesfällen (verstärkt durch vorangegangene, nicht aufgearbeitete Verluste) auch in einer Entfremdung von jener Person, die es in seiner Phantasie und in seiner Überzeugung für den Tod oder für die Trennung verantwortlich macht.

Fallbeispiel
Einige Arbeiten von Anna Freud und ihren Kollegen geben einen guten Einblick in Trauerprozesse und Verhaltensweisen trauernder Säuglinge und Kleinkinder. Unter anderem gingen die Wissenschaftler der Frage nach:
»Was geschieht, wenn der Familienverband zerbricht und die Eltern aus dem Gesichtskreis des Kindes früh und plötzlich verschwinden?«
Bei den früh verwaisten Kindern, die in Anstalten groß wurden, zeigten sich zwar bestimmte Besonderheiten (Tempo), doch lernten sie alle früher oder später normal sprechen und gehen, auch konnten sie den Anforderungen an Reinlichkeit und selbständiges Eßverhalten nachkommen. Auffallend anders waren verwaiste Kleinkinder im Vergleich zu in normalen Familienverbänden aufwachsenden Kindern im Bereich der Gefühle, also dem Gebiet des Affektlebens. Das in den ersten Lebensmonaten auftauchende Bedürfnis, eine enge Beziehung zu einer mütterlichen Person herzustellen, blieb im Anstaltsleben mehr oder weniger unbefriedigt und zeigte nachhaltige Folgen. Der weitere Schicksalsweg dieser Kind konnte verschieden verlaufen: Manche Kinder gaben nach den ersten Enttäuschungen die Suche nach einem Mutterersatz auf und zogen sich auf sich selbst zurück. Ihre Liebesfähigkeit, die in der Beziehung zur Mutter eine erste, entscheidende Frühblüte entfalten sollte, verkümmerte für das ganze spätere

Leben. In anderen Fällen hatte die frühe Versagung auf dem Gebiet des Gefühlslebens die umgekehrte Wirkung: Solche Kinder übersteigerten ihren Wunsch, einen Mutterersatz zu finden und waren unaufhörlich auf der Suche nach neuen möglichen Liebesobjekten. Sie schlossen sich leichter an neue Pflegepersonen an, ließen sie ebenso schnell wieder fallen, waren häufig anspruchsvoll, scheinbar leidenschaftlich, aber immer wieder enttäuscht und unbefriedigt.

Die Wissenschaftler haben auch auf mögliche Reaktionsformen auf diese frühen Verlusterfahrungen hingewiesen:

- Wiederholen des Schockerlebnisses in Spiel und Phantasie;
- Regression auf Verhaltensweisen früherer Entwicklungsstufen;
- schrittweise innere Loslösung von den Eltern;
- Rückschritte in vielen moralischen und sozialen Errungenschaften; Entfremdung zur Herkunftsfamilie;
- Versuche, in einer schrittweisen, inneren Loslösung von den ersten Bezugspersonen eine sogenannte zweite Gefühlswelt mit neuen Bezugspersonen aufzubauen;
- Trauer über das Alleingelassensein und Mangel an emotionaler Geborgenheit und Wärme lassen Altersgenossen oft zum »Spielzeug« werden;
- Übernahme von sozialen Rollen untereinander, die in Familien von Vater/Mutter übernommen werden.

Eine weitere wichtige Beobachtung der Forscher hat gezeigt, daß kleine Kinder schreckliche Erlebnisse – etwa Bombenangriffe, Vernichtung, Tod und Kriegsschrecken – seelisch verhältnismäßig gut überstanden haben, wenn sie nicht von ihrer Familie – speziell von ihrer Mutter – getrennt wurden. Die Möglichkeit schwerer psychischer Schädigung wird in solchen Zeiten erst dann akut, wenn das Kind von seiner Familie, besonders von seiner Mutter getrennt und in ein »Niemandsland der Gefühle« verstoßen wird. Diese Kinder reagieren auf solche Trennungen von ihren primären Liebesobjekten mit tiefer Trauer, wütendem Heimweh, völliger Verstörung und Apathie, Zwangshandlungen und psychosomatischen Reaktionen, verzweifeltem Anklammern an Dinge oder Worte, die sie an das Verlorene erinnern können.

(FREUD, A./ BURLINGHAM, D.)

Kinder zwischen 3 und 5 Jahren

Tod ist in diesem Alter noch ein vorübergehender Zustand, und erst langsam werden vage Todesvorstellungen entwickelt. In diesem Alter assoziieren Kinder Tod mit Dunkelheit und Bewegungslosigkeit.

Was können wir tun?

- Das starke Bedürfnis von Kindern in dieser Altersgruppe, den Tod zu erforschen, unterstützen.
- Ermutigung der Kinder, Fragen zu stellen und sich an Gesprächen in der Familie zu beteiligen (vgl. 4.5. Hilfen, Kinderfragen zu begegnen).
- Klare Antworten auf alle Fragen.
- Erklären von Krankheiten und Aufzeigen der Möglichkeit, daß nach *sehr, sehr* schwerer Krankheit jemand auch sterben kann oder nach *sehr, sehr* schweren Verletzungen bei einem Unfall.

- Förderung des kreativen Ausdrucks: z. B. Malen eines Bildes von der Beerdigung.
- Lob und Anerkennung: Kinder brauchen in dieser Zeit neben Sicherheit gerade Lob und Anerkennung für alle ihre Aktivitäten und Arbeiten zur Stärkung des eigenen Selbstwertgefühls.

Auch gegenüber dieser Altersgruppe sollten auf keinen Fall die Trauerreaktionen der Erwachsenen verborgen werden. Die Kinder lernen daraus, daß zu weinen und tiefe Traurigkeit zu zeigen, ein normaler, natürlicher Weg sind, um starke Gefühle auszudrücken.

Folgende Fragen und Überlegungen können helfen, die feinen Botschaften des trauernden Kindes aufzunehmen:
- Spüre ich das Kind heute? Welchen Eindruck vermittelt es mir? Habe ich den Eindruck, daß es hier und im Raum ist?
- Was lese ich in seinem Gesichtsausdruck?
- Sucht das Kind Augenkontakt, Körperkontakt zu mir?
- Hat es Kontakt zu den anderen Kinder? Spielt es mit oder zieht es sich in eine Ecke zurück?
- Was bringt das Kind in seinem unsichtbaren Rucksack von zu Hause mit?
- Was bewirkt sein Anblick bei mir? Verändert es meine Stimmung oder gar meine Einstellung dem Kind gegenüber?

Eine gute Möglichkeit, mit einer Kindergartengruppe ins Gespräch über Tod und Sterben zu kommen, ist, wenn die Kinder ein totes Tier im Garten finden oder einem Kind das Haustier gestorben ist. Das Erzählen über das verstorbene Tier löst Anspannungen und ermöglicht Trauerreaktionen – durchaus auch im Sinne einer »vorbereitenden« Trauer bei Kindern, die nicht unmittelbar von einem Verlust betroffen sind.

Fallbeispiel:
»Wie geht es Bambi heute?« fragt die Kindergärtnerin den vierjährigen Johannes, der sein Plüschtier eng umschlungen hält und scheu zu der jungen Frau hochblickt. »Er ist traurig«, erwidert er, »weil Mama nicht da ist, um ihm Frühstück zu machen.« Die Kindergärtnerin nickt. »Möchte Bambi mit uns spielen?« fragt sie einfühlsam. »Nein«, antwortet der Junge, »er möchte lieber zuschauen.« Sie nickt erneut und erhebt sich aus der Hocke, um die anderen Kinder zusammenzurufen und zu einem gemeinsamen Spiel aufzufordern. Nachdem jeder beschäftigt ist, setzt sie sich auf einen Stuhl und beobachtet Johannes nachdenklich.
Es war nicht leicht für sie, sich der Situation anzupassen, daß der Bub seine sämtlichen Gefühle und Wünsche auf das Stofftier projiziert und sich auf diese Weise ausdrückt. Aber sie hat gelernt, ihn zu verstehen. Sie kennt die Geschichte des Rehkitzes »Bambi«, denn sie hat den Zeichentrickfilm zusammen mit ihrer kleinen Nichte gesehen, und sie

kennt auch die Geschichte von Johannes, dessen Mutter vor über einer Woche bei einem Unfall ums Leben gekommen ist. Die Parallelen sind unübersehbar: auch Bambis Mutter stirbt, als er sich noch im Kindesalter befindet.

Durch das Plüschtier hat Johannes eine Art »Leidensgenossen« gefunden, jemanden, mit dem er seine Empfindungen gleichsetzen kann. Sobald die Kindergärtnerin begonnen hat, dies zu verstehen und darauf einzugehen, ist er viel offener geworden und hat sich wieder in die Gemeinschaft integriert, hat gelernt, seinem Schmerz über den Verlust seiner Mutter Ausdruck zu verleihen.

Sie bemerkt, wie Johannes aufsteht und zu ihr hinübergeht, zu einem Menschen, der Tag für Tag an Wichtigkeit in seinem Leben zunimmt. Er stellt sich vor sie hin und sagt: »Bambi möchte doch mitspielen.«

(TROPPER, E.)

Kinder zwischen 5 und 9 Jahren:

Kinder in diesem Alter haben bereits wichtige Schritte in ihrer Entwicklung und Verständnisfähigkeit gemacht. Sie sind bereits viel stärker in ein soziales Netz (auch außerhalb der Familie) eingebunden. Allmählich wird ein realistischer Zugang möglich, auch wenn noch immer ein tieferes Verständnis für die Endgültigkeit des Todes fehlt. Tod in diesem Alter ist immer noch ausschließlich der Tod anderer Menschen und kann nicht auf die eigene Person bezogen werden. In dieser Altersgruppe stehen vor allem Verlust- und Trennungsängste im Vordergrund. Häufig kommen Fragen wie: »Was ist, wenn du auch stirbst?« oder »Was wird aus mir, wenn du weggehst?«

Deprimiertheit, Trauer, Ärger, Schuld, Sehnsucht, Angst und Verwirrung sind einige der Gefühle, die in Kindern dieses Alters entstehen können. Möglicherweise sind diese Gefühle neu und noch nicht vertraut und führen zu Überforderung und Gefühlschaos. Im Versuch, diese Gefühle abzuschwächen oder gar auszulöschen, ignorieren Kinder sie vielleicht oder verbergen sie tief in ihrem Inneren.

Was können wir tun?
- In einer offenen, ehrlichen und klaren Sprache über den Tod sprechen.
- Erklären Sie vorsichtig, aber direkt die Umstände, die zum Tod geführt haben. Kinder in diesem Alter wollen wissen, WARUM dieser Mensch im Sterben liegt oder gestorben ist.
- Auf die Reaktionen und Gefühle des Kindes achten.
- Nehmen Sie sich Zeit, um das Kind in Ruhe und Gelassenheit über seine Ängste und Sorgen sprechen zu lassen.
- Hilfreicher als alle Ratschläge und Belehrungen ist immer AKTIVES ZUHÖREN.

- Kinder müssen die Möglichkeit erhalten, in Geborgenheit und ohne Unterbrechungen alles sagen zu dürfen (auch Anklagen oder wütende Äußerungen).
- Das Kind muß unser Bemühen spüren, seine Gefühle und Wünsche zu erkennen und zu verstehen und seine innere Bilderwelt kennenzulernen.
- Die gemeinsame Geschichte mit dem Verstorbenen »durchleben« (Reise durch die Welt der Erinnerungen mit Fotoalben, Filmen etc.)
- Einbeziehen der Kinder in Fragen der Verabschiedung und Begräbnisgestaltung. Sie haben dabei das Gefühl, noch etwas für den Verstorbenen tun zu können.

Fallbeispiel

Tante Ria war die Lieblingstante der kleinen Marie. Die Beziehung zwischen dem Kind und der jüngsten Schwester ihres Vaters war sehr intensiv. Auch Marie war die Jüngste in ihrer Familie und sie fühlte sich von ihrer Tante in allen kleinen und großen Nöten einer »Jüngsten« sehr verstanden. Durch die regelmäßigen Besuchen der Tante, die auch weite Anreisen aus dem Ausland nicht scheute, festigte sich die Beziehung zwischen Tante und Nichte. Doch dann erkrankte Tante Ria an Krebs. Während der lange Monate der Krankheit schrieb Marie ihr viele kleine Briefe, schickte Zeichnungen und kleine Basteleien. Am wichtigsten waren jedoch die Telefongespräche. Marie hatte keine Scheu sehr offene und direkte Fragen zu stellen. Und Tante Ria besaß die Gabe, ihre Nichte behutsam und doch sehr deutlich auf ihren bevorstehenden Tod vorzubereiten:

Ja, sie sei sehr, sehr krank.

Nein, sie könne nicht mehr gesund werden.

Ja, sie würde bald sterben müssen.

Nein, sie würde nicht mehr zu Besuch kommen können . . .

Marie will das alles nicht glauben. Wieder und wieder fragt sie nach. Sie ist wütend, verzweifelt und traurig. In Marie steigt eine Angst empor, die sie nicht genau benennen kann. Sie hat plötzlich vor vielen Dingen Angst.

Dann, an einem kalten Dezembertag, stirbt Tante Ria. Die Mutter sagt es Marie. Sie suchen ein Foto von Tante Ria und stellen es auf den Küchentisch. Dann holt die Mutter eine Kerze, zündet sie an und stellt sie ins Fenster.

Einen Tag vor der Abfahrt zum Begräbnis von Tante Ria kommt Marie am Abend auf Zehenspitzen in das Schlafzimmer der Eltern. Vorsichtig zieht sie die Decke weg und schlüpft zu ihrer Mutter. »Ich kann nicht einschlafen Mami, ich muß immer an Tante Ria denken und an das Weihnachtsgeschenk, das ich schon für sie gemacht habe. Was wird jetzt daraus?« Die Mutter zieht das Kind enger an sich, muntert es durch Gesten und Worte auf, weiter zu sprechen: »Was würdest du den gerne mit dem Weihnachtsgeschenk machen?« Schweigen. Dann kommt es leise und schüchtern aus Maries Mund: »Das Geschenk gehört Tante Ria. Sie soll es bekommen – auch wenn sie tot ist. Ich möchte es ihr mit ins Grab legen. Vielleicht freut sie sich auch im Himmel darüber . . . Darf ich?« Die Mutter nickt und streichelt Marie. Tränen strömen über das Kindergesicht, doch es sind nicht nur Tränen der Trauer und des Schmerzes, es sind auch Tränen der Erleichterung. Marie weiß jetzt, daß sie das Weihnachtsgeschenk als letzten Gruß auf den Sarg von Tante Ria legen wird.

An einem feucht-kalten Dezembertag wird Tante Ria im Kreis ihrer Familie, ihrer Freunde und Kollegen begraben. Rosen werden als letzte Grüße ins offene Grab geworfen – bis Marie ans Grab tritt. In ihrer kleinen Hand hält sie ein festlich geschmücktes Päckchen. Sie schaut es lange an, dann schaut sie auf den Sarg und schließlich wirft sie das Päckchen auf den mit Rosen bedeckten Sarg ihrer geliebten Tante.

Als Marie zu Weihnachten eine Kerze am Weihnachtsbaum für Tante Ria anzündet, huscht ein Lächeln über das von blonden Locken umrahmte Kindergesicht: »Jetzt freut sich Tante Ria über mein Weihnachtsgeschenk!«
(SPECHT-TOMANN, M.)

Kinder von 10 – 14 Jahren

In diesem Alter wird der Tod bereits als unausweichlich und abschließendes Ereignis erkannt und dieser Tod bedeutet definitiv: endgültige Trennung und endgültiger Liebesverlust. Die heranwachsenden Jugendlichen machen sich auch Gedanken über ihre eigene Sterblichkeit und Durchleben die Trauerphasen wie Erwachsene. Beim Tod eines nahen Angehörigen wird auch immer wieder die Sinnfrage für das eigene Leben gestellt. Sie erfassen auch die Bedeutung von Ritualen und verstehen, wie es zu dem Todesfall kam und sind sich der persönlichen Auswirkungen bewußt.

Was können wir tun?
— Teenager brauchen Gelegenheit, ungestört Zeit mit Ihnen zu verbringen.
— Sie brauchen auch die Möglichkeit, alle ihre Gefühle ausdrücken zu können, ohne ihr Selbstwertgefühl zu gefährden.
— Sie brauchen Raum und Zeit für sich allein, um zurückgezogen z. B. laut Musik hören zu können.
— Gespräche dürfen nie aufgezwungen werden; der junge Mensch selbst entscheidet, WANN der richtige Zeitpunkt dafür ist.
— Versetzen Sie sich selbst in Ihre Jugendzeit und erinnern sie sich selbst an ihre Gefühle und Bedürfnisse. So bekommen Sie wieder Kontakt zu jenen heftigen und auch widersprüchlichen Gefühlen und Emotionen dieser Altersgruppe.
— Klare, offene und ehrliche Antworten auf alle Fragen nach Ursache oder Umständen des Todes sind wichtig. Auch das ehrliche Eingestehen, etwas nicht zu wissen, kann eine Antwort sein.
— Kein Aufschub wichtiger Informationen oder Auswirkungen. Wenn z. B. der Tod einschneidende Folgen für die Familie hat, müssen die Jugendlichen das wissen.
— Teilnahme an allen Ritualen und Verabschiedungsfeierlichkeiten ermöglichen.

- Teenager brauchen auch Unterstützung, um ihre Eß-, Schlaf- und Freizeitgewohnheiten beizubehalten und um sobald wie möglich in ihren Alltag zurückkehren zu können.
- Auch in der »allgemeinen Zeit der Trauer« den jungen Menschen individuelle Gestaltungsmöglichkeiten offen lassen und auch unkonventionelle oder »unpassende« Aktivitäten unterstützen (z. B. Tanzstunde, Kinobesuch, Klassenfahrt etc.).

Verschiedene Aussagen und Erzählungen betroffener Jugendlicher sollen abschließend ein Bild von der ganzen Bandbreite möglicher Gedanken und Gefühle geben. In vielen Aussagen liegt bereits der Schlüssel zu einem Dialog oder für eine behutsame Begleitung. Aussagen zum Thema »Was ich über den Tod denke« können erste Wegweiser sein, wo die Jugendlichen stehen und welcher Weg in der Begleitung eingeschlagen werden kann.

Beispiele: »Wie ich über den Tod denke!«

Ich rede eigentlich nicht so gerne über den Tod, aber ich glaube daran, daß alle Seelen von den Menschen in einen neuen Menschen kommen, denn wie mein Uropa gestorben ist, ist am nächsten Tag meine kleine Cousine auf die Welt gekommen und ich glaube, daß seine Seele in ihr weiterlebt. Aber ich habe auch meinen Opa verloren, dessen Tod ich noch immer nicht verkraftet habe. Er starb am Alkohol. Ich habe mich nie von ihm verabschieden können und das finde ich traurig. Ich hätte mich so gerne ein letztes Mal mit ihm ausgesprochen oder ihn ein letztes Mal gesehen. Ich bin noch immer so traurig, aber ich weiß, daß er in Sicherheit ist.
(Conny, 13 Jahre)

Ich habe oft Angst, wenn ich über das Sterben reden muß. Ich habe selbst nur mehr eine Oma. Meine Opas sind schon verstorben und meine andere Oma auch. Leider habe ich schon mehrere Todesfälle erlebt. Mit 11 Jahren bekam ich einen jungen Hund. Er war verspielt und mein Ein und Alles, aber er starb nach drei Tagen an Staupe. Ich bin nicht so, daß ich gerne in der Öffentlichkeit heule, so habe ich immer unter der Dusche geheult. Oft dachte ich mir: »Ich habe alles versucht!« Jeden Tag war ich beim Tierarzt, aber es half nichts.
(Steffi, 13 Jahre)

Als ich sechs Jahre alt war, ist mein Urgroßvater gestorben, und da ist es mir Jahre hindurch ziemlich schlecht gegangen. Dann habe ich zu Hause und in der Schule ziemliche Probleme bekommen und da war ich dann kurz davor, Selbstmord zu begehen. Seitdem habe ich den Tod einfach akzeptiert. Dort, wo es einen Anfang gibt, muß auch ein Ende sein. Geburt und Tod gehören einfach zusammen. Es wäre ja auch schrecklich, ewig leben zu müssen, der Tod ist da auch irgendwie eine Erlösung. Damit, daß ich selber sterben muß, habe ich absolut kein Problem, aber wenn die Menschen, die einem nahestehen, sterben, ist das schon ziemlich hart, vor allem, wenn sie noch jung sind. Wenn in einem Land Krieg herrscht, dann sterben viele Menschen und die Medien können die betroffenen Leute dann nicht einfach in Ruhe lassen, nein, sie müssen sie mit den blödesten Fragen quälen. Das finde ich wirklich wahnsinnig schlimm. Bei mir

ist es auch so, daß es für mich keinen Unterschied macht, ob ein Mensch oder ein Tier stirbt. Menschen sind im Grunde genommen auch nur Tiere, selbst wenn sie den anderen in ihrer Entwicklung ein kleines bisschen voraus sind.
(Heidi, 14 Jahre)

Ich denke zwar nicht sehr oft daran, da mich das Thema nicht interessiert, aber immer wieder einmal denke ich daran, wie es einem Menschen gehen muß, der im Sterben liegt.
Vor einem Jahr z. B. starb mein Onkel an Herzversagen. Eine zeitlang war ich sehr traurig und dachte mir, wie es sein muß, wenn ich einmal im Sterben liege. Nachts träumte ich dann oft, daß ich in einem dunklen Raum war, aus dem es kein Entkommen gab. Oft, wenn wir zu Hause darüber reden, dann bekomme ich eine Gänsehaut und mir wird angst und bange. Als ich 6 war, starb mein Opa an einer Überdosis Tabletten. Damals dachte ich, es sei etwas Natürliches zu sterben, heute bin ich mir nicht mehr sicher. Oft stelle ich mir auch die Frage, warum Menschen geboren werden, wenn sie wieder sterben müssen. Was für einen Sinn hat unser Leben? Wenn ich mir täglich die Zeitung anschaue und die Todesanzeigen lese, fange ich zu weinen an und denke mir: Was ist, wenn es mich einmal erwischt, wenn ich endlich an der Reihe bin? Schließlich muß doch jeder einmal sterben.
Für mich ist der Tod oft etwas Beängstigendes, oft aber auch ein Abenteuer. Es muß wie ein Trip in eine andere Welt sein. Aber ich hoffe, daß ich das nicht sehr bald am eigenen Körper erfahren muß.
(Alexandra, 15 Jahre)

Ich finde es schlimm, wenn jemand, den man gern hat, stirbt und man trauernd zurückbleibt und nichts an dessen Tod ändern kann.
Meist tritt der Tod ganz plötzlich ein, so daß man keine Zeit mehr hat, sich von der Person zu verabschieden. Die Person wird einfach, ohne jegliche Vorwarnung, aus dem Leben herausgerissen.
Ich denke mir oft, daß viele vor dem Tod Angst haben, weil sie nicht wissen, was auf sie zukommen wird.
Wenn ich in den Nachrichten von einem Selbstmord oder einer Familientragödie höre, denke ich immer, daß mir das nie passieren könnte. Doch dann erinnere ich mich daran, daß unsere Nachbarin Selbstmord begangen und ihren 17jährigen Sohn alleine zurückgelassen hat. Dies ist der Beweis, daß der Tod oft näher ist, als man denkt.
(Anna, 15 Jahre)

(TROPPER, D.: Erlebnisse mit trauernden Kindern, unveröffentlichter Text 1999)

Anzeichen für eine therapeutische Unterstützung

Bei der Begleitung von Kindern und Jugendlichen sollten aufmerksam die Anzeichen einer Depression – ungewöhnliche Schweigsamkeit, Müdigkeit, Rückzugstendenzen, Veränderungen in Eß- und Schlafgewohnheiten, Hoffnungslosigkeit und fehlendes Interesse auch gegenüber Lieblingsbeschäftigungen – beobachtet werden. Therapeutische Hilfe ist angezeigt, wenn Kinder mit ihrem Trauern große Schwierigkeiten haben.

Mögliche Anzeichen für notwendige, therapeutische Hilfestellung sind:
- Extreme Verhaltensänderungen
- Unverhältnismäßig heftiges, langanhaltendes Weinen
- Häufige und langanhaltende Wutausbrüche
- Deutliche Verschlechterung der schulischen Leistungen
- Langanhaltende Phasen des Rückzugs und Niedergeschlagenheit
- Kein Interesse oder Freude an Aktivitäten, die früher Spaß gemacht haben
- Alpträume, Schlafstörungen, Appetitlosigkeit und Gewichtsverlust
- Häufige Kopfschmerzen oder andere psychosomatische Störungen
- Ständige negative Gedanken über die Zukunft und das eigene Leben

Wenn diese Verhaltensweisen über einen längeren Zeitraum auftreten, könnte es sich um Anzeichen für Depressionen oder nicht aufgelöste Trauer handeln. Professionelle psychologische oder therapeutische Begleitung wäre dann dringend angesagt. Wir möchten Eltern und Erziehern Mut machen, mit ihren Kindern den Weg zum Therapeuten oder Arzt dort nicht zu scheuen, wo die eigenen Möglichkeiten erschöpft sind oder die betroffenen Kinder/Jugendlichen große Schwierigkeiten haben, einen Weg aus der Trauer zu finden. Schwierigkeiten von Kindern/Jugendlichen im Zusammenhang mit einer Trauererfahrung sind in aller Regel nicht »Schuld« der Eltern oder anderer Bezugspersonen. Und es ist keinesfalls eine »Schande«, mit großen Belastungen nicht alleine fertig zu werden!

Abb. 25: Gesten des Trostes

Abb. 25 a: »Ich bin bei dir«

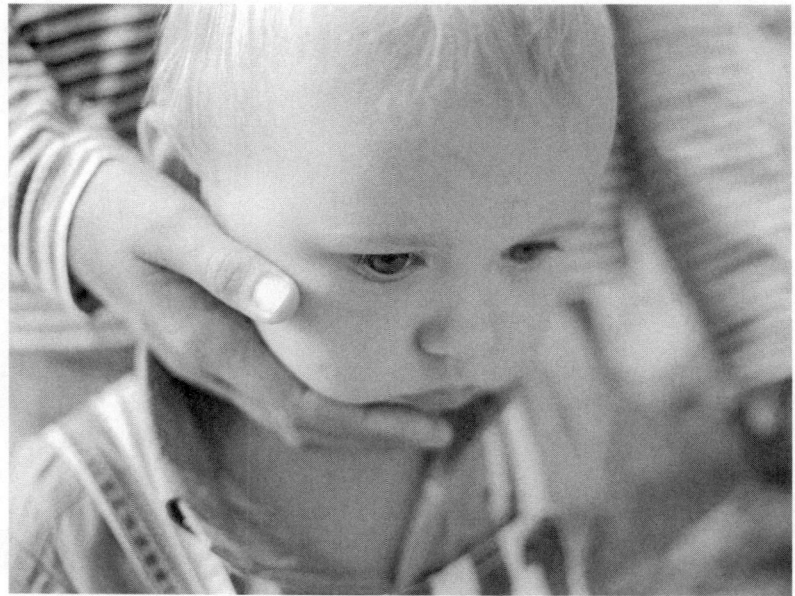

Abb. 25 b: »Ich gebe dir Halt«

Abb. 25 c: »Deine Hand gibt mir Halt«

Abb. 25 d: »Tröstende Nähe«

152

4.8 Impulse für kreative Möglichkeiten der Trauerarbeit mit Kindern und Jugendlichen

In einschlägigen Ratgebern kann man zahlreiche Hinweise auf unterschiedlichste Möglichkeiten der Trauerarbeit finden. Wir möchten im Folgenden einen Schwerpunkt auf jene Formen der Trauerarbeit legen, die sich auf das große Bedürfnis der Kinder und Jugendlichen stützt, mit der verstorbenen Person in irgendeiner Art in Verbindung zu bleiben. Das Bedürfnis, mit dem Verstorbenen innerlich verbunden weiterzuleben, ist gerade bei Kindern groß. Sie suchen dann Orte der gemeinsamen Erlebnisse auf, stellen sich vor, was er oder sie jetzt fühlen, denken oder sagen würde, oder führen einen Dialog mit dem Verstorbenen und erzählen, was sie in diesem Augenblick bewegt. Dieses »Miteinander-verbunden-weiterleben-Können« hilft ihnen, ihre Trauer zu bewältigen.

Anregungen für eine Trauerarbeit, die dem Bedürfnis nach Verbundenheit entgegenkommt

- *Friedhofbesuche*
Das Grab eines verstorbenen Menschen ist als Ort der Erinnerung wichtig. Das Pflegen und Schmücken kann für Kinder sehr tröstlich sein, denn sie fühlen sich einbezogen und erhalten das Gefühl, für den Verstorbenen noch etwas tun zu können. Neben Blumen und Kerzen können Kinder auch andere Dinge zum Grab mitbringen: z. B. ein Windrad oder ein selbstgebasteltes Kreuz oder einen kleinen, mit der Hand geflochtenen Kranz mit bunten Bändern.

- *Fotos aufstellen*
In Trauerfamilien werden manchmal alle Bilder des Toten abgehängt und weggeräumt, oftmals sogar versteckt, um schmerzvolle Erinnerungen nicht aufkommen zu lassen. Eine solche plötzliche Leere wirkt irritierend auf das Kind, denn es entsteht der Eindruck, als sei der geliebte Mensch vollständig aus dem Gedankenkreis und Lebensbereich verbannt, als dürfe man sich seiner nicht mehr erinnern.
Kinder sollten daher in ihrem Kinderzimmer ihre eigenen Fotos aufstellen dürfen. Aus Ton, Holz oder einfach nur aus Papier können Kinder die Rahmen für diese Bilder selbst gestalten.

- *Aus Feiertagen Gedenktage machen*
Alle Feiertage und Jahrestage sind für Familien und Kinder, die einen Verlust erlitten haben, besonders schwer. »Das erste Weihnachten ohne Oma«, »der erste Geburtstag ohne Mama«, »der Sterbetag des kleinen

Bruders«, »der Tag des tödlichen Unfalls von Tante Irene« – all diese Tage lassen die Trauer wieder neu aufbrechen, machen die noch lange nicht verheilten, seelischen Wunden sichtbar.

Mit Kindern können solche Feiertage als Gedenktage gefeiert werden, indem:

— Blumen zu einer selbstgebastelten Karte mit dem Namen des Verstorbenen gelegt werden;
— gemeinsam Erinnerungen und Geschichten über die verstorbene Person ausgetauscht werden;
— ihm/ihr ein Gebet oder ein Gedicht bewußt gewidmet wird;
— ein kleines Fest gefeiert oder ein schönes Abendessen »in memoriam« gegeben oder gemeinsam ein Kuchen gebacken wird.

Wichtig ist immer das GEMEINSAME TUN!

• *Kerzen anzünden*

Kerzen können nicht nur einen festlich gedeckten Tisch schmücken, bei Hochzeiten, Taufen und der Erstkommunion Freude spenden, Kerzen spielen auch bei verschiedensten Bestattungsriten eine wesentliche Rolle. Kerzen strahlen Wärme und ein angenehmes Licht bei Aufbahrungen aus, und sie gehören vor allem zum fixen Bestandteil auf den Gräbern zu Allerheiligen und Allerseelen, als Lichtsymbol gegen die Dunkelheit und als Erinnerung an die Verstorbenen. Kerzen können zu jeder Gelegenheit entzündet werden, gerade dann, wenn wir uns an einen Verstorbenen erinnern.

Größere Kinder und Jugendliche kann man in ein Abschieds- bzw. Trauerritual einbeziehen.

Beispiel

Die Kinder sitzen im Kreis und jedes Kind erhält eine kleine Teelampe. Die erwachsene Person zündet ihr Teelicht an, steht auf und geht zu einem Kind und gibt ihm Licht. Wer ein Licht bekommen hat, wartet mit der Weitergabe, bis die Person sich gesetzt hat und steht erst dann auf, um wiederum mit seiner brennenden Kerze einem anderen Menschen Licht zu geben. Am Ende haben alle im Kreis Sitzenden eine brennende Kerze. Diese können dann z. B. in die Mitte gestellt werden und dabei wird eines lieben, verstorbenen Menschen gedacht oder man spendet in Gedanken einem Lebenden Liebe und Licht. Dieses Lichtschenken eignet sich besonders gut für den Abend, vielleicht auf einer Schullandwoche oder einer Abschlußfeier.

• *Blumen pflücken*

Wir werden an anderer Stelle, wenn es um den Jahreskreislauf geht (vgl. 5.1), darauf zurückkommen, wie wichtig es ist, dieses »Eingebettet-Sein« in die Natur Kindern immer wieder spürbar zu machen. Für trauernde Kinder gehört das Gehen und Sich-Bewegen im Freien zu den heilsamen Möglichkeiten der Trauerbewältigung. Bewußt einen Strauß

Vergißmeinnicht, Maiglöckchen, Zyklamen zu pflücken oder blühende, grüne oder schon herbstliche Zweige zu nehmen und dabei an den Verstorbenen zu denken, kann heilsam sein. Die Natur mit ihrer Vielfalt und ganz besonders die Blumen spiegeln uns die jahrtausendealte Weisheit vom Kommen und Gehen, Werden, Wachsen, Blühen und Sterben.

● *Einen Baum pflanzen*
Seit alter Zeit werden Bäume als Kultobjekte verehrt. In Verbindung mit persönlichen Gottesvorstellungen galten Bäume als Orte der Erscheinung von Göttern, die wiederum häufig mit dem Weiterleben in Verbindung standen. Wir kennen den »Lebensbaum«, der bei vielen Völkern gepflanzt wird, wenn ein Kind zur Welt kommt. Eines der schönsten Rituale ist es wohl auch, wenn nach dem Tod eines geliebten Menschen ein Baum gepflanzt wird. Dieses Symbol für neues Leben wird die Erinnerungen an die schönen, gemeinsamen Zeiten zurückbringen. Immer, wenn die Kinder um »Mamas Baum« tanzen, spielen, singen, sich daruntersetzen und auch weinen, klagen oder zornig sind, sich unverstanden fühlen und ihre Sehnsucht ausdrücken, findet eine »lebendige Ehrung« der verstorbenen Mutter statt. Jahres- und Geburtstag, aber auch andere Feste im Jahreskreislauf können mit einem »Baumfest« leichter begangen werden. Solche Festivitäten bieten auch die Möglichkeit, durch Einladen von Verwandten, Freunden und Bekannten, das soziale Netz gespannt zu halten.

● *Ein Gedicht schreiben*
Kinder lieben Gedichte und sollten daher in der Zeit ihrer Trauer angeregt werden, ihre Gedanken in eigenen Gedichten auszudrücken. Solche kleinen Kunstwerke sollten dann in der Klasse oder in der Küche aufgehängt werden und wiederum als Ehrung des Toten, als Erinnerung an das gemeinsame Leben, verstanden werden. Später können die Gedichte in einem kleinen Buch gesammelt und nach Jahren wieder aufgeschlagen werden.

Allgemeine Anregungen für eine kreative Trauerarbeit

Wir möchten als Impuls einige Beispiele bringen, die sich unserer Meinung nach gut für die Trauerbegleitung von Kindern und Jugendlichen eigenen, ohne dabei einen bestimmten Aspekt der Trauerarbeit besonders hervorzuheben. Alle LeserInnen sind aufgerufen, sich von diesen Beispielen leiten zu lassen und selbst Spiele, Lieder, Geschichten, Märchen und Mythen wieder »auszugraben« und in ihrer Arbeit mit Kindern/ Jugendlichen einzusetzen. Diese Lieder, Spiele, Gedichte und Geschichten können nicht nur im Falle eines konkreten Trauergeschehens eingesetzt werden, viele von ihnen eignen sich auch, gleichsam im Vorfeld »vorbereitende« Trauerarbeit anzubieten. Sie können auch helfen, einen Einstieg zu einem Gespräch über Sterben, Tod und Trauer zu finden und so zu einer gelungenen Trauerbewältigung führen.

- *Spiele*

Ein Spiel, das schon unsere Großeltern kannten, ist jenes *vom »Schwarzen Mann«*. Dieser schwarze Mann kann als Symbol für den Tod angesehen werden, er fordert zum Mitgehen auf. Ist man einmal in seiner Gesellschaft, so muß man ihn unterstützen, auf seiner Seite bleiben.

Spielanleitung:
Auf der einen Schmalseite des Spielplatzes steht der Schwarze Mann, ihm gegenüber, auf der anderen Seite alle anderen Kinder. Schwarzer Mann: »Wer fürchtet sich vor dem Schwarzen Mann?« Die Kinder: »Niemand!«
Schwarzer Mann: »Wenn er aber kommt?« Die Kinder: »Dann laufen wir davon!«
Nun laufen die Kinder zur gegenüberliegenden Platzseite. Der Schwarze Mann versucht, ein Kind zu fangen.
Glückt ihm dies, so nimmt er es als Helfer und sie fangen nun zu zweit. So wechselt das Spiel von einer Seite auf die andere, bis zuletzt nur noch ein Kind übrig bleibt und sie oder er ist in einem neuen Spiel dann der Schwarze Mann.

Eine andere Variante vom Schwarzen Mann:
Die Kinder sitzen im Kreis. Außen geht der »Schwarze Mann« herum. Er hat ein Tuch in der Hand und ruft: »Schaut euch nicht um, schaut euch nicht um, es geht ein Schwarzer Mann herum! Wer sich umdreht oder lacht, dem wird der Rücken ›schwarz‹ gemacht!« Hinter einem Kind läßt er sein Tuch fallen, geht aber ruhig weiter und ruft seinen Spruch, als ob nichts geschehen sei.
Sobald das Kind, hinter dem das Tuch liegt, es bemerkt, läuft es los und versucht den Schwarzen Mann zu fangen. In der Zwischenzeit versucht der Schwarze Mann den leergewordenen Platz im Kreis zu erreichen. Gelingt es nicht, so muß das andere Kind den Schwarzen Mann spielen.

Für Kinder mit Trauererfahrung bedeutet das Spielritual des Im-Kreis-Gehens ein wichtiges Gegengewicht zum Alleinsein in der Trauer. Die Begegnung mit dem machtvollen, schwarzen Mann wird im Spiel und in der Gruppe nicht als Bedrohung empfunden.

- *Pantomime*

Pantomimische Übungen können mit jeder Altersgruppe gemacht werden und helfen Kindern, sich in die Gefühle der Schwere, Traurigkeit, des Verlassenseins, der Sorgen und der Niedergeschlagenheit einzufühlen. Dabei können die Kinder und Jugendlichen nach Anleitung des Erwachsenen sich schwerfällig, gebückt, mit traurigem Gesicht . . . durch den Raum bewegen.

156

Anleitung:
Jetzt spüre ich die Trauer.
Sie macht mich schwer.
Meine Beine sind müde.
Meine Hände hängen schlaff herunter.
Mein Kopf ist gebeugt.
Mein Rücken krumm und alt.
Jetzt setze ich mich mühsam nieder.
Ich bin so traurig und verstecke meinen Kopf in den Armen.
Ich ringle mich wie ein Regenwurm ein.
(Eine kurze Pause. Die Stille gibt den Kindern die Möglichkeit, in sich hineinzuhören.)
Langsam verändert sich die Trauer.
Ich ringle mich wieder aus.
Ich schaue zum Himmel.
Dort sehe ich einen wunderschönen Regenbogen.
Ich stehe langsam auf.
Strecke und recke mich.
Dann beginne ich langsam zu gehen.
Ich werde schneller und schneller.
Die Kinder laufen durch den Raum.
Jetzt suche ich eine Hand.
Gemeinsam suchen wir wieder ein Paar, bis eine lange Kette entsteht.
Die Sonne scheint.
Und wir sind wieder fröhlich.

(Zum Abschluß können die Kinder noch einen Kreis bilden und einen fröhlichen Tanz tanzen.)

Spannend wird es, wenn sich Kinder zu zweit sich auf eine »stumme« Rolle vorbereiten und belastende Lebenssituationen und -emotionen darstellen müssen. Z. B. die Trauer, die Krankheit, den Tod, das Alter usw., während die anderen Kinder oder Jugendlichen erraten müssen, welche Figur, welches Thema gespielt wurde.

● *Lieder*

Die alten Volkslieder, aber auch einfache Kinderlieder erzählen oft von Leben und Tod. Dieses selbstverständliche Ineinandergreifen von Freude und Schmerz kann auch für die Trauerarbeit herangezogen werden. KindergärtnerInnen und LehrerInnen haben fast immer rasch eine Gitarre oder ein anderes Musikinstrument zur Hand, um die Kinder begleiten zu können.

Zwei Beispiele alter Lieder für den Tages- und Jahreslauf zeigen, wie es nach jeder noch so finsteren Nacht wieder Tag wird und Freude und Licht aufkommt.

Jeden Morgen geht die Sonne auf
Jeden Morgen geht die Sonne auf in der Wälder wundersamer Runde.
Und die schöne, scheue Schöpferstunde,
jeden Morgen nimmt sie ihren Lauf.

Jeden Morgen aus dem Wiesengrund heben weiße Schleier sich ins Licht,
uns der Sonne Morgengang zu kündigen,
ehe sie das Wolkentor durchbricht.
(CLAUDIUS, H./MARX, K.)

Ein altes Reigenlied, frei nach Neidhart von Reuental, das bereits auf das 13. Jahrhundert zurückgeht, zeugt von der immer wiederkehrenden Freude der Menschen, wenn der Winter zu Ende geht und der Frühling ins Land zieht:

Nun will der Lenz uns grüßen
Nun will der Lenz uns grüßen, von Mittag weht es lau;
Aus allen Wiesen sprießen die Blumen rot und blau.
Draus wob die braune Heide sich ein Gewand gar fein
Und lädt im Festagskleide zum Maientanze ein.

Waldvöglein Lieder singen, wie ihr sie nur begehrt,
drum auf zum frohen Springen, die Reis' ist Goldes wert!
Hei, unter grünen Linden, da leuchten weiße Kleid'!
Heija, nun hat uns Kinden ein End all Wintersleid.

Weitere Beispiele für einfache Volkslieder und Weisen, die sich der Verlustthematik annehmen, sind die Ballade »Es waren zwei Königskinder« aus der Sammlung deutscher Volkslieder – die Geschichte zweier junger Menschen, die nicht zueinander kommen konnten – und ein Lied aus dem 16. Jhd. von Johann Rudolf Ahle, das von der Vergänglichkeit der Welt erzählt:

»Was mag doch diese Welt in ihrer Schönheit prangen,
wo alle Macht zerfällt,
und sollt's am Himmel hangen?
Alles was irdisch, muß endlich vergehn,
Musica bleibet in Ewigkeit stehn.
Der Hände Arbeit fällt: Die Zeit wird sie zerreiben.
Ist nichts auf dieser Welt,
das ewig könnte bleiben?«

● *Geschichten und Texte*
Aus der Vielzahl von Geschichten, Märchen und Mythen greifen wir nur zwei Möglichkeiten als Impuls für Erwachsene heraus. Wieder wollen wir dazu anregen, das vorhandene Material, die Bilderbücher und die eigene Literatur auf den Themenkreis Leben – Sterben zu durchforsten und Gedichte, Erzählungen und Märchen auszuwählen, die der eigenen Sichtweise, dem eigenen »Geschmack« und der speziellen Trauerbegleitung entsprechen.

Von Abschied und Neubeginn, auch wie die Isolation in der Zeit der Trauer überwunden werden kann und wie das Alleinsein dazugehört, erzählen auf wunderbare Weise Józef Wilkon und Gisela Krahl in dem Bilderbuch »Klara sucht das Glück«:

».. . vielleicht komme ich eines Tages nicht mehr von der Jagd zurück, meine kleine Klara. Ich habe viel Glück gehabt im Leben. Aber vielleicht bleibt es nicht immer so. Warte nicht zu lange auf mich und sei nicht traurig. Spring einfach ins kalte Wasser und suche auch du dein Glück!« So beginnt die Geschichte der kleinen weißen Robbe Klara.
»Es ist nun schon einmal dunkel und einmal hell und wieder dunkel geworden, und Mama ist immer noch nicht zurück. Aber ganz da hinten, ist sie das? Ach nein, das ist .. . der weiße Berg heißt doch Bär. Sie kommt wohl nicht wieder, ja dann schwimme ich jetzt los.«
Die kleine weiße Robbe schwimmt durch das tiefe Meer und trifft auf ihrer Suche auf allerlei Meeresgetier.
»Hallo, du! Ich suche das Glück. Kannst du mir sagen, wo es ist? So ungefähr die Richtung und wie lange es dauert?«
Aber der Tintenfisch hat wenig Verständnis für diese Frage und verscheucht Klara mit dunklen Tintenwolken.
Auch die Schönfische sprechen nicht mit dem kleinen, einsamen Robbenbaby; der Wal bleibt stumm und der Sägefisch zerstört ihren Schlafplatz auf einer Eisscholle.
Nach so viel Gefahr, Aufregung und soviel Pech beschließt Klara, erst einmal zu schlafen und erst am nächsten Morgen wieder nach dem Glück zu suchen.
Und am nächsten Morgen erlebt sie eine Überraschung:
»Na, so ein Glück! Ein Grundstück mit Gesellschaft! Guten Tag, kleine Robbe. Darf ich hier mal kurz mein Haus parken und ein wenig verschnaufen. Ich heiße übrigens Gregor!«
Klara begrüßt die kleine Schildkröte: »Guten Tag, Gregor. Was hast du eben gesagt? Glück? Meine Mama hat glatt vergessen, mir den Weg zum Glück zu erklären und nun suche ich schon so lange danach.«
»Du suchst nach dem Glück? Du kannst von Glück sagen, daß dich nach der langen Suche noch keiner gefressen hat. Du hast sogar großes Glück gehabt, weil du so schnell schwimmen kannst. Und was für ein Glück erst, daß wir uns getroffen haben. Jetzt sind wir nicht mehr allein und können zusammen weiterschwimmen.« (WILKON, J./ KRAHL, G.)

Direkt auf das Thema Sterben nehmen die Brüder Grimm u. a. mit der Geschichte von den »Boten des Todes« Bezug. Hier wird deutlich, daß jeder Tod ein unzeitgemäßer Tod ist und daß er *immer* zu früh kommt, auch wenn zuvor bereits sichtbare Zeichen waren.

Vor alten Zeiten wanderte einmal ein Riese auf der großen Landstraße, da sprang ihm plötzlich ein unbekannter Mann entgegen und rief: »Halt! Keinen Schritt weiter!« »Was«, sprach der Riese, »du Wicht, den ich zwischen den Fingern zerdrücken kann, du willst mir den Weg vertreten? Wer bist du, daß du so keck reden darfst?« »Ich bin der Tod«, erwiderte der andere, »mir widersteht niemand, und auch du mußt meinen Befehlen gehorchen.« Der Riese aber weigerte sich und fing an, mit dem Tod zu ringen. Es war ein langer, heftiger Kampf, zuletzt behielt der Riese die Oberhand und schlug den Tod mit seiner Faust nieder, daß er neben einem Stein zusammensank. Der Riese ging seiner Wege, und der Tod lag da besiegt und war so kraftlos, daß er sich nicht wieder erheben konnte. »Was soll daraus werden«, sprach er, »wenn ich da in der Ecke liegen bleibe? Es stirbt niemand mehr auf der Welt, und sie wird so mit Menschen angefüllt werden, daß sie nicht mehr Platz haben, nebeneinander zu stehen.« Indem kam ein junger Mann des Wegs, frisch und gesund, sang ein Lied und warf seine Augen hin und her. Als er den Halbohnmächtigen erblickte, ging er mitleidig heran, richtete ihn auf, flößte ihm aus seiner Flasche einen stärkenden Trunk ein und wartete, bis er wieder zu Kräften kam. »Weißt du auch«, fragte der Fremde, in dem er sich aufrichtete, »wer ich bin und wem du wieder auf die Beine geholfen hast?« »Nein«, antwortete der Jüngling, »Ich kenne dich nicht.« »Ich bin der Tod«, sprach er, »ich verschone niemand und kann auch mit dir keine Ausnahme machen. Damit du aber siehst, daß ich dankbar bin, so verspreche ich dir, daß ich dich nicht unversehens überfalle, sondern dir erst meine Boten senden will, bevor ich komme und dich abhole.« »Wohlan«, sprach der Jüngling, »immer ein Gewinn, daß ich weiß, wann du kommst, und so lange wenigstens sicher vor dir bin.« Dann zog er weiter, war lustig und guter Dinge und lebte in den Tag hinein. Allein Jugend und Gesundheit hielten nicht lange an, bald kamen Krankheiten und Schmerzen, die ihn bei Tag plagten und ihm nachts die Ruhe wegnahmen. »Sterben werde ich nicht«, sprach er zu sich selbst, »denn der Tod sendet erst seine Boten; ich wollte nur, die bösen Tage der Krankheit wären erst vorüber.« Sobald er sich gesund fühlte, fing er wieder an, in Freuden zu leben. Da klopfte ihm eines Tages jemand auf die Schulter: Er blickte sich um, und der Tod stand hinter ihm und sprach: »Folge mir, die Stunde deines Abschieds von der Welt ist gekommen!« »Wie?« antwortete der Mensch, »willst du dein Wort brechen? Hast du mir nicht versprochen, daß du mir, bevor du selbst kämest, deine Boten senden wolltest? Ich habe keinen gesehen.« »Schweig!« erwiderte der Tod, »habe ich dir nicht einen Boten über den anderen geschickt? Kam nicht das Fieber, stieß dich, an, rüttelte dich und warf dich nieder? Hat der Schwindel dir nicht den Kopf betäubt? Zwickte dich nicht die Gicht in allen Gliedern? Brauste dir's nicht in den Ohren? Nagte nicht der Zahnschmerz in deinen Bakken? Ward dir's nicht dunkel vor den Augen? Über das alles, hat nicht mein leiblicher Bruder, der Schlaf dich jeden Abend an mich erinnert? Lagst du nicht in der Nacht, als wärst du schon gestorben?« Der Mensch wußte nichts zu erwidern, ergab sich in sein Geschick und ging mit dem Tode fort. (GEBRÜDER GRIMM)

Intellektuell anspruchsvoll sind die Texte von Jostein Gaarder. In dem Buch: »Durch einen Spiegel, in einem dunklen Wort« hält ein krebskrankes Mädchen, das bald sterben muß, philosophische Gespräche mit einem Engel.

Der Engel Ariel und Cecilie:
»Jetzt konnten neue Menschen in die Welt gesetzt werden. Und so war es dann zu allen Zeiten. Gott hat auf diese Weise dafür gesorgt, daß immer wieder Kinder geboren werden, die die Welt neu entdecken können. Die Welt wird nämlich jedesmal neu erschaffen, wenn ein Kind geboren wird.«
»Weil, wenn ein Kind zur Welt kommt, die Welt ganz neu ist für dieses Kind?«
Er nickte.
»Du kannst übrigens auch sagen, daß die Welt zum Kind kommt. Geboren zu werden bedeutet, daß die Welt zum Kind kommt. Geboren zu werden bedeutet, daß wir die ganze Welt geschenkt bekommen – mit der Sonne tagsüber, dem Mond und den Sternen am blauen Himmelszelt nachts. Mit einem Meer, das die Strände überspült, mit so tiefen Wäldern, daß sie nicht einmal ihre eigenen Geheimnisse kennen, mit seltsamen Tieren, die durch die Landschaft ziehen. Die Welt wird nie alt und grau. Ihr werdet alt

und grau. Aber solange Kinder in die Welt gesetzt werden, ist sie so funkelnagelneu wie am siebten Tag, als der Herr ruhte.« (S. 30 – 31)

In jeder Sekunde werden funkelnagelneue Kinder aus dem Jackenärmel der Natur geschüttelt. Hokuspokus! In jeder Sekunde verschwinden auch viele Menschen. Gott schickt seine Menschen aus, er schickt Cecilie zum Tor hinaus . . .
Nicht wir kommen auf die Welt, die Welt kommt zu uns. Geboren zu werden bedeutet, daß uns eine ganze Welt geschenkt wird.

Manchmal breitet Gott resigniert die Arme aus und sagt sich: »Ich weiß ja, daß alles mögliche anders sein könnte, aber getan ist getan und ich bin schließlich nicht allmächtig.« (S. 51)

»In der Natur ist das anders. Hier geht alles leicht entzwei. Sogar ein Berg wird langsam von den Naturkräften abgeschliffen und schließlich zu Erde und Sand.«
»Danke für die Information, aber das wußte ich schon.«
»Ihr seid für uns SCHATTENBILDER, Cecilie, nicht umgekehrt. Ihr kommt und geht. Ihr seid diejenigen, die nicht von Bestand sind. Plötzlich taucht ihr auf, und jedesmal, wenn ein neugeborenes Kind auf den Bauch seiner Mutter gelegt wird, es ist von Neuem wunderbar. Aber ebenso plötzlich seid ihr dann wieder verschwunden. Als wärt ihr Seifenblasen, die Gott fliegen läßt.«

Wenn ich sterbe, reißt eine Silberschnur mit glatten Perlen, die durch das Land rollen und zu den Muschelmüttern auf dem Meeresgrund zurückkehren. Wer wird nach meinen Perlen tauchen, wenn ich nicht mehr da bin? Wer wird wissen, daß sie mir gehört haben? Wer wird erraten können, daß einmal die ganze Welt um meinen Hals gehangen hat? (S. 89)

Sie öffnete die Augen. Fast im selben Moment kam ihre Mutter ins Zimmer und setzte sich auf die Bettkante. Cecilie starrte sie mit leerem Blick an.
»Hast du wieder Zwiebeln geschnitten?« murmelte sie.
Ihre Mutter schüttelte den Kopf. Trotzdem sage Cecilie: »Ihr eßt viel zuviele Zwiebeln.«
Cecilies Mutter fuhr ihr mit der Hand durch die Haare.
»Es ist bald Mitternacht. Die anderen sind schon längst schlafen gegangen. Ich versuche jetzt auch, ein bißchen zu schlafen.«
»Du versuchst zu schlafen?«
»Nein, nein . . . ich nehme eine Tablette.« (S. 107)

»Mein Gott, mein Gott, warum hast du mich verlassen?!«
Cecilie ging ein Licht auf. Sie hatte sich das noch nie überlegt. Wenn Jesus Gott war, dann hatte Gott am Kreuz mit sich selbst geredet. Vielleicht hatte er auch mit sich selbst geredet, als er in Gethsemane zu seinen Jüngern sprach. Sie hatten sich nicht einmal die Mühe gemacht, bis zu seiner Gefangennahme wach zu bleiben.
»Mein Gott, mein Gott, warum hast du mich verlassen!« wiederholte sie.
Ariel schwebte etwas näher an sie heran. Er schaute ihr mit seinem saphirblauen Blick in die Augen und sagte:
»Sag es nur, Cecilie! Sag es ruhig immer wieder. Denn im Himmelsraum stimmt wirklich etwas nicht. Mit der ganzen großen Zeichnung ist etwas schiefgegangen!«
Sie versuchte, ihre Gedanken in den Griff zu bekommen.
»Weißt du wirklich nicht mehr darüber, was auf der anderen Seite ist?« fragte sie.
Er schüttelte seinen kahlen Schädel.
»Wir sehen alles in einem Spiegel. Jetzt hast du durch das Glas einen Blick auf die andere Seite tun dürfen. Ich kann den Spiegel nicht ganz sauber putzen. Dann würdest du vielleicht etwas mehr sehen, aber du könntest dich nicht mehr selbst erkennen.«
Verwundert starrte sie ihn an.

»Was für ein tiefer Gedanke,« sagte sie. Er nickte. (S. 133)
(GAARDER, J.)

Für Jugendliche in der Oberstufe scheinen uns zwei Kapitel in Jostein Gaarders Buch »Der seltene Vogel« gut als Diskussions- und Textarbeit geeignet. Im Kapitel »Diagnose« durchlebt eine 36jährige Frau, die vom Arzt plötzlich mit der Diagnose »Lymphdrüsenkrebs« konfrontiert ist, sehr intensiv Phasen der Trauer und des Abschiednehmens. Sie entwickelt – wie viele Krebspatienten – ein feines Gespür für Grundfragen des Lebens und lehrt uns, den Augenblick leben zu lernen:

»Wer sein Leben retten will, muß es verlieren . . . Das Saatkorn fällt ins Erdreich und stirbt . . .«

Die zweite Geschichte erzählt vom »Mann, der nicht sterben wollte« und beginnt mit einer »Trauerreaktion«, nämlich mit jener der Angst und Wut vor dem Sterbenmüssen, wie sie besser in den Trauerphasen nicht hätte beschrieben werden können:

»Ein Verrückter stürzt in einen Porzellanladen und zertrümmert Kristall und alles Porzellan. Scherbenklirren erfüllt das ganze Ladenlokal, doch seine Wut ist viel zu groß. Ehe die Polizei ihn überwältigen kann, hat er einen Schaden von über hunderttausend Kronen angerichtet. Der Mann wird abgeführt, der Laden sieht aus wie ein Schlachtfeld.« (GAARDER, J.)

Begonnen hatte alles schon früher an diesem Tag. Der Berserker war zu seinem Betriebsarzt gerufen worden. Dort hatte er erfahren, daß er an Krebs erkrankt war und er nur noch wenige Wochen zu leben habe . . .

4.9 Fallbeispiele, literarische Texte und meditatives Bildmaterial

LYRIK

Es stirbt der Blume Kleid
Die Stunden, die den sanften Rahmen spannen
Ums schöne Bild, der Blicke Sammelpunkt,
Sie drohn ihm einst als mächtige Tyrannen
Und machen häßlich, was mit Schönheit punktet.

Denn rastlos jagt die Zeit den Sommer fort
Zum grimmen Winter und vereitelt ihn,
Saft eist in Frost und üpp'ges Laubwerk dorrt,
Verschneit ist Schönheit, Öde starrt weithin.
Hielt nicht des Sommers Filterung als Duft

162

Den flüss'gen Geist im gläsernen Verliese,
Dann wäre Schönheit selbst der Schönheit Gruft,
Weil nichts, auch kein Erinnern mehr, sie priese.

Gefiltert aber stirbt im Wintermond
Der Blume Kleid, nicht das, was ihr innewohnt.
(SHAKESPEARE, W.)

Es ist wohl anders, als du meinst
Derweil du frei und fröhlich scheinst,
ist Lenz und Sonnenschein verflogen,
die liebe Gegend schwarz umzogen;
und kaum hast du dich ausgeweint,
lacht alles wieder, die Sonne scheint
es geht wohl anders als du meinst.
(EICHENDORFF, J.v.)

AUSSAGEN BETROFFENER

Heute fragt Ursel, unsere Sechsjährige, mitten aus dem Spiel heraus, ob ich gerne sterbe.
»Alle Leute müssen sterben«, sage ich hinter meiner Zeitung.
»Aber gern stirbt niemand.«
Sie besinnt sich. »Ich sterbe gerne!«
»Jetzt?« sage ich: »Wirklich?«
»Jetzt nicht, nein, jetzt nicht –.«
Ich lasse die Zeitung etwas sinken, um sie zu sehen, sie sitzt am Tisch, mischt Wasserfarben.
»Aber später«, sagt sie und malt mit stiller Lust: »Später sterbe ich gerne.«
(FRISCH, M.)

Eines Tages hattest du mich nämlich gefragt, wie wir bloß die Mama wiederfinden sollten, der Himmel sei so groß, daß man sich leicht verirren könne. Ich hatte dir erzählt, der Himmel sei eine Art großes Hotel, wo jeder sein Zimmer habe, und in dem Zimmer träfen sich nach dem Tod alle Personen, die einander liebgehabt hätten, und blieben für immer zusammen. Eine Zeitlang hatte diese Erklärung dich aufgeheitert. Erst nach dem Tod deines vierten oder fünften Goldfisches warst du wieder auf das Thema zurückgekommen und hattest mich gefragt: »Und wenn es keinen Platz mehr gibt?« »Wenn es keinen Platz mehr gibt«, hatte ich dir geantwortet, »muß man die Augen zumachen und eine Minute lang sagen ›Raum, erweitere dich‹, dann wird das Zimmer sofort größer.« (. . .)
Erinnerst du dich noch an diese Bilder aus deiner Kindheit, oder hat dein Panzer sie ausgesperrt? Mir sind sie heute wieder eingefallen, als ich die

Amsel begrub. ›Raum, erweitere dich‹, was für ein schöner Zauberspruch! Wenn ich mir die Mama, die Hamster, die Spatzen, die Goldfische vorstelle, muß dein Zimmer allerdings schon so gedrängt voll sein wie die Ränge eines Stadions. Bald werde auch ich dort hingehen; wirst du mich in deinem Zimmer wollen, oder werde ich mir nebenan eines mieten müssen? Und werde ich den ersten Menschen einladen dürfen, den ich geliebt habe, werde ich dir endlich deinen echten Großvater vorstellen dürfen?«
(TAMARO, S.)

GEDANKEN UND GESCHICHTEN

Der alte Baumstrunk
Auf einer Wiese stand einmal ein alter, morscher Baumstrunk. Er war sehr traurig. Wehmütig dachte er an die Zeiten, als er ein mächtiger, grüner Baum gewesen war.
Nun ist wieder Frühling, dachte er. Alles um mich herum ist grün geworden, alles wächst und blüht, nur ich alter Trottel stehe hier nutzlos herum . . .
Er war so versunken in seine schwermütigen Grübeleien, daß er gar nicht merkte, wie der Wind ein Samenkorn in seine morsche Hülle wehte.
Das Samenkorn fiel hinein und begann sofort zu keimen, denn in der Höhlung des Baumstrunks befand sich etwas Erde.
Nach einigen Tagen spürte der Strunk in seinem Inneren ein sanftes Kribbeln. Nanu? dachte er, denn das Kribbeln erinnerte ihn an frühere Zeiten. Ich werde doch nicht etwa zu wachsen beginnen? Und er war sehr erstaunt.
Bald hatte er herausgefunden, was es mit dem Kribbeln auf sich hatte. Aus dem Samenkorn war eine schöne grüne Pflanze hervorgewachsen. Und wenn der Wind mit ihren Blättern raschelte, war es dem Baumstrunk für Sekunden, als ob er eine prächtige Blätterkrone hätte.
(MOSER, E.)

Der kleine Prinz durchquerte die Wüste und begegnete nur einer Blume mit drei Blütenblättern, einer ganz armseligen Blume . . .
»Guten Tag,« sagte der kleine Prinz.
»Guten Tag«, sagte die Blume.
»Wo sind die Menschen?« fragte höflich der kleine Prinz.
Die Blume hatte eines Tages eine Karawane vorüberziehen sehen.
»Die Menschen? Es gibt, glaube ich sechs oder sieben. Ich habe sie vor Jahren gesehen. Aber man weiß nie, wo sie zu finden sind. Der Wind verweht sie. Es fehlen ihnen die Wurzeln, das ist sehr übel für sie.«
»Adieu,« sagte der kleine Prinz.
»Adieu,« sagte die Blume. (SAINT-EXUPÉRY, A. de)

Wir träumten im Hausflur, wenn die Nacht anbrach. Wir lauerten auf den Vorbeizug der Lampen: man trug sie wie einen Armvoll Blumen, und jede bewegte Schatten an der Wand – Schatten, die schön waren wie Palmen. Dann bog das Traumbild um die Ecke; dann verschloß man diesen Strauß aus Licht und dunklen Palmen im Salon.

Alsbald war der Tag für uns zu Ende, und man brachte uns in unsere Kinderbetten, damit wir einem anderen Tag entgegen reisten.

Mutter, du neigtest dich über uns, über diesen Aufbruch der Engel, und damit die Reise friedlich sein sollte: damit nichts unsere Träume störte, entferntest du hier eine Falte, dort einen Schatten, eine Woge aus dem Bettlaken . . .

Denn man glättet ein Bett wie, mit göttlicher Hand, das Meer.
(SAINT-EXUPÉRY, A. de)

Misha beugte sich über seine Mutter, deren Gesicht eine seltsame grünliche Färbung angenommen hatte. Ihm war, als flösse plötzlich jegliches Blut aus seinem Oberkörper fort, was ihm schwere Beine machte und einen leichten Kopf. Ein unangenehmes, rasselndes Geräusch kam aus Frau Edelmans Kehle. Er nahm eine ihrer kalten Hände, Rachel die andere.

»Mutter, wir sind es, Rachel und Misha«, flüsterte Rachel. »Wenn du mich hören kannst, dann drück einfach eine Hand, Mutter. Bitte drück meine Hand.«

Aber Frau Edelman reagierte nicht, und Rachel wußte, noch bevor es ihr Bruder begriffen hatte, daß es ihnen nicht mehr gelingen würde, zu ihr durchzudringen. Als der Doktor ins Zimmer kam, flackerte eine wilde Hoffnung in Misha auf, er könnte noch etwas für seine Mutter tun, und er ging zur Tür. Aber Korczak blieb einfach stehen und schüttelte den Kopf. Und als sich Misha wieder dem Bett zuwandte, hatte auch das quälende Rasseln aufgehört.

Daß Rachels und Mishas Mutter einigermaßen angemessen beerdigt wurde, hatten sie den Kontakten des Doktors und den Brieftaschen ihres Vaters zu verdanken. Das, was Josef dafür erhalten hatte, wurde voll und ganz dafür verwendet, die Wachtposten zu bestechen, damit sie die kleine Gruppe auf den Friedhof ließen. Rachel durfte auf den winzigen Fleck, den man ihrer Mutter zugeteilt hatte, ihre beiden Geranien pflanzen. Misha, als ältesten männlichen Überlebenden, ließ man das Gebet für die Tote sprechen. Seine Stimme bebte dabei nicht, und das Ding in seinem Inneren war seltsam still. Was konnte jetzt schon noch Schlimmeres passieren?«
(LAIRD, Ch.)

Agnes' Tagebuch
Mutter ist fast jeden Tag in meinen Gedanken. Sie liebte Maria, weil sie sich in jeder Hinsicht so ähnlich waren. Ich war Vater zu ähnlich, als daß sie es mit mir hätte aushalten können. Wenn Mutter in ihrer leichten, ungeduldigen Art mit mir sprach, verstand ich nicht, was sie meinte. Ich habe mich fürchterlich angestrengt, aber es gelang mir nie, sie zufriedenzustellen. Dann wurde sie ungeduldig, sie war fast immer ungeduldig, am meisten gegenüber Karin. Ich war ja krank und elend als Kind, aber Karin erging es schlecht, weil Mutter sie so plump und unbegabt fand. Mutter und Maria hingegen hatten sich so vieles zu erzählen. Ich wunderte mich oft, worüber sie flüsterten und warum sie so vergnügt miteinander waren. Sie hatten immer kleine Geheimnisse, und dann foppten sie mich und Karin.

Ich liebte Mutter. Weil sie so weich und schön und temperamentvoll war. Weil sie so – ich weiß nicht, wie ich es nennen soll –, weil sie so gegenwärtig war. Aber sie konnte auch kalt und abweisend sein. Wenn ich kam und sie um Zärtlichkeit bat, war sie gleichgültig und abgehetzt oder ein bißchen spielerisch grausam. Dennoch tat sie mir auch irgendwie leid, und nun, wo ich älter geworden bin, verstehe ich sie viel besser. Ich würde ihr so gern wieder begegnen und ihr erzählen, was ich von ihrem Überdruß, ihrer Ungeduld, ihrer Panik und ihrer Weigerung, aufzugeben, verstanden habe.

Ich erinnere mich, einmal, es war im Herbst, kam ich durch den Saal in den Salon gelaufen, ich hatte wohl ein wichtiges Anliegen (das hat man ja immer mit zehn Jahren). Da entdeckte ich, daß Mutter vornübergebeugt in einer eigentümlich erstarrten Weise dasaß. Ich ging zu ihr hin. Da sah sie mich mit einem Blick so voll von Trauer an, daß ich beinahe anfing zu weinen. Aber statt dessen habe ich ihr die Wange gestreichelt. Sie schloß die Augen und ließ es geschehen. Damals waren wir einander sehr nahe. (BERGMANN, I.)

An diesem Abend begriff ich zum ersten Mal, daß Gramp sterben würde. Es ist seltsam, daß man von etwas überwältigt sein kann, ohne daß man wirklich begreift, was es ist. Ich selbst – von den anderen weiß ich es nicht – habe ganz frei über Gramps unvermeidlichen Tod gesprochen. Und ich habe über ihn gesprochen, als redete ich von der Unvermeidlichkeit meines nächsten Geburtstages, als verdiente der Tod auch nicht mehr Beachtung.

Heute abend jedoch stand ich in Gramps Zimmertür, und plötzlich begriff ich, daß Gramp möglicherweise schon in wenigen Tagen jenen dunklen, ungewissen Ort aufsuchen würde, der jeden von uns beschäftigt – und den wir alle fürchten. Und ich fragte mich, ob Gramp sich bewußt sei, daß ihn der Tod erwarte. Sieht er den Tod vielleicht? Hat er sich mit ihm vertraut gemacht? Begreift er überhaupt, daß er dem Tode nahe ist? Das Gefühl, daß Gramp geduldig auf den Tod wartet, fasziniert mich wahrscheinlich am meisten. Er liegt dort, rührt sich nicht, bittet um nichts, nicht einmal um Trinken und Essen, um den qualvollen Durst und die Möglichkeit zu verhungern zu beenden.

Nink erzählte mir eben von den Vorkehrungen, die für das Begräbnis von Gramp getroffen werden müßten. Ein Beweis dafür, daß diese Reise zügig dem Tod entgegen geht. Doch wird mir dann, wenn ich Gramps Leichnam sehe, immer noch alles als so einfach, als ein so selbstverständlicher Verlauf vorkommen? Ich frage mich, mit welchen Gefühlen ich darauf reagieren werden? Wird mich nach all diesen Monaten der Vorbereitung der Tod immer noch unerwartet treffen?

In einem Punkt bin ich mir ganz sicher. Ganz gleich, wie oft ich Gramp saubermachen, füttern, schneuzen oder mitten in der Nacht, wenn mein Körper nichts mehr von ihm wissen will, versorgen muß, ich werde mich zuerst immer an die guten Zeiten mit ihm erinnern, bevor mir die schlechten einfallen.«

(JURY, D./JURY, M.)

Abb. 26: Ketten der Trauer

Abb. 27: Einsamkeit – ein dunkles Fenster

5 WIE MAN KINDER UND JUGENDLICHE AUF LEBENS-ABSCHIEDE VORBEREITET

5.1 Jahreskreislauf-Lebenskreislauf: Das Eingebettetsein in die Grundprinzipien des Lebens

Alles im Leben ist ein ewiges Werden, Wachsen und Reifen, ein Kommen und Gehen, Abschiednehmen und Loslassen. Die Natur spiegelt uns dies vor – tagtäglich im Wechsel der Gezeiten der Meere; Jahr für Jahr im Ineinanderfließen der Jahreszeiten:

- Frühling (die Zeit der Blüte, des Zarten, des Neubeginns);
- Sommer (Die Zeit des Wachsens und Werdens, der Farbenvielfalt);
- Herbst (Einüben in ein erstes Abschiednehmen und Loslassen von der Fülle des Sommers, es ist aber auch die Zeit der Ernte);
- Winter (unter einer dicken Schneedecke bei Eiseskälte scheint alles gestorben und vergangen).

Und wieder gibt es im Frühling einen Neubeginn – unendlich dreht sich das Rad der Zeit weiter (vgl. 2.3).

Kinder sind wie Blumen und Pflanzen. Sie brauchen nicht nur Licht, Luft und Nahrung, sondern auch eine liebevolle und geduldige Begleitung. Kinder tragen, wie die Pflanzen, das Gesetz des Wachsens und Reifens in sich, und so, wie nicht alle Pflanzen gleich schnell wachsen und blühen, entwickeln sich auch nicht alle Kinder in der gleichen Weise und Schnelligkeit. Was sie in den ersten Lebensjahren jedoch alle brauchen, ist eine »heile Welt«, heil nicht in dem Sinne gedacht, unter einen Glassturz gestellt zu werden, sondern so heil, daß sie einen festen Boden unter den Füßen spüren können. Bei Trauererlebnissen brauchen sie ein solides Fundament und ein intuitives Wissen, Teil eines größeren Ganzen zu sein.

Abb. 28: Stark durch starke Wurzeln

Nun wachsen aber unsere Kinder kaum noch im Gleichklang mit der Natur auf. In der Stadt zwischen Hochhäusern und Asphalt erleben sie kaum noch das faszinierende Farbenspiel wechselnder Jahreszeiten. Und auch Tod und Sterben sind Tabus, die – wie an anderer Stelle schon beschrieben – nach Ansicht vieler Erwachsener ja nicht berührt werden sollen. Kaum ein Kind erlebt das Sterben der Großeltern, Onkel und Tanten als natürliches Abschiednehmen, als das »Zerspringen der Schote«, der harmonische und natürliche Übergang von einer Generation auf die andere. Hausaufbahrungen und bewußte Abschiedsrituale kennen die meisten Menschen nur noch aus der eigenen Kindheit, den Kindern von heute werden diese wesentlichen Lebensgrundlagen völlig entzogen.

Für Elternhaus, Kindergarten und Schule gibt es ein Reihe von Möglichkeiten, diesen Kreislauf der Natur, das Werden und Wachsen, aber auch Sterben den Kindern näherzubringen.

Am »einfachsten« ist es, selbst alle seine Sinne und sein Herz jenen Naturvorgängen zu öffnen, in denen sich der ewige Kreislauf der Natur spiegelt und die Kinder/Jugendlichen daran teilhaben zu lassen. Das können entsprechende Hinweise bei gemeinsamen Spaziergängen sein (»Schau, die ersten Kastanienblätter färben sich schon gelb! Erinnerst du dich an die schönen weißen Blüten? Bald werden wir die braunen Kastanien sammeln können!«), Gespräche über die Besonderheiten einer Jahreszeit oder das Zusammenstellen eines Blumenstraußes für den Mittagstisch aus Blumen, Blättern, Zweigen, die für die Jahreszeit typisch sind. Auch Gespräche über persönliche Gedanken zum Stirb und Werde in der Natur, über einzelne Jahreszeiten oder den eigenen »Lieblingsmonat« geben Kindern/Jugendlichen Denkanstöße und sind meist wirksamer als »theoretisches Predigen« über die Vergänglichkeit oder den Jahreskreis.

Das »Vorleben« ist im gesamten Erziehungsprozeß wichtig. Kinder lernen durch Nachahmen, durch Ausprobieren jener Aktivitäten, die sie bei anderen sehen usw. Die im Verhalten der Erwachsenen ausgedrückten Einstellungen haben Modellcharakter für das Kind. Kinder sind auch sehr genaue Beobachter. Sie schauen genau zu, wie die Mutter im Laufe eines Jahres den Garten betreut, wie sie mit den Blumen und Pflanzen umgeht, welche Vorkehrungen für den Winter getroffen werden; sie hören genau zu, wie der Vater über den bevorstehenden Wechsel der Jahreszeiten spricht, was ihm in der Natur auffällt . . . Die Einstellungen der Erwachsenen »färben« auf die Kinder ab. Nicht zuletzt aus diesem Grund lohnt es sich, zunächst bei sich selbst Nachschau zu halten!

Geschichten, (Bilder-)Bücher oder Gedichte können ebenfalls wertvolle Helfer werden. Worin liegt die Stärke von Gedrucktem?

Bücher können u. a. folgende Funktionen übernehmen:

- Einstiegsmöglichkeit: Sensibilisierung für ein Thema, Schaffen eines gemeinsamen Gesprächsinhaltes;
- Informationsquelle: Vermittlung von Wissen; Möglichkeit, sich ein Thema »aus der Distanz« anzuhören;
- Distanzierung: Sehr intensive Gefühle können bei Figuren des Buches leichter gesehen, verstanden und bearbeitet werden;
- Kanalisierung: eigene Gefühle können in Worten und Darstellung der Buchfiguren wieder entdeckt und oft erstmals benannt werden;
- Solidarität: Andere Lebewesen (Menschen/Tiere/Pflanzen) sind auch in den ewigen Kreislauf der Natur eingebettet;
- Vorbereitung: schöne, aber ganz besonders auch schwierige und belastende Situationen können vorbereitend angesprochen werden;
- Abrundung: Erlebnisse können besser abgeschlossen, »zu Ende« gebracht werden.

Die eben genannten Stärken von Büchern gelten eigentlich für alle Lebensbereiche (z. B. Auseinandersetzung mit Sexualität, Geburt, Familie, Scheidung, Krankheit, Sterben, Tod . . .).

Je kleiner Kinder sind, desto wichtiger ist es, gemeinsam mit den Kindern die (Bilder-)Bücher anzuschauen. Die dadurch entstehende Nähe – körperlich wie seelisch – ist eine wichtige Grundlage für das Kind, sich Neuem zu öffnen und seinen Blick für das zu schärfen, was im Buch behandelt wird. Oft schließen sich nach solchen »Buchstunden« Spiele, Gespräche, Fragen an, in denen die in der Geschichte begonnenen Wege weiter verfolgt – gleichsam »weitergesponnen« werden.

Beispiel:
Anja hat von ihrer Oma ein schönes Bilderbuch geschenkt bekommen. Mit leuchtenden Augen blättert sie das Buch durch. Dann bittet sie Oma, ihr doch ein bißchen vorzulesen. Die alte Frau rückt sich in ihren Stuhl zurecht, holt die Brille aus der Handtasche und nimmt Anja auf den Schoß. Mit ruhiger dunkler Stimme beginnt sie zu lesen. Das Kind hört »andächtig« zu:

». . . *Muki und Großvater gehen wieder spazieren. ›Siehst du die Birnen am Baum?‹ sagt Großvater. ›Ein Jahr ist herum, mit Herbst, Winter, Frühling und Sommer. Kannst du dir den Birnbaum in allen vier Jahreszeiten vorstellen? Mach einmal die Augen zu. Siehst du, wie er Blüten im Frühling hatte und die kahlen Äste im Winter?‹ ›Ja, Großvater‹, sagt Muki, ›ich sehe es. An unserem Birnbaum sehe ich alle vier Jahreszeiten zugleich. Er ist ein Wunderbaum. Und ich denke an alle Wunder, von denen du mir erzählt hast.‹ . . .«*
(LEHOCZKY, G.)

Als die Oma geendet hat, kuschelt sich Anja eng an die alte Frau. Still ist es im Raum. Beide sind in Gedanken noch bei der Geschichte. »Danke, Oma!« ruft Anja und springt dann mit einem Ruck vom Schoß der Oma. Sie läuft in ihr Zimmer.
Als die Oma am nächsten Wochenende wieder zu Besuch kommt, hält ihr Anja strahlend eine Zeichnung entgegen. »Schau, Oma, das ist mein Wunderbaum!« Die Oma hält das Bild eines Apfelbaumes in ihren Händen. Der Apfelbaum hat Blüten, Äpfel, buntes Laub und kahle Äste. »Das ist ja ein wunderbarer Baum, Anja – ein Jahreszeitapfelbaum! Danke!«
(SPECHT-TOMANN, M.)

Kinder sind sehr sinnliche Wesen. Sie möchten mit allem, was sie sind und haben, eintauchen in ihre Umwelt. Sie möchten, sehen, hören, riechen, schmecken, spüren . . . was das Leben und die Welt für sie bereit hält. Diese Sehnsucht zum Konkreten, Erfahrbaren, aber auch der große Wunsch, etwas zu tun, zu gestalten, kann auf vielfältige Weise genützt werden.
Einige Beispiele mögen zeigen, wie je nach Altersstufe und Geschicklichkeit mit den im Garten, im Wald oder auf der Wiese vorkommenden natürlichen »Abfallprodukten« gearbeitet werden kann.

- Als Einstimmung eignen sich Bilder von Blumen, Pflanzen und Landschaften in den vier Jahreszeiten. Besonders attraktiv sind Overhead-Folien. Stimmungsvolle Musik (eventuell jeweils zu den Jahreszeiten passend) kann die Bilder untermalen. Der sanfte Übergang von einer Jahreszeit in die andere sollte besonders gut sichtbar sein.

- Verschiedene bunte Herbstblätter sammeln und ein Bild gestalten, dabei darüber sprechen, daß diese großen, oft sehr alten Bäume Jahr für Jahr jedes Blatt abwerfen, loslassen . . . und im Frühjahr ihre ganze Blätter- und Blütenpracht wieder entfalten werden.
- Im Sommer die Kinder Schnüre mit Löwenzahn flechten lassen, im Spätsommer und Herbst diesen Löwenzahn als »Pusteblume« pflücken, die nur noch aus kleinen »Samen-Fallschirmen« besteht, die irgendwo wieder aufgehen. Geschichten oder Märchen von Pusteblumen vorlesen! (vgl. 5.6)
- Zapfen, Baumrinde, Moos und Flechten suchen und kleine Natur-Oasen gestalten; Anleitung, in der Natur sog. »Naturbilder« zu gestalten, unter ausschließlicher Verwendung von Blumen, Zweigen, Steinen usw. und den Landschaftsformen.
- Mit Naturmaterialien ein »Jahreszeitenmandala« gestalten.
- Einen Baum im Garten, der blüht, in allen vier Jahreszeiten malen oder fotografieren und ein Album mit genauem Datum der jeweiligen Zeichnungen oder Aufnahme anlegen.
- Geeignete Schnittblumen (z. B. Rosen) trocknen lassen; im Sommer Kräuter sammeln und für den Wintertee, das Duftkissen oder den Badeaufguß trocknen.
- Eine Schachtel mit Symbol-Stücken anlegen (Steine, Muscheln, Schneckenhäuschen, Rinde, getrocknete Rosen, Hortensien, Strohröschen, Blätter u. v. m). Jedes Kind ein Stück auswählen lassen und eine Fragerunde machen: »Ich habe dieses Stück gewählt, weil . . .« »Ich verbinde mit dieser Muschel . . .«
- Raumgestaltung: Jede Wand stellt eine Jahreszeit dar und wird mit typischen Bildern geschmückt. Anregung: Sprüche, Lieder, Gedichte usw. finden lassen, die zu den Jahreszeiten passen.
- Einen Jahreszeitentisch aufstellen und über das ganze Jahr hin von den Kindern betreuen lassen: Blumen, Zweige, Steine, kleine Schätze des Alltags . . . aber auch andere Jahreszeitenelemente berücksichtigen: bemalte Eier, kleine Papierdrachen, Kerzen, Engelfiguren . . .

Bei all diesen Aktivitäten geht es darum, den Kindern und Jugendlichen zu vermitteln, daß:
- Veränderungen zum Lebendig-Sein gehören;
- der natürliche Kreislauf des Geborgenwerdens und Sterbenmüssens nicht durchbrochen, nicht bezwungen werden kann;
- Leben und Sterben untrennbar zusammen gehören;
- überall wo Leben ist, es auch den Tod gibt;

173

- jedes Leben ein ständiges Sterben ist;
- Sterben ein Prozeß ist, der sich durch unser ganzes Leben zieht – im Einklang mit der Natur.

Vielleicht kann durch das Heranführen und Vertrautmachen der Kinder/ Jugendlichen mit dem Thema des »Stirb und Werde« jenes Samenkorn gelegt werden, das im erwachsenen Menschen zu jener inneren Wahrheit heranreifen kann, die zu folgender Einsicht führt: *Im Leben beginnt immer schon Sterben, in jedem Sterbenden ist immer noch Leben!*

5.2 Einbeziehen statt Ausgrenzen: Leben und Sterben erfahrbar machen

Vom spielerischen Umgang mit dem »Stirb und Werde« in der Natur ist es ein großer Schritt hin zu einer Auseinandersetzung mit Krankheit, Vergänglichkeit und Tod im engsten Familien- und Freundeskreis. Noch immer gibt es viele Erwachsene, die Kinder und Jugendliche von den Schattenseiten des Lebens fernhalten möchten. Uns scheint dies ein falscher Weg zu sein. Ausgrenzen, Fernhalten, Verheimlichen . . . führt zu Gefühlen, »verstoßen« zu sein, nicht ernst- und angenommen zu werden und in einer bedrohlichen Art und Weise einmal mehr von der Welt der Großen ausgeschlossen zu sein. Diese Situation verschärft Einsamkeit, Ohnmacht und Hilflosigkeit angesichts eines Sterbens, das quasi »in der Luft liegt« und das das soziale Leben in der Familie prägt (vgl.5.4). Die Alternative heißt: *Einbeziehen!*

Selten haben Kinder jedoch die Chance, an der Begleitung sterbender Familienmitglieder aktiv teil zu nehmen. Dort, wo es möglich ist, wird dies meist für beide Seiten zu einer reichen, beglückenden Zeit – trotz aller Trauer und allen Schmerzes.

Wie statt Ausgrenzen ein Einbeziehen von Kindern/Jugendlichen konkret aussehen könnte, soll im Folgenden an verschiedenen Beispielen besprochen werden.

Die Pflege eines sterbenden Menschen zu Hause könnte es möglich machen, die letzten Tage und Wochen nicht zu einem Alptraum, sondern zu einer gemeinsamen, schönen Lebenserfahrung werden zu lassen. Kinder können in eine solche Begleitung gut eingebunden werden und erleben so Tod und Sterben als ein natürliches Ereignis. Es gibt viele Möglichkeiten für Kinder, sich selbst und ihre kreativen Fähigkeiten einzubringen.

Einige praktische Beispiele:
— Die Lieblingsmusik des schwerkranken Menschen auf einem CD-Player spielen

- Auf einem Kassetten-Rekorder Vogelgesang, das »Leben draußen« oder Geschichten aufnehmen und im Krankenzimmer abspielen
- Beim Bett sitzen, die Hand halten, vom Tagesablauf (Kindergarten oder Schule) berichten
- Die Polster aufschütteln, aus der Tageszeitung vorlesen
- Auf einem Musikinstrument musizieren
- Eine mitgebrachte Vesper gemeinsam essen
- Ein Brettspiel spielen (Schach, Mensch ärgere Dich nicht, Mühle etc.)
- Gemeinsames Tonarbeiten, Modellieren mit Plastellin
- Malen, Zeichnen, Wollarbeiten
- Urlaubsdias oder Video-Filme gemeinsam anschauen und darüber sprechen
- Den (Lebens-)Erzählungen zuhören
- Blumen von der Wiese oder aus dem Garten pflücken und dem Kranken bringen
- Kleine Einkäufe und Besorgungen erledigen

Kinder brauchen in diesen Situationen Raum und Zeit, um alle ihre Gefühle an- und auszusprechen zu dürfen. Wenn sie ihre individuelle Trauer zum Ausdruck bringen können, dann führt auch der Abschied vom geliebten Familienmitglied zum inneren Annehmen. Keineswegs sollen Kinder gezwungen oder gedrängt werden, sich an einfachen Pflegemaßnahmen zu beteiligen oder gar aufgefordert werden, sich mit dem kranken, sterbenden Menschen doch zu »beschäftigen«; sie entwickeln selbst ein ganz spontanes Gefühl und eine echte Bereitschaft und sind viel einfallsreicher und kreativer, als wir Erwachsene annehmen.

Das »Sterben zu Hause« wird in unserer Gesellschaft immer seltener möglich. Tod und Sterben sind in die Verborgenheit von Institutionen und Einrichtungen verbannt worden. Tod und Sterben geschehen dann häufig nur noch still und leise, klinisch sauber und abgetrennt vom normalen Alltagsleben. Daraus resultierende Phantasien und Vorstellungen erzeugen viele Ängste und Unsicherheiten – gerade bei Kindern. Es erlebt zu haben, daß der geliebte Großvater in ein Krankenhaus kam und von dort nicht mehr nach Hause zurückkehrte, weckt Gefühle der Abneigung und des Hasses gegen diese Einrichtung. Kinder weigern sich nach solchen Erlebnissen standhaft, jemals dorthin zu gehen, denn an diesem »unbekannten Ort« ist ja etwas Furchtbares geschehen: Opa ist nicht mehr wiedergekommen! Eine solche Verweigerungshaltung kann problematisch werden, wenn dieses Kind aus irgendeinem Grund selbst ins Krankenhaus muß, etwa zu einer Mandeloperation oder oft nur für einen Gips nach einem Knochenbruch.

Prophylaktisch, also gewissermaßen »vorbeugend« sollten Kinder bereits früh, aber behutsam, in die Welt der Krankenhäuser und Altenpflegeeinrichtungen »eingeführt« werden. Damit sind jedoch nicht jene »Veranstaltungen« gemeint, wo Kindergartenkinder vor dem Muttertag Lieder und Gedichtchen vortragen oder Konfirmanden zu »guten Taten« gezwungen werden, die darin bestehen, Rollstühle durch den Park zu schieben oder für eine Stunde »Sozialarbeit« zu verrichten. Dabei erleben die jungen Menschen die Alten oft als hilfsbedürftig, aggressiv, einsam, unzugänglich, erschreckend. Später werden sie solche Einrichtungen dann eher meiden und einen weiten Bogen um sie machen. Verantwortungsvolle Kindergärtner/innen, Lehrer/innen und Eltern sollten vielmehr Projekte entwickeln, die längerfristig angesetzt sind und einen echten Kontakt, eine echte Beziehung entstehen lassen können.

Alte Menschen können nicht nur eine Lebensgeschichte erzählen, sie sind auch ein Potential, aus dem die Gesellschaft schöpfen kann. Wie in einem tiefen Brunnen sind viele phantastische und wahre, erschütternde und längst vergessene Mythen verschüttet. Die Kinder wirken dann wie »Katalysatoren«, die das Erinnerungsvermögen freisetzen; und die alten Menschen entdecken dann ihre verschütteten kreativen Fähigkeiten. Aufgrund ihrer unverwechselbaren und ganz persönlichen Erinnerungen sind die Älteren auch Experten der Zeitgeschichte. Im Sachkundeunterricht etwa oder in Geschichte oder Geographie können sich Alt und Jung als gleichberechtigte Partner kennenlernen. Diese Form der »Erinnerungsarbeit« über einen längeren Zeitraum (ein Jahr) bringt mit sich, daß Kinder und Jugendliche erleben, wie viele Abschiede, Kriegs- und Sterbeerlebnisse, wie viel Leid, aber auch Freude und (Überlebens-)Kräfte diese alten, scheinbar »nutzlosen« Menschen in sich tragen. Durch die Begegnung mit den jüngeren Generationen gelingt es auch sehr verwirrten Menschen, altvertraute Szenen oder belastende Lebenssituationen noch einmal, jedoch neu zu erleben und sich mitzuteilen. Kontakte zwischen Kindern und alten Menschen sprechen in besonderer Weise die Gefühle und Fähigkeiten beider Generationen an.

Beispiel: »Erinnerungen zum Geschenk machen« – eine Projekt-Idee für Schulklassen

Voraussetzung für das Gelingen eines solchen Projektes sind die gute Vorbereitung von Kindern, Heimbewohnern und Pflegepersonal sowie die Dauer (ca. ein Jahr, mindestens aber eine Projektwoche) und die Regelmäßigkeit. Wichtig ist weiters auch die Aufteilung in kleine Gruppen und die individuelle, fächerübergreifende Betreuung der Kinder und Jugendlichen.

Die vorgegebenen Themenstellungen sollten Kindern wie alten Menschen vertraut sein und richten sich natürlich auch nach dem Alter der Kinder.

Mögliche Fragen nach:
— Kindheit, Kinderspielen oder Schule einst und heute
— Geburtsort, Familienleben
— Reisen, Urlaube, Unternehmungen
— Verlusten, Kriegs- und Trauererlebnissen
— Berufen und Hobbies

Gut einsetzen kann man altes Kinderspielzeug, Schul- oder Haushaltsutensilien für diese Erinnerungsarbeit.
Die »Auswertung« und Bearbeitung kann je nach Alter und den kreativen Fähigkeiten der Kinder unterschiedlich erfolgen, z. B.:

* Fotografieren, Texte schreiben
* Collagen gestalten (z. B. Gesichter von Menschen verschiedenster Altersstufen ausschneiden und aufkleben)
* Interviews schreiben oder aufnehmen auf Kassetten
* Ein Tagebuch anlegen und jede Besuchssequenz beschreiben
* Einen Video-Film drehen (für ältere Schüler/innen)
* Kochrezepte alter Hausfrauen sammeln und als Buch herausgeben
* Gemeinsam Feste gestalten, Kochen und Backen, Theater spielen
* Gemeinsame Ausflüge und Unternehmungen
* Friedhofbesuche (Gespräche gegen das Vergessen und die Trauer)
* Alte Fotos (Fotoalben) sammeln
* Ausstellungen gestalten
* Daten über die Vergangenheit der eigenen Familie erfragen (Stammbaum)
* Gemeinsam zeichnen, malen, töpfern, modellieren, im Garten arbeiten und dabei Blumen oder Gemüse pflanzen

Ein solches Projekt nützt – ohne viel Zutun der Erwachsenen – gezielt die jeweiligen Stärken der beiden Generationen: die Unbekümmertheit der Kinder und die Fürsorglichkeit und Erzählfreude der alten Menschen. Es ist, als wenn sich zwei Kulturen begegnen. Die Kinder erfahren dadurch bereits früh eine Schulung ihrer sozialen Wahrnehmung und entwickeln einen sensiblen Blickwinkel für die Probleme und Fragen alternder oder kranker Familienangehöriger. Die alten Menschen wiederum werden ruhiger und zufriedener, ihre gesundheitliche Verfassung verbessert sich häufig. Durch die Möglichkeit, ihre (Lebens-)Verluste und ihre Trauererlebnisse aufzuarbeiten, können sie sich ohne Groll und Zorn auf ein endgültiges Abschiednehmen und Loslassen einüben. Die Kinder und Jugendlichen hingegen erleben in der Konfrontation mit Alter, Krankheit, Tod und Trauer auf natürliche Weise auch die dunklen, düsteren »Schattenseiten« des Lebens.

Abb. 29: Alt und Jung: Voneinander lernen – Miteinander leben

Verschiedenste Modell-Projekte lassen sich auch in Krankenhäusern verwirklichen, wenn das Team der Ärztinnen und Ärzte und vor allem das Pflegepersonal von der Sinnhaftigkeit überzeugt werden können. Kindergartenkinder werden schon heute häufig durch Kinderchirurgien geführt, erleben auf lustige und liebevolle Weise das Eingipsen einer Hand und werden auch mit kranken Kindern zum gemeinsamen Spielen zusammengeführt.

Beispiel
Palliativ-Station St. Gallen
Ein interessanter Versuch mit einer Kindergruppe wurde von einer jungen Schweizer Ärztin auf der Palliativ-Station des Kantonsspitals St. Gallen aus der Beobachtung initiiert, daß sterbende Mütter junger Kinder unvergleichlich mehr Schwierigkeiten hatten, von ihren Familien Abschied zu nehmen als gleichaltrige Väter oder Patienten anderer Altersgruppen. Das schien sich auch auf die Beziehung der Patientinnen zum Betreuungsteam, auf jeden therapeutischen Entscheid, aber auch auf die Intensität von

körperlichen Symptomen ausgesprochen negativ auszuwirken. Auffallend war dabei, daß Gespräche über Hilfsmöglichkeiten für die Kinder systematisch abgelehnt und die Kinder von der Station ferngehalten wurden.

Eine Fallgeschichte zeigt dieses Problem dramatisch auf:
Begonnen hat es mit einer Patientin, die genau drei Monate jünger war als ich. Sie war verheiratet, hatte drei Kinder im Grundschulalter, und sie litt an einem austherapierten Hodgkin-Lymphom. Ich war seit kurzem Assistenzärztin auf unserer onkologischen Palliativstation und bemühte mich mit dem Pflegeteam zusammen, nicht nur die bestmögliche Lebensqualität für die Patientin, sondern auch eine gewisse Vorbereitung des Umfeldes auf den nahenden Tod zu erreichen.

Die Gespräche mit der Patientin und ihrer Schwester verliefen immer gleich. Sobald etwas heiklere Themen angesprochen zu werden drohten, griff die Patientin nach ihrem Teddybären und warf ihn der Schwester lachend an den Kopf. Das gefährliche Thema rückte in weite Ferne, die Welt war wieder in Ordnung. Es gab keine Probleme, die Kinder merkten von Mamas Krankheit nichts, der Vater nahm sie immer mit in sein Schrebergärtchen, die Familie funktionierte also harmonisch, schlechte Schulnoten hatten alle sowieso immer gehabt, ins Spital kam der Mann selten, die Kinder nie, weil Mama ja bald nach Hause kommt.

Mit dem Hausarzt und unserer Musiktherapeutin wurde ein Versuch unternommen, die Kinder zu Wort kommen zu lassen. Die Eltern brachten die Kinder zu keiner Verabredung.

Uns allen blieb nach dieser Geschichte ein sehr schaler Nachgeschmack. So sehr wir der Patientin gönnten, daß sie vor der Bedrohung in ihre Kindereien flüchten konnte, so sehr hatten wir den Eindruck, es müßte trotzdem Möglichkeiten geben, auch die Kinder zu unterstützen. (STOUTZ de, N.D.)

Ähnliche Geschichten erlebte das Team tagtäglich. Mütter, die mit weit fortgeschrittenen Tumoren in dieses Krankenhaus kamen, entwickelten fast ausnahmslos Strategien, um dem Thema »Kinder« auszuweichen. Am häufigsten waren hysterisch anmutende Tränenausbrüche, die mitteilten, dieses Thema sei zu schmerzlich, das Pflegepersonal dürfe nur ja nicht daran rühren, oder optimistische Aussagen, wonach in der Familie offene Kommunikation herrsche und die Kinder voll informiert seien, für Hilfe sei kein Bedarf.

Aus dieser »Mangelsituation« entwickelte sich eine Art »Spielgruppe« für das Spital. Das Bedürfnis der Kinder krebskranker Mütter, eigene Freiräume zu haben, ist während all der Jahre der Bedrohung, der Therapien, Rückfälle, Angst und Hoffnungen, der ins Wasser fallenden Urlaube und der Heerscharen von zuhause ein- und ausgehender Fremdlinge enorm groß. Sie verlangen danach, laut und fröhlich oder still und bedrückt sein zu dürfen, neben aller Rücksicht und Verantwortung, aller Trauer und der Probleme, die sie zu Hause tragen müssen.

Das Projekt wurde sehr gut angenommen. Ermutigend waren auch die Gespräche, die die junge Ärztin mit Müttern von Kindern verschiedener Altersstufen führte. Alle bestätigten, daß in ihren Plänen für die Kindererziehung eigene schwere Krankheit nicht vorkomme. Man macht sich vielleicht Gedanken darüber, was bei einer Scheidung geschehen soll, oder darüber, wer im Todesfall als Vormund in Frage käme. Aber schwere Krankheiten, zunehmende Behinderung mit all ihren Konsequenzen, darüber hätten sie tatsächlich nicht nachgedacht.

Um so wichtiger schien es der Klinik, stützende Maßnahmen zu setzen, die an den Bedürfnissen der Kinder orientiert waren. Allerdings zeigte sich auch, daß solche Spielgruppen immer nur ein Element sein können in einer Kette von Aufmerksamkeiten, die für trauernde Kinder bereitgehalten werden sollten, und zwar schon sehr früh im Krankheitsverlauf und nicht erst in der letzten Lebensphase der Mutter. Angehende junge Kindergärtnerinnen, Psychologinnen und Mütter könnten als Freiwillige beispielsweise diese Kinder begleiten und sie nach Mamas Tod nach Hause bringen, sie in ihrer Zeit der Trauer und des Abschiednehmens unterstützen, so wie gute Patinnen es für die ihnen anvertrauten Kinder oft tun.

Einbeziehen statt Ausgrenzen kann aber auch bedeuten, Kinder/Jugendliche mit Menschen zusammenzubringen, denen sie persönlich nicht so nahe stehen, die aber ebenfalls in einer Situation des Abschiednehmens stehen. Wir haben die Erfahrung gemacht, daß besonders schwerstkranke Menschen sich oft nach der unbeschwerten, leichten Unterhaltung mit Kindern sehnen. Sie würden gerne eine Stück ihrer Lebensgeschichte weitergeben, um Spuren zu hinterlassen oder noch einmal die eigene Kinderzeit zu durchleben. Die klinische Sterilität und absolute Ruhe läßt Menschen am Ende ihres Lebensweges oft verzweifeln. Die langen Tage und noch längeren Nächte verdichten Einsamkeit und depressive Gedanken, die Trauer auf das endgültige Loslassen und die Angst, vor dem, was kommen wird, breiten sich wie ein dunkler Vorhang aus. Kinder könnten mit ihrem Lachen, aber auch mit ihren kreativen Fähigkeiten eine Atmosphäre der Entspannung und des Geborgenseins schaffen.

Noch einmal sprechen
von der Wärme des Lebens
damit doch einige wissen:
Es ist nicht warm
aber es könnte warm sein

Bevor ich sterbe
. noch einmal sprechen
von der Liebe
damit doch einige sagen:
Das gab es
das muß es geben

Noch einmal sprechen
vom Glück der Hoffnung auf Glück
damit doch einige fragen:
Was war das
wann kommt es wieder?
(FRIED, E.)

5.3 Der Umgang mit der Wahrheit: Möglichkeiten offener Gespräche mit Kindern und Jugendlichen

»*Die Wahrheit ist dem Menschen zumutbar*« – hat die so früh verstorbene österreichische Schriftstellerin Ingeborg Bachmann fast als Vermächtnis hinterlassen. Die Wahrheit ist auch den Menschenkindern zumutbar, allerdings müssen diese Gespräche behutsam und ehrlich geführt werden. Kinder leben noch in einer feinstofflicheren Welt und spüren ganz genau, wie es den Erwachsenen geht, welche Gefühle und Probleme sie im Umgang mit Trauer haben. Versteckte Tränen und »Schonung« bewirken nur eine weitere Tabuisierung des Themas. »Dafür bist du noch zu klein!« oder »Wir wollen dem armen Kind doch nur den großen Schmerz ersparen« – solche und ähnliche, häufig verwendete Ausreden erwachsener

Menschen verletzen das Vertrauen der Kinder und vermitteln ein Gefühl des Ausgeschlossenseins aus einem Trauerprozeß, der sich über eine ganze Familie oder Gruppe erstreckt (vgl. 5.2).

Drei »Faustregeln« für den Umgang mit der Wahrheit sind zu beachten:

- behutsame und rechtzeitige Vorbereitung auf den bevorstehenden Tod (wenn dies möglich ist);
- alle Fragen der Kinder offen und ehrlich beantworten (auch Erwachsene wissen nicht alles und schon gar nicht alles besser);
- eine Atmosphäre der geistigen und körperlichen Nähe als Voraussetzung für ein solches Gespräch schaffen.

Wann immer Kinder ein Gespräch über das Sterben und Tod führen wollen oder Fragen dazu haben, wir sollten sie nicht auf später vertrösten oder gar dem heiklen Themenkreis ausweichen. Fehlt gerade die Zeit oder ist unter bestimmten Umständen kein ausführliches Eingehen möglich, dann sollten Erwachsene ohne große Verzögerungen möglichst rasch darauf zurückkommen. Grundsätzlich gilt, daß auch Kinder ein »Recht auf Wahrheit« haben, jedoch mit der entsprechenden Behutsamkeit, aber ohne falsche Rücksichtnahme. Die Aussage, daß »Opa ja nur für eine längere Zeit schläft« oder daß »Tante Gerti nun im Himmel bei den Schutzengeln sei«, führt höchstens zu ambivalenten Gefühlen der Kinder und trägt keineswegs zu einem gesunden Trauerprozeß bei. Kinder können dann aus Angst etwa nicht mehr einschlafen oder entwickeln gegen den Schutzengel oder den »lieben Gott im Himmel« Haßgefühle (vgl. 4.1).

Bei allen diesen Gesprächen ist es nicht wichtig, was *wir* denken oder fühlen (es sei denn, das Kind spricht dies konkret an), viel wichtiger ist das, was das *Kind* klären möchte. Nicht wertendes Zuhören und Informations-Fragen, um in Erfahrung zu bringen, was das Kind konkret beschäftigt oder belastet, sind die tragenden Säulen dieser Kommunikation. Als »Türöffner« für ein solches sensibles Gespräch unter schwierigen Bedingungen können z. B. folgende Fragen dienen: »Wie stellst du dir das eigentlich vor?« oder »Was denkst *du*?«

Wichtig für das Gelingen »heikler« Gespräche ist dabei immer:

— Schweigen mitaushalten können;
— nicht auf alles eine Antwort wissen;
— selbst ehrlich betroffen sein dürfen;
— ängstliche und schuldbeladene Gefühle beruhigen;
— keine Angst vor sogenannten negativen Gefühlen des Kindes (Wut, Zorn, Trauer, Aggression) haben;
— einen guten Abschluß finden.

Wer es »ehrlich meint«, sollte dem Kind die Möglichkeit geben, das Besprochene zu überdenken. Gleichzeitig sollte die Türe für spätere, neue Fragen offenbleiben. Das können verschiedene Signale sein, die dem Kind/Jugendlichen zeigen, daß es/er ernst genommen wird, daß man an einem weiteren Gespräch interessiert ist und bereit, seine Zeit dafür herzugeben. Z.B.: »Wenn du darüber nachgedacht hast und noch weitere Fragen hast, kannst du gerne wieder zu mir kommen . . .«

Wichtig ist auch, Kinder in wirklichkeitsnaher Weise auf bevorstehende Veränderungen vorzubereiten, sei es durch Einbindung in Abschieds- und Trauerrituale oder auch durch die Symbolform von Märchen. Jahrhundertelange gesammelte Lebensweisheiten, die vom ewigen Kommen und Gehen, Leben und Sterben handeln, schaden Kindern nicht, sondern bereiten sie auf die Wirklichkeit vor und regen sie zu Gedanken oder Fragen an (vgl. 4.8 und 5.1).

Wenn es sich um eine längere, schwere Krankheit bei einem Familienmitglied oder engen Freund handelt, dann sollten kleinere Kinder möglichst unkompliziert und häufig die Chance zum Krankenbesuch erhalten. Größere Kinder und Jugendliche hingegen wird man zu Gesprächen mit dem Sterbenden ermutigen. Beides sollte jedoch immer mit der aufmerksamen Beobachtung der »Nachwirkungen« eines solchen Besuches und einem offenen Gesprächsangebot verknüpft sein. Auch hier darf es zu keinen Beschönigungen, Verleugnen oder gar Heimlichkeiten kommen, sondern Offenheit und Ehrlichkeit müssen vorherrschen.

Einige Unterschiede zwischen Erwachsenen und Kindern hinsichtlich eines offenen, ehrlichen Zugangs – auch zur eigenen Gefühlswelt:

- *Erwachsene* neigen durch anerzogene Haltungen und soziales Rollenverhalten dazu, das Gefühl des Zornes und Ärgers über das Verlassenwerden und Alleinsein zu verdrängen. Aus *Kindern* hingegen sprudeln alle diese Gefühle direkt und häufig lautstark heraus; die Emotionen bahnen sich immer einen Weg nach draußen.
- *Erwachsene* empfinden jeden Tod als »unzeitgemäßes Sterben« und erleben Verzweiflung und Schuldgefühle über das »Alles-nicht-Getane« wesentlich stärker als *Kinder*.
- *Erwachsene* können besonders mit der zweiten Sterbephase des todkranken Menschen, in der noch einmal ein Aufbäumen gegen das eigene Schicksal, ein wutentbranntes Hadern mit dem lieben Gott und der ganzen Familie oder Gesellschaft stattfindet, nur schwer aushalten. Die Frage nach dem »Warum?« und die eigene Betroffenheit sowie mangelnde Abgrenzung lassen tiefe Spuren zurück. *Kinder* akzeptieren dieses zornige Hinausschreien viel leichter und vermögen in diesen Situationen wesentlich besser Halt zu geben und Trost zu spenden. *Kinder* stehen im Hier und Jetzt und vertrösten nicht.

Eine Sonderstellung in der Frage nach Wahrheit in Gesprächen über Sterben und Tod nimmt die Situation von Kindern ein, die selbst von einer lebensbedrohenden Krankheit betroffen sind. Im Angesicht des nahenden Todes geht es immer auch um die Bereitschaft aller Beteiligten, sich der Wahrheit zu stellen. Es geht um die Bereitschaft, als Eltern oder Begleiter, der Wahrheit ins Gesicht zu schauen, daß auch junges Leben zu Ende gehen kann. Es geht aber auch um die Bereitschaft, dem Kind bei seiner Auseinandersetzung mit der Wahrheit über seine Krankheit beizustehen.

Aussagen krebskranker Kinder machen deutlich, welche Probleme für sie daraus entstehen können, wenn sie gleichsam in eine Wolke von Schweigen, Behüten, Verdrängen, Ablenken, Vertrösten gehüllt werden. Oft meinen diese vom Tod gezeichneten Kinder noch, daß sie sich für die Eltern oder Geschwister zusammennehmen müssen, um ihnen die Illusion einer möglichen Heilung zu erhalten. Die Wahrheit verschweigen ist ein völlig falsch verstandenes Rücksichtnehmen. Den Eltern nimmt es die Möglichkeit, letzte Stunden und Tage in echter Nähe zu erleben, wo »alles« Platz haben kann. Kindern nimmt man so die Möglichkeit, ihren Trauer- und Sterbeprozeß offen zu durchleben, um schließlich gut loslassen und sterben zu können. »Die Wahrheit ist dem Menschen zumutbar« – dieser Satz gilt hier ganz besonders, ja er könnte sogar dahingehend verschärft werden, daß vom Tod bedrohte Kinder geradezu ein *Recht auf Wahrheit* haben, genauso, wie sie ein *Recht auf Leben* haben – auch wenn es noch so eingeschränkt sein mag!

Recht des Kindes auf Wahrheit:
Information und Aufklärung; Vorbereitung auf medizinische Eingriffe; Möglichkeit, Ängste und Beschwerden auszudrücken; Hoffnung erhalten; Gespräch ermöglichen; nicht die Wahrheit »sagen«, sondern die Wahrheit »hören«; Vorstellungen entwickeln lassen . . .

Recht des Kindes auf Leben:
So viel Normalität wie möglich; soviel Mitentscheidung wie möglich; die Stärken des Kindes betonen; Kontakte knüpfen; Tod anderer Kinder verarbeiten; die »Welt« zum Kind bringen; das Leben abschließen helfen . . .
(vgl.: FINGER, G.)

Eltern und Begleiter müssen sich vor Augen halten, daß schwerkranke Kinder meistens um ihren Zustand »wissen« – auch wenn niemand etwas zu ihnen gesagt hat. Dieses innere Wissen macht sie oft gelassen. Man kann ihnen nicht so leicht etwas vormachen: mit ungeheurer großer Sensibilität spüren sie, welchem Menschen sie *ihre* Wahrheit zumuten können! Ein ganz wichtiger Bereich, der eng mit der Wahrheit am Krankenbett verbunden ist, ist die Hoffnung. Wenn es keine Hoffnung auf Heilung gibt – was bleibt dann noch zu hoffen? In der Begleitung von schwerkranken Menschen konnten wir die Erfahrung machen, daß sich Hoffnungen wandeln, verändern. Und auch »Wahrheiten« verändern sich, bekommen eine andere Farbe, einen anderen Beigeschmack. Die Wahrheit des todkranken Kindes ist nicht immer die Wahrheit seiner Begleiter. So wie Leben, Krankheit und Sterben ein Prozeß sind, ist auch die subjektive Wahrheitsfindung ein Prozeß. Dies ist vor allem bei Aufklärungsgesprächen zu beachten.

Max Frisch hat bei seinen Gedanken zum Thema Wahrheitsmitteilung ein wunderschönes Bild entwickelt, das wir allen ans Herz legen möchten, die vor die Aufgabe gestellt sind, anderen Menschen »schwierige« Wahrheiten mitzuteilen. Er schreibt:

»Man sollte dem anderen die Wahrheit
Wie einen Mantel hinhalten,
damit er hineinschlüpfen kann,
und sie ihm nicht wie einen nassen Lappen
um die Ohren schlagen.«
(FRISCH, M.)

Oft geht es also nicht so sehr um die Frage »Wahrheit ansprechen« oder »Wahrheit verschweigen«, oft geht es darum, *wie* diese Wahrheit vermittelt werden kann. Um beim oben verwendeten Bild vom Mantel zu bleiben, geht es unter anderem um folgende Fragen:
— Wie muß der Mantel beschaffen sein, damit er in die Garderobe des Gesprächspartners paßt?
— Welche Größe muß der Mantel haben?
— Aus welchem Material soll er sein? Ist an einen schweren Stoffmantel zu denken, der schützt und wärmt oder eher an einen federleichten Seidenmantel?
— Soll der Mantel kurz oder lang sein?
— Soll er offen sein oder einen bestimmten Verschluß haben, den nur der Träger des Mantels öffnen kann?
— Welche Farbe soll der Mantel haben? Soll er in Pastelltönen, leuchtendem Rot oder getönten Erdfarben gehalten sein?
— Kann der Mantel gleich ganz angezogen werden oder soll er zunächst nur um die Schultern gelegt werden?
— Gibt es eine Möglichkeit, den Mantel »zur Aufbewahrung« zu geben – und was ist der Preis dafür?

Für manche Begleiter kann es hilfreich sein, sich ein Bild von diesem »Mantel der Wahrheit« zu machen, bevor er in eine schwierige Gesprächssituation geht.

Abschließen möchten wir festhalten, daß der Umgang mit der Wahrheit zu den menschlichen Grundhaltungen gehört und nicht so sehr Frage einer bestimmten Lebenssituation ist. Der Umgang mit der Wahrheit ist ein Grundelement in der Kommunikation mit sich selbst und dem Mitmenschen. Für die Begleitung von Kindern, besonders auch trauernder Kinder/Jugendlicher ist die Wahrhaftigkeit als Grundhaltung in der Begegnung besonders wichtig (vgl. auch 4.1).

5.4 Feste und Rituale als Ankerpunkte in stürmischen Lebenszeiten

> *Was sind wir anderes als Spielleute,*
> *welche die Aufgabe haben,*
> *die Herzen der Menschen*
> *in Bewegung zu setzen . . .*
> *(ASSISI, F. v.)*

Wir haben uns in den vorangegangenen Kapiteln bereits damit befaßt, daß ein bewußtes Hineingehen in Erfahrungen von Abschied und Ende in unserer Kultur und Gesellschaft heute weitgehend fehlt. Daher orten wir gerade bei Jugendlichen einen großen »Hunger« nach Ritualen, der schon sehr früh beginnt, nämlich in der Kindheit. Kinder werden in falsch verstandener Fürsorge oft ferngehalten von schmerzlichen Verlusten, mit vermeintlich barmherzigen Lügen vertröstet, weil Erwachsene in ihrer eigenen Hilflosigkeit damit nicht besser umgehen können.
Abschiedsrituale werden von Kindern jedoch gebraucht, häufig auch selbst entwickelt, wenn z. B. ein geliebtes Tier stirbt. Dann gestalten sie selbst eine Beerdigung – vielleicht mit einem kleinen Holzkreuz, Blumen, mit einem Gedicht oder Gebet – auch wenn sie selbst noch nie an einem Begräbnis teilgenommen haben. Anschließend brauchen sie Trost: eine heiße Tasse Kakao und ein Stück Kuchen. Dabei ergibt sich die Gelegenheit, noch einmal über den verstorbenen Tierfreund zu sprechen: was er alles angestellt hat, was gemeinsam erlebt wurde – bis zum Lachen über lustige Erlebnisse . . . Ganz von selbst bildet sich ein Trauerritual heraus, das in den entscheidenden Elementen mit dem Trauerritual der Erwachsenen eng verwandt ist.
Stirbt ein naher Verwandter, so ist es für Kinder um so dringlicher und geradezu ein psychisches Bedürfnis, an allen Ritualen vor, nach und während der Begräbnisfeierlichkeiten teilzunehmen. Wenn ihnen diese

Abschiedsrituale fehlen, können sie es oft noch weniger verkraften, daß ihnen der geliebte Mensch so sehr im Alltagsleben fehlt. Wenn Kindern die Teilnahme am Begräbnis »erspart« wird, hängt ihnen jahrelang nach. Dazu zwei Fallbeispiele aus unserer Praxis:

Beispiel 1:
In der 2. Klasse einer Hauswirtschaftsschule in Graz steht der Themenkreis »Alter – Abschied – Tod« auf dem Programm. Die Mädchen zwischen 16 und 17 Jahren erfahren über Overhead-Folien und mit Textstellen aus dem Buch die Geschichte über das lange Sterben von »Gramp«, einem Großvater, der alle Stadien der Verwirrtheit durchlebt, bis er – von der Familie begleitet, von den Enkelkindern auf Bild- und Tondokumenten festgehalten – stirbt. Diese berührende Geschichte löst viele Emotionen der Trauer bei den jungen Mädchen aus.

Karin erzählt von ihrer verwirrten, alten Großmutter, die genau die gleichen »Sachen« anstellt wie Gramp: Sie vergißt, wo ihr Zimmer ist, erkennt ihre Angehörigen nicht mehr, weiß nicht wer sie ist und was sie gerade tun will.

Renates Großvater ist vor drei Wochen gestorben; die letzten Bilder mit der Aufbahrung von Gramp und dem kleinen Kind, das um den Sarg krabbelt, haben sie sehr an das erst so kurz zurückliegende Begräbnis erinnert. Dem kleinen Sohn ihrer Schwester hatten es in der Aufbahrungshalle die Schleifen von den Kränzen ganz besonders angetan: Bei jedem wollte er wissen, was der darauf zu lesen stand. Nachdem er alles in Erfahrung gebracht hatte, stellte er laut fest: »Hier ist es mir zu dunkel, ich will wieder nach Hause gehen!«

Ganz anders hingegen war die Reaktion von Julia auf die Geschichte von Gramp. Sie hatte sich als 7jährige nicht von ihrem geliebten Großvater verabschieden dürfen, niemand nahm sie zum Begräbnis mit. Sie hatte auch erst Jahre später die Todesursache erfahren: er hatte sich im Stallgebäude erhängt. Julia war wütend und zornig – noch immer. Sie werde es ihren Eltern nie verzeihen, daß damals kein einziges Wort über den Tod des Großvaters zu Hause gesprochen wurde. Und ihrer Großmutter trage sie noch immer nach, daß sie ihr erst so viele Jahre später erzählte, was damals wirklich passiert ist.

Beispiel 2:
Ich besuche im Altersheim Frau W. Sie ist 72 Jahre alt, Alzheimer-Patientin und wird vom Pflegepersonal als sehr verschlossen und abweisend erlebt. Auf mich macht sie den Eindruck, als habe sie sich schon weit aus dieser Welt entfernt und zurückgezogen in andere, innere Landschaften ihrer Seele. Nach sechs Wochen des regelmäßigen Besuchens bekomme ich Kontakt zu ihr; viele ihrer Bilder und Erlebnisse, die sie mir mitteilt, kann und will ich nicht interpretieren, denn sie wirken auf mich verschwommen und unbegreiflich. Jedoch ein Erlebnis aus ihrer Jugend, das für diese unglückliche, alte Frau noch immer als Belastung erlebt wird, gelingt es mir, zu entschlüsseln: Ihre Eltern und ihr großer Bruder wurden in der NS-Zeit während der Nachtstunden verschleppt und vermutlich in irgendein Konzentrationslager gebracht. Frau W. hat nie herausfinden können, wo ihre Eltern und ihr Bruder begraben sind. Diese vergebliche Suche hat dazu geführt, daß sie häufig auf Begräbnisse anderer Menschen gegangen ist, oft ihre Zeit auf Friedhöfen verbracht hat. Das Fehlen eines Abschiedsrituals hat jetzt im Alter und in ihrer Verwirrtheit dazu geführt, daß sie oft ihre Mutter in der Krankenschwester sieht, die sich um sie kümmert oder ihren Vater in dem jungen Arzt, der sie nach ihrem Befinden fragt.
(TROPPER D.)

Bevor wir uns damit auseinandersetzen, was ein Ritual überhaupt ist und welche Alltags- und Abschiedsrituale es überhaupt gibt, bleiben wir noch bei den Begräbnisfeierlichkeiten. Begräbnisse werden regional unterschiedlich veranstaltet und auch die persönlichen Wünsche des Verstorbenen oder der Angehörigen können einen sehr individuellen Rahmen entstehen lassen. Kinder sollen unbedingt daran teilhaben dürfen, allerdings sind einige wichtige Punkte dabei zu beachten:

Was man vor einer Teilnahme von Kindern an einem Begräbnis bedenken soll:

- Kinder brauchen eine Bezugsperson, die die Kraft, Ruhe und Zeit hat, sich um sie zu kümmern.
- Das Kind soll freiwillig am Begräbnis, der Verabschiedung teilnehmen; jede Form von Zwang ist zu vermeiden!
- Es ist wichtig, über den Ablauf der Zeremonie vorbereitende Gespräche mit dem Kind zu führen.
- Kinder sollten auch auf mögliche Reaktionen der Erwachsenen vorbereitet werden, z. B. schwarze Kleidung, Weinen, Grabreden . . .
- Erklärung ritueller Verhaltensweisen, etwa des »Beileid-Wünschens«.
- Ermutigung und »Erlaubnis«, Gefühle zu zeigen, zu weinen . . .
- Während der Abschiedszeremonie ist die *ständige* körperliche Nähe eines Erwachsenen ist wichtig!
- Auftretende Fragen müssen gleich beantwortet werden!
- Gemeinsame Vorbereitungen und Überlegungen, was das Kind *tun* kann.

Früher war die Hausaufbahrung und das Abschiednehmen im Familienkreis noch selbstverständlich.

Die Bedeutung von Ritualen

Rituale können seelische Kraftquellen in schwierigen Zeiten oder Umbruchsituationen darstellen. Sie unterscheiden sich von Bräuchen und bloßen Gewohnheiten durch ihre Verwendung von Symbolen. Viele Rituale werden von einer Generation an die andere Generation weitergegeben, »weitergelebt«. Es gibt aber auch sehr persönliche (Alltags-) Rituale, die von uns Menschen selbst entwickelt werden und eine individuelle Note ausstrahlen.

Aspekte eines Rituals:

— *Wiederholung*
Nicht nur Handlungen, sondern auch spezielle Formen und Inhalte werden wiederholt. Dieses Wiederholen schafft ein Gefühl von Sicherheit, die jenen Rahmen des Vertrauens schafft, der gebraucht wird, um die Trauer oder das »schreckliche Erlebnis« positiv zu bewältigen.

— Tun

Rituale bleiben nicht bloß auf das Denken oder Aussprechen bestimmter Formeln beschränkt, sondern schließen immer das konkrete Tun ein. Dieses TUN ist gerade für Kinder sehr wichtig. Wir haben in einem anderen Zusammenhang bereits darauf hingewiesen, daß für Kinder mit Trauererfahrung das Spielritual des Im-Kreis-Gehens ein wichtiges Gegengewicht zum Alleinsein in der Trauer bedeutet (4.8.). Etwas tun kann sich in der Bewegung ausdrücken, aber auch in einer konkreten Aufgabenstellung für das Kind.

Beispiele für konkretes Tun:

- Sandra und Stefan bemalen den Sarg für ihren verstorbenen Vater. Sie malen viele Szenen aus den gemeinsam verbrachten Ferien und aus dem Familienleben.
- Die Kindergartengruppe des verstorbenen, vierjährigen Lukas bemalt 100 Luftballons, die beim Begräbnis in den Himmel steigen.
- Lisa schreibt einen Abschiedsbrief an ihren Großvater, den sie in ein bemaltes Kuvert steckt und dem toten Großvater in den Sarg legt.
- Elisabeth schreibt ein Gedicht für den verstorbenen Freund der Familie, rollt es in eine Zeichnung ein und befestigt daran einen Blumenstrauß.
- Alfred und seine Cousine Sarah dürfen die Blumen für die Kränze aussuchen.
- Karin schreibt Fürbitten für die kirchliche Trauerfeier, die sie dort vortragen wird.
- Die 3. Klasse Volksschule studiert Lieder ein, die beim Begräbnis vor dem offenen Grab für ihren Mitschüler Gernot gesungen werden.

— Besonderes Verhalten
Ein wichtiges Merkmal ritueller Handlungen besteht darin, daß Verhalten und Symbole von ihrer gewöhnlichen Verwendung abgehoben werden und eine Stilisierung erfahren. Praktisches Tun und rituelle Handlung verschmelzen.

— Ordnung
Typisch und wichtig für rituelle Handlungen sind ein klarer Anfang, ein klares Ende und ein Rahmen für ein spontanes, spielerisches Ausgestalten. Gerade dieses »spielerische Ausgestalten« schafft viele Möglichkeiten für Kinder und Jugendliche, sich hier kreativ einzubringen.

— Sinnträchtiger Präsentationsstil
Durch Inszenierung und Fokussierung soll ein »aufmerksamer Bewußtseinszustand« geschaffen werden. Dieser Bewußtseinszustand macht

letztendlich auch das Verstehen möglich, daß dieser Abschied von einer Endgültigkeit ist. Der gestorbene Mensch kommt nicht mehr als Lebender zurück, sondern kann nur zu einer inneren Figur verbunden mit Erinnerungen und Dankbarkeit an gemeinsame Stunden werden.

— *Kollektive Dimension*

Rituelle Handlungen sind aus dem rein persönlichen Erlebnisbereich herausgehoben und erhalten dadurch auch eine breiter wirksame soziale Bedeutung. Sie erhöhen sowohl das Gefühl der Zugehörigkeit als auch das Gefühl des »Anders-Seins« und stehen im Spannungsfeld zwischen persönlichem Erleben und gruppengebundenem Verhalten.

Stufen eines Rituals

Jedes Ritual gliedert sich in drei Stufen, die jeweils von typischen Verhaltens- und Erlebensweisen geprägt werden:

- Trennungsphase: Diese Zeitspanne bedeutet den ersten Schritt aus dem Alltäglichen hinein in das Besondere, das Außergewöhnliche. In dieser Phase wird der Rahmen für ein bestimmtes Ereignis geschaffen, es werden besondere Vorbereitungen getroffen und Kenntnisse weitergegeben. Diese Vorbereitungszeit ist eine ganz wichtige Zeit und dient der Einstimmung und Vorstrukturierung.
- Schwellen- oder Übergangsphase: Diese Phase ist durch die Teilnahme am eigentlichen Ritual gekennzeichnet. Die Menschen erleben sich selbst und andere neu, anders. Sie können neue Rollen und Identitäten übernehmen, beziehungsweise werden Zeuge davon, wie von anderen Menschen neue Rollen angenommen werden. Diese Übergangsphase ist auch wieder für Kinder und Jugendliche bedeutsam, denn hier erleben sie z. B. die Großmutter in ihrer neuen Rolle als Witwe oder sie erleben sich selbst als trauriges Kind, dem ein geliebter Mensch gestorben ist.
- Wiederholungsphase: Hier tritt die kollektive Bedeutung ritueller Handlungen besonders hervor. In der Phase der Reintegration werden Menschen mit ihrem neuen Status in ihre Gemeinschaft wieder aufgenommen: z. B. das Kindergartenkind, das nun Halbwaise ist, weil der Vater an Leukämie gestorben ist und seine Mutter als Witwe.

(Ausführlich nachzulesen in »Zeit des Abschieds«, Sterbe- und Trauerbegleitung, M. Specht-Tomann und Doris Tropper, Patmos Verlag, 1999).

Wir wollen uns nun den Alltags- und Abschiedsritualen zuwenden, die immer auch ein vorbereitendes Abschiednehmen und Loslassen beinhalten und einige Anregungen geben. Bei der Suche nach Ritualen sollte unser Blick auf die vorhandenen Möglichkeiten fallen, auf das, was Halt gibt und hilft, sich nicht mehr allein und verlassen zu fühlen.

Anhand von Beispielen geben wir hier eine kleine Auswahl von Möglichkeiten, auch ohne großen Aufwand, rituelle Handlungen zu setzen:

Beispiele:

- Bettina feiert heute im Kindergarten ihren 5. Geburtstag. Sie ist sehr traurig, weil vor zwei Wochen ihre Oma gestorben ist. Bei der Geburtstagsfeier im Gruppenraum werden nicht nur die fünf Kerzen auf ihrer Torte angezündet, sondern auch eine selbstgebastelte Kerze, die die Kinder gemeinsam mit Bettina am Vortag angefertigt haben. Sie erinnert an die verstorbene Großmutter. Beim anschließenden Spiel bezieht die Kindergärtnerin die Trauersituation für Bettina mit ein. Die Kinder sitzen auf Stühlen und auf die Aufforderung: »Alle Kinder, die etwas Blaues anhaben, springen in den Kreis!« beginnt das spannende und lustige Kreisspiel. Nach verschiedenen Aufforderungen wie: »Alle, die heute nicht Geburtstag haben . . . oder alle, die einen Bruder haben« müssen sich jene Kinder in den Kreis begeben, die keine Oma oder keinen Opa mehr haben. Da bemerkt Bettina, daß auch Karl, Maria und Steffi im Kreis stehen. Sie fühlt sich nicht mehr so alleingelassen. Das Spiel geht munter weiter.

- Knapp zwei Wochen ist es nun her, daß der 10jährige Stefan bei einem Verkehrsunfall ums Leben gekommen ist. Sein leerer Platz in der Klasse erinnert die Klassenkameraden Tag für Tag an die schönen, unbeschwerten Stunden mit dem lustigen Stefan, der den Beinamen »Klassenclown« erhalten hatte, weil er immer lustige Späße machte. Das Begräbnis war vor etwas mehr als einer Woche gewesen; die Klasse hatte sich mit Liedern, Zeichnungen und selbstgebastelten Kleinigkeiten von ihm verabschiedet. Als die Religionslehrerin an diesem Tag die Klasse betrat, spürte sie das dichte, schwere, lähmende Gefühl von Trauer, das über den Kindern lastete. Sie regte an, das Begräbnis von Stefan zu zeichnen. Jeweils in Vierergruppen sollten sich die Kinder gemeinsam erinnern und das Erlebte festhalten. Wieder eine Woche später ging sie mit den Kindern noch einmal den Weg von der Schule bis zum Friedhof. Am Blumenkiosk vor dem Eingang durfte sich jedes Kind eine Blume aussuchen. Am Grab von Stefan zeigten sich die Kinder erschrocken über die häßlich verdorrten Blumen von den Kränzen. In das mitgebrachte Glas steckte nun ein Kind nach dem anderen »seine« Blume für Stefan – am Ende stand ein leuchtendbunter Strauß über den verdorrten Kränzen nahe dem Kreuz. Nach dem Anzünden eines Grablichtes gingen die Kinder zufrieden wieder zur Schule zurück.

- Julia ist 16 Jahre alt und besucht die Hauswirtschaftsschule. Ihr »hängt« noch eine unaufgelöste Trauergeschichte aus der Kindheit nach, die auch ihre Entwicklung während der Adoleszenz beeinträchtigte. Julia war gerade sieben Jahre alt geworden, als ihr Großvater starb. Das Kind wurde vom Begräbnis ferngehalten, auch wurde in ihrer Familie nicht über den Tod des geliebten Großvaters gesprochen. Julia glaubt heute, daß es damals aus Scham zum Verschweigen kam, da die Familie im bäuerlichen Bereich lebt und der Großvater Selbstmord durch Erhängen im Stall beging. Erst mit 12 Jahren erfuhr sie von ihrer Großmutter die Wahrheit über das Todesgeschehen auf ihr eindringliches Bitten hin. Von ihren Eltern hat sie nie auch nur ein einziges Wort erfahren. Ihr Vertrauen in ihre Familie hatte durch diese Ereignisse gelitten; die Lehrerinnen an der Schule machten sich Sorgen um Julia, weil ihre Schulleistungen schlecht waren und sie befürchteten, das Mädchen könnte magersüchtig werden. Ich führte mit Julia ein langes, ausführliches Gespräch über ihre Erinnerungen an diesen Großvater. Sie brachte alte Fotos mit und Geschenke, die sie als kleines Kind von ihm erhalten hatte. Ich regte sie anschließend dazu an, einen Brief an ihren Großvater zu schreiben. Alles, was sie bisher erlebt hatte und woran er nicht teilhaben konnte, ihre Sorgen und Nöte, sie sollte alles zu Papier bringen und sich dabei aber Zeit lassen. Wenn sie das Gefühl hätte, daß sie den Brief beenden könne, dann solle sie mich wieder anrufen. Nach drei Wochen meldete sich Julia bei mir. Sie sei fertig! Ihr Brief war sehr groß und schwer. Wir fuhren gemeinsam zum Friedhof, wo ihr Großvater begraben liegt. Dort verbrannte sie diesen Brief und ich war ihre Zeugin dieses Feuerrituals. Wir blieben noch eine Weile beim Grab stehen; der Herbstwind zerstreute die verkohlten Ascheteile in alle Richtungen. Anschließend gingen wir zum Gasthof neben dem Friedhof, tranken gemeinsam ein Glas Wein und holten mit einem üppigen Mittagessen den »Leichenschmaus« nach. (TROPPER, D.)

Zu den Alltagsritualen gehören so alltägliche Dinge wie das Verabschieden, wenn wir oder unsere Kinder am Morgen die Wohnung verlassen. Eigentlich beginnen die Rituale bereits damit, wie wir diesen Morgen beginnen, was uns nach dem Aufstehen wichtig ist und was wir immer wieder tun. Somit füllt sich jeder Tagesablauf mit unzähligen, ganz alltäglichen Ritualen bis zum Abend hin. Jedes Zubettgehen ist wiederum ein Abschied von einem Tag, einem Tropfen auf der Lebensuhr, der nicht wiederkommt, weil er der Vergangenheit angehört. Sich dieser Vergänglichkeit bewußt zu werden, könnte man auch als »abschiedlich leben« bezeichnen, jene schwierige Balance zwischen Festhalten und Loslassen, zwischen auf die Welt bringen und wieder begraben müssen.

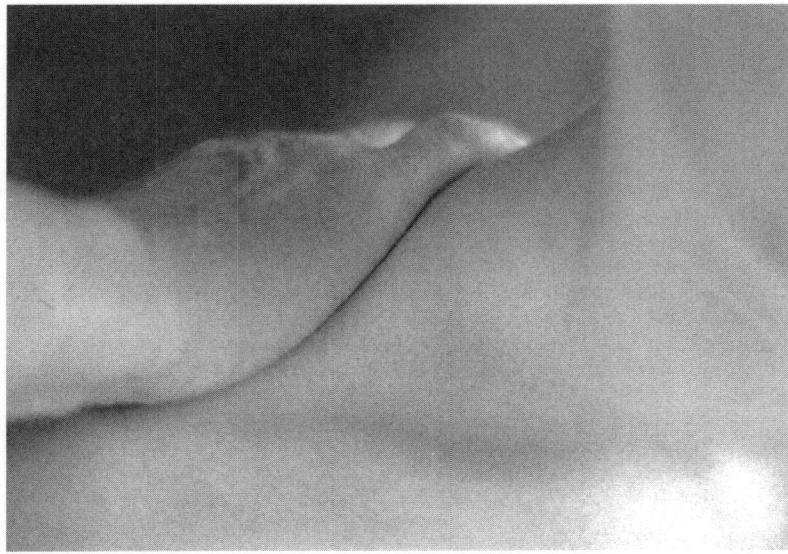

Abb. 31: Ritual des Segnens

wortlos
deine hand vater
auf meiner schulter
tut mir so gut

meine hand
mein großer Bub
leg ich auf deine schulter
wie schön dass es dich gibt

ich würd dir vater
auch gerne
meine hand
auf deine schulter legen

leg deine hand
auf meine schulter
und segne mich
(MITTLINGER, K.)

5.5 Fallbeispiele, literarische Texte und meditatives Bildmaterial

LYRIK

Frühling
Wasser berauschen das Land.
Ein atemlos trinkender Frühling
Taumelt geblendet ins Grün
Und stößt seiner Trunkenheit Atem
Aus den Munden der Brust.

Tagsüber üben die Nachtigalln
Ihres Frühlings Entzückung
Und ihre Übermacht
Über den nüchternen Stern.

Das Rosen-Innere
Wo ist zu diesem Innen
ein Außen? Auf welches Weh
legt man solches Linnen?
Welche Himmel spiegeln sich drinnen
in dem Binnensee
dieser offenen Rosen
dieser sorglosen, sieh:
wie sie lose im Losen
liegen, als könnte nie
eine zitternde Hand sie verschütten.
Sie können sich selber kaum
halten; viele ließen
sich überfüllen und fließen
über den Innenraum
in die Tage, die immer
voller und voller sich schließen,
bis der ganze Sommer ein Zimmer
wird, ein Zimmer in einem Traum.

Herbsttag
HERR: es ist Zeit. Der Sommer war sehr groß.
Leg deinen Schatten auf die Sonnenuhren
und auf den Fluren laß die Winde los.

Befiehl den letzten Früchten voll zu sein;
gieb ihnen noch zwei südlichere Tage,
dränge sie zur Vollendung hin und jage
die letzte Süße in den schweren Wein.

Wer jetzt kein Haus hat, baut sich keines mehr.
Wer jetzt allein ist, wird es lange bleiben,
wird wachsen, lesen, lange Briefe schreiben
und wird in den Allen hin und her
unruhig wandern, wenn die Blätter treiben.
(RILKE, R. M.)

Ein Winterabend
Wenn der Schnee ans Fenster fällt,
Lang die Abendglocke läutet,
Vielen ist der Tisch bereitet,
Und das Haus ist wohlbestellt.

Mancher auf der Wanderschaft
Kommt ans Tor auf dunklen Pfaden.
Golden blüht der Baum der Gnaden
Aus der Erde kühlem Saft.

Wanderer tritt still herein;
Schmerz versteinerte die Schwelle.
Da erglänzt in reiner Helle,
Auf dem Tische Wein und Brot.
(TRAKL, G.)

AUSSAGEN BETROFFENER

»Opa wollte nie alleine sein. Er wollte immer, daß jemand ihm die Hand hält. Ich durfte oft bei Opa sein. Meistens hat er ja geschlafen. Er konnte mir keine Geschichten mehr erzählen. Aber er hat es immer gemerkt, wenn ich bei ihm war, das weiß ich ganz genau. Einmal habe ich mir gedacht: ›Der Opa schläft ja sowieso – da kann ich auch hinausgehen!‹ Ich habe meine Hand vorsichtig aus seiner ziehen wollen – doch da hat der Opa meine Hand gleich ganz festgehalten. Irgendwie hat er mich mit seiner Hand gebeten, bei ihm zu bleiben. Das werde ich nie vergessen!«
(Sandra, 10 Jahre alt, nach dem Tod ihres Opas, den sie oft besuchte)

»Ich hatte mir als junger Mensch das Mannesalter ganz anders vorgestellt. Nun ist es auch wieder ein Warten, Fragen und Unruhigsein, mehr Sehnsucht als Erfüllung. Die Lindenblüten duften, und Wanderburschen, Sammelweiber, Kinder und Liebespaare scheinen alle einem Gesetz zu gehorchen und wohl zu wissen, was sie zu tun haben. Nur ich weiß nicht, was ich zu tun habe. Ich weiß nur: weder die rechenschaftslose Seligkeit der spielenden Kinder noch das gleichmütige Vorübergehen der Wanderer, weder die dumpfe Trunkenheit der Liebesleute noch der sorgliche Sammelsinn der Blütenpflückerinnen ist mir beschieden. Beschieden ist mir, der Stimme des Lebens zu folgen, die in mir ruft, ihr zu folgen, auch wenn ich ihren Sinn und ihr Ziel nicht zu erkennen vermag und auch wenn sie mich immer mehr von der fröhlichen Straße hinweg in das Dunkle und Ungewisse führen will.«
(HESSE, H.)

GEDANKEN UND GESCHICHTEN

Neben dem Drang, die Welt zu gewinnen, liegt ein eingeborener Drang, immer Selbes aus uralten Formen zu prägen. In Riten fühlt die Seele sich wohl. Das sind ihre festen Gehäuse. Hier läßt es sich wohnen, in den dämmrigen Räumen, die das Liturgische schafft. Hier stehen die gefüllten Näpfe bereit, die Opferschalen der Seele. Hier fährt sie aus, fährt sie ein; gewohnte Gaben, gewohntes Mahl. Der Kopf will das Neue, das Herz will immer das selbe.
(KÄSTNER, E.)

Zum Abschluß geben wir gerne eine Geschichte des berühmten Kinderbuchautors Leon Lionni wieder, die sich zum Vorlesen, Gemeinsam-Lesen, Nachspielen . . . für kleine und größere Kinder gut eignet – und auch Erwachsenen immer wieder Freude macht!

Frederick
Rund um die Wiese herum, wo Kühe und Pferde grasten, stand eine alte, alte Steinmauer. In dieser Mauer – nahe bei Scheuer und Kornspeicher – wohnte eine Familie schwatzhafter Feldmäuse. Aber die Bauern waren weggezogen, Scheuer und Kornspeicher standen leer. Und weil es bald Winter wurde, begannen die kleinen Feldmäuse Körner, Nüsse, Weizen und Stroh zu sammeln. Alle Mäuse arbeiteten Tag und Nacht. Alle – bis auf Frederick.
»Frederick, warum arbeitest du nicht?« fragten sie.
»Ich arbeite doch«, sagte Frederick, »ich sammle Sonnenstrahlen für die kalten, dunklen Wintertage.«
Und als sie Frederick so dasitzen sahen, wie er auf die Wiese starrte, sagten sie: »Und nun, Frederick, was machst du jetzt?«
»Ich sammle Farben«, sagte er nur, »denn der Winter ist grau.«

Und einmal sah es so aus, als sei Frederick halb eingeschlafen.

»Träumst du, Frederick?« fragten sie vorwurfsvoll.

»Aber nein«, sagte er, »ich sammle Wörter. Es gibt viele lange Wintertage – und dann wissen wir nicht mehr, worüber wir sprechen sollen.«

Als nun der Winter kam und der erste Schnee fiel, zogen sich die fünf kleinen Feldmäuse in ihr Versteck zwischen den Steinen zurück.

In der ersten Zeit gab es noch viel zu fressen, und die Mäuse erzählten sich Geschichten über singende Füchse und tanzende Katzen. Da war die Mäusefamilie ganz glücklich!

Aber nach und nach waren fast alle Nüsse und Beeren aufgeknabbert, das Stroh war alle, und an Körner konnten sie sich kaum noch erinnern. Es war auf einmal sehr kalt zwischen den Steinen der alten Mauer, und keiner wollte mehr sprechen.

Da fiel ihnen plötzlich ein, wie Frederick von Sonnenstrahlen, Farben und Wörtern gesprochen hatte.

»Frederick!« riefen sie, »was machen DEINE Vorräte?«

»Macht die Augen zu«, sagte Frederick und kletterte auf einen großen Stein. »Jetzt schicke ich euch die Sonnenstrahlen. Fühlt ihr schon, wie warm sie sind? Warm, schön und golden?«

Und während Frederick so von der Sonne erzählte, wurde den vier kleinen Mäusen schon viel wärmer.

Ob das Fredericks Stimme gemacht hatte? Oder war es ein Zauber?

»Und was ist mit den Farben, Frederick?« fragten sie aufgeregt.

»Macht wieder eure Augen zu«, sagte Frederick.

Und als er von blauen Kornblumen und roten Mohnblumen im gelben Kornfeld und von grünen Blättern am Beerenbusch erzählte, da sahen sie die Farben so klar und deutlich vor sich, als wären sie aufgemalt in ihren kleinen Mäuseköpfen.

»Und die Wörter, Frederick?«

Frederick räusperte sich, wartete einen Augenblick, und dann sprach er wie von einer Bühne herab:

»Wer streut die Schneeflocken? Wer schmilzt das Eis?
Wer macht lautes Wetter? Wer macht es leis?
Wer bringt den Glücksklee im Juni heran?

Wer verdunkelt den Tag?
Wer zündet die Mondlampe an?
Vier kleine Feldmäuse wie du und ich
Wohnen im Himmel und denken an dich.

Die erste ist die Frühlingsmaus, die läßt den Regen lachen.
Als Maler hat die Sommermaus die Blumen bunt zu machen
Die Herbstmaus schickt mit Nuß und Weizen schöne Grüße.
Pantoffeln braucht die Wintermaus für ihre kalten Füße.

Frühling, Sommer, Herbst und Winter sind vier Jahreszeiten.
Keine weniger und keine mehr. Vier verschiedene Fröhlichkeiten.«

Als Frederick aufgehört hatte, klatschten alle und riefen:

»Frederick, du bist ja ein Dichter!«

Frederick wurde rot, verbeugte sich und sagte bescheiden:

»Ich weiß es – ihr lieben Mäusegesichter!«

(LIONNI, L.)

FALLBEISPIEL

Herbstblätter

Ein Windstoß wirbelte das trockene Lauf auf, ließ es wirr durch die Luft tanzen und dann lautlos zu Boden sinken. Wie sinnlos, dachte Anne. Sie lehnte sich gegen die steinerne Marienstatue und wischte sich die Tränen aus dem Gesicht. Wozu sollten die Blätter einige Momente lang schweben, wenn sie dann doch wieder zu Boden fielen? Wozu? Ihr Blick wanderte zurück zu der Gestalt, die gebeugt vor einem der Gräber hockte und zärtlich mit der Hand über die frische Erde strich. Es war ein gebrochener Mensch, gebrochen an der Liebe zu einer Frau. Anne konnte nicht länger hinsehen, preßte ihre Wange gegen den kalten Stein und schloß die Augen. Heiße Tränen stiegen in ihr empor, aber sie kämpfte sie nieder. Lautlos sank Anne auf das moosbewachsene Podest und öffnete die Augen. Eine Amsel hüpfte zwischen den Grabmälern umher und verschwand raschelnd im Gebüsch. Ihre Federn hatten die gleiche Farbe wie Annes Kleid. Seltsam, daß ihr das auffiel. Sie hob noch einmal den Kopf und sah zu ihrem Vater hinüber. Er hockte noch immer da, wie vor wenigen Minuten, streichelte mit der Hand über die Erde und murmelte etwas. Es brach Anne fast das Herz, ihn so zu sehen. Er war immer der Stärkste in der Familie gewesen, aber heute hatte er zum ersten Mal geweint. Zum ersten Mal, seit sie sich erinnern konnte. Langsam stand Anne auf. Sie hatte Angst davor, zu ihm zu gehen, Angst, daß er sie aus Kummer abweisen könnte. Es war so still um sie herum, daß ihr das Knirschen der Kieselsteine unter ihren Füßen beinahe unerträglich vorkam. Sie war sicher, daß ihr Vater sie hörte, aber er hob nicht einmal den Kopf. Er führte nur diese monotonen Bewegungen durch, immer und immer wieder. Sie blieb stehen. Zögernd betrachtete sie ihren Vater, dann das mit frischen Blumen und einer brennenden Kerze geschmückte Grab. Obwohl es nicht länger als eine halbe Stunde her sein konnte, seit die kleine Gruppe aus schwarzgekleideten trauernden Menschen den Friedhof verlassen hatte, kam es Anne wie eine kleine Ewigkeit vor. Wahrscheinlich lag es daran, daß sie einen der wichtigsten Menschen in ihrem Leben verloren hatte. Und wenn sie nicht aufpaßte, dann würde sie den zweiten auch verlieren. Dieser Gedanke brachte sie dazu, weiterzugehen. Langsam und ein bißchen unsicher näherte sie sich dem Grab ihrer Mutter. Gefühle vermischten sich zu einer brodelnden Masse in ihr, Gedanken und Erinnerungen wirbelten durch ihren Kopf. Endlich hatte sie ihren Vater erreicht uns sank neben ihm in die Hocke. Wortlos betrachtete sie den Grabstein. »Für unsere geliebte Barbara« stand darauf. Kein Nachname, kein Geburtsdatum, nur dieses Barbara, das für Anne dennoch mehr bedeutete als alles andere. Und darunter war noch ein Satz eingraviert, den

Anne im ersten Moment nicht verstand, nicht verstehen wollte. »Der Tod ist ein helleuchtender Schatten.« Sie biß sich auf die Lippe und wandte den Kopf. Ihr Vater hatte endlich aufgehört, die Erde zu streicheln und unverständliche, dennoch zärtliche Worte zu murmeln. Jetzt war sein leerer Blick starr auf die bunten Nelken gerichtet, die auf dem frischen Grab lagen. Anne hob die Hand und strich ihm die Haare aus dem Gesicht, so wie es ihre Mutter immer getan hatte. Und obwohl sie keine Reaktion erwartete, ergriff er plötzlich ihre Hand und drückte sie. Seine Augen waren voller Kummer, rot und traurig wie die eines Dackels. Ein besserer Vergleich fiel Anne nicht ein. Und dennoch merkte sie ihm an, wie glücklich er war, daß sie sich zu ihm gesetzt hatte. Sie drückte ihm einen Kuß auf die Wange und umarmte ihn. Jetzt konnte die Tränen nicht mehr zurückhalten, sie weinte den ganzen Kummer aus sich heraus. Und endlich wußte Anne, was der Satz auf dem Grabstein bedeutete, zumindest für sie. Ohne Tod gäbe es kein Leben. Und das Leben ist nicht sinnlos. Genauso wenig wie das ständige Aufwirbeln und dann wieder Zu-Boden-Sinken der Herbstblätter. Alles hat seinen Sinn.
(TROPPER, E.)

Abb. 32: Kraftschöpfen

Abb. 33: Werden-Sein-Vergehen

ANHANG

Abbildungsverzeichnis

Abb. 1: Einflußfaktoren des persönlichen Todeskonzeptes
Abb. 2: Figuraler Lebensbogen
Abb. 3: Leerer Lebensbogen zur Bearbeitung
Abb. 4a – 4d: Fotosequenz: Eingebettet in den Zyklus der Jahreszeit
Abb. 5: MUNCH: Tod im Krankenzimmer. Öl auf Leinwand (1895). Oslo Nassionalgalleriet. Aus: BISCHOFF, U.: Benedikt TB-VLg., Balthasarstr. 79, Köln 1988, S. 55
Abb. 6: HODLER: Die tote Valentine Godé-Darel, 26. Januar 1915 Bleistift, Öl auf Papier, Basel, Kunstmuseum, Öffentliche Kunstsammlung, aus »Ein Maler vor Liebe und Tod«, Ausstellungskatalog, 1976, Kunsthaus Zürich.
Abb. 7: MUNCH: Am Sterbebett. Öl auf Leinwand. Bergen, Sammlung Rasmus Meyer. Aus: BISCHOFF, U.: Benedikt TB-VLg., Balthasarstr. 79, Köln 1988, S. 54
Abb. 8: KOLLWITZ: Tod mit Frau im Schoß (um 1921). Feder, Pinsel mit Tusche, Nachlaß der Künstlerin, Geschenk Dr. H. Kollwitz, Kat. Hamburg 1980 aus »Käthe Kollwitz« (1867 – 1945), Heft 79/81, Gebr. Mann Verlag, Berlin.
Abb. 9: Persönliche Reaktionsweisen auf Verlusterfahrungen
Abb. 10: Baumstamm
Abb. 11: Schneckenhaus
Abb. 12: Kreuz
Abb. 13: Steine
Abb. 14: Modell der psychosozialen Entwicklung nach ERIKSON unter Hervorhebung der seelischen Erlebnisformen und erworbenen Grundhaltungen
Abb. 15: Dominante Dimensionen bei der Entwicklung des Todeskonzeptes
Abb. 16: Das Gefühlsrad
Abb. 17: Stationen eines Sterbeweges
Abb. 18: Kinderzeichnungen zum Thema Tod und Abschiednehmen
Abb. 19a – 19c: Von der Raupe über den Kokon bis zum prachtvollen Schmetterling
Abb. 20: Stufen der Entwicklung

Abb. 21: Entwicklungsschritte
Abb. 22: Trauer hat viele Gesichter
Abb. 22a: »In Trauer erstarrt . . .«
Abb. 22b: »Im Zorn der Trauer . . .«
Abb. 22c: »Vom Leben ausgesperrt . . .«
Abb. 22d: »Hoffnung«
Abb. 23: MUNCH: Tote Mutter und Kind. Öl auf Leinwand (1897/99).
Oslo, Munch-Museet. Aus: BISCHOFF, U.: Benedikt TB-VLg., Balthasarstr.
79, Köln 1988, S. 57
Abb. 24: Vom Aufbau eines Beziehungsnetzes . . .
Abb. 25 a – d: Gesten des Trostes
Abb. 25a: »Ich bin bei dir«
Abb. 25b: »Ich gebe dir Halt«
Abb. 25c: »Deine Hand gibt mir Halt«
Abb. 25d: »Tröstende Nähe«
Abb. 26: Ketten der Trauer
Abb. 27: Einsamkeit – ein dunkles Fenster
Abb. 28: Stark durch starke Wurzeln
Abb. 29: Alt und Jung: Von einander lernen
Abb. 30: Hausaufbahrung
Abb. 31: Ritual des Segnens
Abb. 32: Kraftschöpfen
Abb. 33: Werden-Sein-Vergehen

Literaturhinweise

*ALEX, M./ALEX, B.: Großvater und ich und die traurige Geschichte mit dem kleinen Kätzchen. Basel 1995

*ALMAGOR, G.: Auf dem Hügel unter dem Maulbeerbaum. Hanser Vlg., München 1996

*ANTHONY, S.: Das Märchen vom Löwenzahn. Vlg. Am Eschbach, Eschbach 1995

ARIÈS, P.: Die Geschichte des Todes. Hauser Vlg. , München 1980

ASSISI, F. v.: Zeichen der Dankbarkeit, Herder-Verlag, Freiburg 1998

BACHMANN, I.: Sämtliche Gedichte. Piper Vlg. München 1995

BACHMANN, I.: Die Wahrheit ist dem Menschen zumutbar. Essays, Reden, Kleinere Schriften. Piper Vlg., München 1985

BEHRINGER, H. G.: Die Heilkraft der Feste. Kösel Vlg. München 1997

BEHRINGER, H. G.: Wachsen-Wandeln-Wagen. Meditative Gedichte und Texte. Hof 1994

BERGMANN, I.: Wilde Erdbeeren und andere Filmerzählungen.»Schrei und Flüstern«, (Viskningar och rop), C. Hanser-Verlag, München

BETTELHEIM, B.: Kinder brauchen Märchen. Dtv-Vlg., Stuttgart 1980

BICKEL, M.: Das Büchlein der guten Freunde. Herder-Verlag, Freiburg 1997

*BODARWE, Ch.: Reden vom Tod ist Reden vom Leben. Verlag die blaue Eule, Essen 1989

*BOJUNGE-NUNES, L.: Maria auf dem Seil.

*BRANDES, S.: Ein Baum für Mama. Herder Vlg., Freiburg 1996

*BRANFIELD, J.: Ein Jahr wie ein Leben. Vlg. Dtv-Junior, München 1986

*BREEN, E.: Warte nicht auf einen Engel. München 1996

BROCHER, T.: Wenn Kinder trauern. Rowohlt Vlg., Reinbek/Hamburg 1985

*BRÖGER, A.: Oma und ich.

BRONNEN, B.: Die Stadt der Tagebücher. Vom Festhalten des Lebens durch Schreiben. Frankfurt 1996

BRUMANN, U./KNOPF, H.J./STASCHEIT, W.: Projekt Tod. Materialien und Projektideen. Verlag an der Ruhr, Mülheim 1998

BUBER, M.: Alles wirkliche Leben ist Begegnung. Verlag Neue Stadt, München1998

BUBER, M.: Die Erzählungen der Chassidim. Manesse Vlg., Zürich 1949

BUCKINGHAM, R.: Mit Liebe begleiten. Die Pflege sterbender Kinder. Kösel Vlg., München 1987

BÜRGIN, D.: Das Kind, die lebensbedrohende Krankheit und der Tod. Vlg. Huber, Bern 1978

BURKHARD, A.: Das Leben in die Hand nehmen. Arbeit an der eigenen Biographie. Verlag Freies Geistesleben. Stuttgart 1993

*BURNINGHAM, J.: Wolkenland. Aarau 1997

*BURNINGHAM, J./KORSCHUNOW; I.: Mein Opa und ich. Parabel Vlg., Zürich 1984

BUSTA, Ch., Was werden wir sein. Aus: Inmitten aller Vergänglichkeit. Otto Müller Vlg., Salzburg 1985

*CAM, P.: Sterben Äpfel auch? Philosophische Nachdenkgeschichten für Kinder und Jugendliche. Vlg. a. d. Ruhr 1996

*CANACAKIS, J./BASSFELD-SCHEPERS, A.: Auf der Suche nach den Regenbogentränen. Bertelsmann Vlg, München 1994

CLAPTON, E./JENNINGS, W.: tears in heaven; aus: CLAPTON, E.: unplugged (CD). Reprise records, a time warner company, 3300 Warner Blvd., Burbank, CA 91 505 – 4694.

CLAUDIUS, H./MARX, K.: Steirisches Liederbuch, Vlg. Leykam, Graz 1961

D'ARCY, P.: Wenn ein naher Mensch in Trauer ist. Wie wir richtig begleiten können. Herder Vlg., Freiburg 1993

DÖBLER, K.: Kultur- und Sittengeschichte der Welt

*DONNELLY, E.: Servus Opa, sagte ich leise. Vlg. Dtv-Junior, München 1984

DORNES, M.: Die frühe Kindheit. Fischer Vlg., Frankfurt a. M. 1998

EGNER, H. (Hrsg.): Lebensübergänge oder der Aufenthalt im Werden. Walter Vlg., Düsseldorf 1995

EICHENDORFF J. v.: Winter, Buchers Miniaturen in Dichtung und Farbaufnahmen, Verlag C. J. Bucher, Luzern und Frankfurt a. M. 1969

EICHENDORFF, J. v.: Der Umkehrende. Aus: BRAUN, F. (Hrsg.): Der tausendjährige Rosenstrauch. Zsolnay Vlg. Wien 1973

*EIDE, I.: Maries Geheimnis. Wien 1997

ELIACHEFF, C.: Das Kind, das eine Katze sein wollte. Kunstmann Vlg., München 1994

*ELLERMANN, H.: Der rote Faden. Oldenburg 1994

*ENDE, M./ HECHELMANN, F.: Ophelias Schattentheater. Thienemann Vlg., Stuttgart 1988

ENNULAT, G.: Kinder in ihrer Trauer begleiten. Herder Vlg., Freiburg 1998

*ENZENSBERGER, H. M.(Hrsg.): Allerleirauh. Viele schöne Kinderreime. Insel Vlg., 1975

ERIKSON, E.: Identität und Lebenszyklus. Suhrkamp Vlg., Frankfurt a. M. 1976

FALLACI, O.: Briefe an ein nie geborenes Kind. Fischer Vlg., 1997

FÄSSLER-WEIBEL, P.: Wenn Kinder sterben. Referat gehalten am 7. Symposium der IGSL, Wien 1995

FINGER, G.: Mit Kindern trauern. Kreuz Vlg., Stuttgart 1998

FREDRIKSON, D.: Lennart starb jung. Vlg. Vandenhoeck&Rupprecht, Göttingen 1987

FREDRIKSSON, M.: Hannas Töchter. Fischer-Taschenbuch, Frankfurt a. M. 1999

FREUD A./BURLINGHAM, D.: Heimatlose Kinder, Vlg. Fischer-Taschenbuch, Frankfurt 1982

FRIED, A./GLEICH J.: Hat Opa einen Anzug an? Hanser Vlg., München 1997

*FRIED, E.: Lebensschatten. Verlag Wagenbach, Berlin 1981

FRISCH, M.: Man sollte es. Gesammelte Werke in zeitlicher Folge, Bd. 7, Suhrkamp, Frankfurt a. M. 1986

FRISCH, M.: Tagebuch 1946–49, Suhrkamp Vlg., Frankfurt a. M. 1950

FUCHS, R.: Stationen der Hoffnung. Seelsorge an krebskranken Kindern. Kreuz Vlg., Stuttgart 1984

FURMAN, E.: Ein Kind verwaist. Stuttgart 1977

*GAARDER, J.: Der seltene Vogel. Deutscher Taschenbuchverlag München, 1999

*GAARDER, J.: Durch einen Spiegel, in einem dunklen Wort. Hanser Vlg., Wien/München 1996

*GEBRÜDER GRIMM. Kinder- und Hausmärchen. Gondrom Vlg., Bayreuth 1983

GINSBERG, E. : Abschied. Erinnerungen, Theateraufsätze und Gedichte. Arche Vlg., Zürich 1980

GOLDSTEIN,J./SOLNIT, A.: Jenseits des Kindeswohls, Vlg. Suhrkamp, Frankfurt a. M. 1974

GROLLMANN, E.: Mit Kindern über den Tod sprechen. Konstanzer TB

GRÜN, A.: Geborgenheit finden. Rituale feiern. Kreuz Vlg., Stuttgart 1997

*GUGGENMOS, J.: Es gingen drei Kinder durch den Wald. Beltz Vlg., Weinheim 1989

HAMMARSKJÖLD, D.: Quelle unbekannt

HARDER, G.: Sterben und Tod eines Geschwisters. Pro Juventute, Zürich 1991

HARINGER, J.: Winter. Buchers Miniaturen in Dichtung und Farbaufnahmen, Verlag C. J. Bucher, Frankfurt a. M. 1969

*HARRTANTH, W.: Mein Opa ist alt, und ich hab ihn sehr lieb. Vlg. Jungbrunnen, Wien 1981

*HÄRTLING, P.: Alter John. Beltz Vlg., Weinheim 1988

HERMANN, I.:»Die Koffer sind gepackt!« Die Symbolsprache sterbender Menschen. Aus: TAUSCH-FLAMMER, D./BICKEL, L. (Hrsg.): Spiritualität der Sterbebegleitung. Herder Vlg., Freiburg 1997

*HERMANN, I.: Du wirst immer bei mir sein. Patmos Vlg., Düsseldorf 1999

HERRMANN, N.: Ich habe nicht umsonst geweint. Kreuz Vlg., Stuttgart 1987

HESSE, H.: Bäume. Insel Taschenbuch, Frankfurt a. M. 1984

HESSE, H.: »Stufen« Aus: Die Gedichte von Hermann Hesse. Fretz und Wasmuth Vlg., Zürich 1942

HESSE, H.: Die Gedichte. Suhrkamp Vlg., Frankfurt a. M. 1970

HESSE, H.: Hermann Hesse Lesebücher. Jedem Anfang wohnt ein Zauber inne. Lebensstufen. Suhrkamp Vlg., Frankfurt a. M.

HESSE, H.: Jahreszeitengedichte, aus: Freude am Garten, insel-taschenbuch, 1998, Insel-Verlag, Frankfurt a. M. 1998

*HILL, D.: Bis dann, Simon. Beltz Vlg., Weinheim 1996

HODLER, F: Ausstellungskatalog, Kunsthaus Zürich 1976

*HÖMMEN, CH.: Mal sehen, ob ihr mich vermisst. Menschen in Lebensgefahr. Reinbeck, Hamburg 1989

*HUGHES, M.: Jäger in der Nacht.

IDE, H.: Wenn Kinder sich das Leben nehmen. Kreuz Vlg., Stuttgart 1992

IGSL: Dafür seid ihr noch zu klein. Im Rheinblick, Bingen o. J.

IMHOF, A. E.: Ars moriendi. Böhlau Vlg., Wien 1991

INFOKARA: Fachzeitschrift der Schweizerischen Gesellschaft für palliative Medizin, Pflege und Begleitung, 2. Jahrgang, Heft 1/1997

*JAENSSON, H./NORLIN, A.: Eltern gesucht! Fischer Tb., Frankfurt a. M. 1996

JAFFKE, F.: Spielzeug von Eltern selbstgemacht. Arbeitsmaterial aus den Waldorfkindergärten. Verlag Freies Geistesleben, Stuttgart 1985

JUNG, C. G.: Symbole der Wandlung. Gesamtwerkausgabe, Bd. 5, Walter Vlg., Olten 1973

JURY, D./JURY,M.: Gramp – Ein Mann altert und stirbt. Die Begegnung einer Familie mit der Wirklichkeit des Todes. Dietz Nachf.-Verlag, Bonn, Berlin 1988, S. 119

*KALDHOL, M./OYEN, W.: Abschied von Rune. München 1997

KAST, V.: Sich einlassen und loslassen. Herder Vlg., Freiburg 1994

KAST, V.: Trauern. Phasen und Chancen des psychischen Prozesses. Kreuz Vlg., Stuttgart 1988

KÄSTNER, E.: Die Stundentrommel vom Heiligen Berg Athos. Aus: GRÜN, A.: Geborgenheit finden – Rituale feiern. Kreuz Vlg., Zürich 1997

*KELLER, L.: Ammenmärchen europäischer Völker. Mellinger Vlg., Stuttgart 1986

*KEYSERLINGK, L. v.: Da war es auf einmal so still. Vom Tod und Abschiednehmen. Herder Vgl., Freiburg 1997

206

*KIRCHBERG, U.: Trost für Miriam. Ellermann Vlg., 1997

KITZINGER, S./KITZINGER, C.: Mit Kindern sprechen über Gott und die Welt. Kösel Vlg., München 1991

KLEMM, M. u. a. (Hrsg.): Tränen im Regenbogen. Phantastisches und Wirkliches aufgeschrieben von Mädchen und Jungen der Kinderklinik Tübingen. Tübingen 1990

KNEF, H.: Ich brauch Tapetenwechsel. Moldenverlag, Wien 1972

KOLLWITZ, K.: Ausstellungskatalog Hamburg 1980, aus: Käthe Kollwitz (1867–1945), Heft 79/81, Gebr. Mann Verlag, Berlin

*KÖNIG, H.: Das große Jahresbuch für Kinder. Alte Bräuche und Feste neu entdecken. München 1995

*KORSCHUNOW, I.: Der Findefuchs. Dtv-Junior, München 1988

*KORSCHUNOW; I.: Die Sache mit Christoph. Vlg. Dtv-Junior, München 1993

*KRÄMER-BUSCH, U.: Birke und der alte Baum.

KROEN, W. C.: Da sein, wenn Kinder trauern. Herder Vlg., Freiburg 1998

KROLL, T./PETERMANN, F.: Was kranke Kinder brauchen. Herder Vlg., Freiburg 1993

KRUSCHE, D.: Haiku. Japanische Gedichte. Dtv-München 1995

KÜBLER-ROSS, E.: Reif werden zum Tod. Gütersloher Verlagshaus Mohn. Mainz 1990

*KÜBLER-ROSS, E.: Die unsichtbaren Freunde. 1996

KÜBLER-ROSS, E.: Kinder und Tod, Kreuz Verlag, Zürich 1984

KÜBLER-ROSS, E.: Leben bis wir Abschied nehmen. Gütersloher Verlagshaus Mohn, Mainz 1991

KÜBLER-ROSS, E.: Verstehen was Sterbende sagen wollen. Gütersloher Verlagshaus Mohn, Maiz 1990

*KUIJER, G.: Erzähl mir von Oma. Ravensburger Taschenbuch Bd. 1560, Ravensburg 1987

*LAIRD, Ch.: Im Schatten der Mauer. Ueberreuter Vlg.,Wien 1990

LASALLE, H. E.: Quelle unbekannt

*LEHOCZKY, G.: Mukis Wunderbaum. Annette Betz Vlg., München 1971.

LEIST, M.: Kinder begegnen dem Tod. Vlg. Gütersloher V.-H., München 1993

*LEITER, K.: Ach wie gut, daß jemand weiß . . . Tyrolia Vlg. Wien 1996

*LINDGREN, A.: Die Brüder Löwenherz.

*LINDGREN, A.: Klingt meine Birke.

*LINDGREN, A.: Mio, mein Mio.

*LINDGREN, A.: Der Drache mit den roten Augen und andere Geschichten. Vlg. Oetinger, 1992

*LIONNI, L.: Frederick und seine Freunde. Gertraud Middelhauve Verlag, Köln 1987

*LOBE, M.: Leb wohl, Fritz Frosch

*LOBE, M./KAUFMANN, A.: Die schönsten Tiergeschichten. Vlg. Esslinger, 1994

*LÖCHTE, I.: Mama ist tot. Wie Kinder trauern. Dokumentarfilm. Katholisches Filmwerk (Hrsg.), Frankfurt a. M. 1995

LOOS, C. I.: »Hinter dem Mond«, Suhrkamp Weißes Programm Schweiz, Frankfurt a. M. 1990

LOTHROP, H.: Gute Hoffnung – Jähes Ende. Kösel Vlg., München 1991

*LOWRY, L.: Sommer, letztes Jahr. Vlg. Dtv-Junior, München 1994

MARK ZENGAFFINEN, P.: Abschied von Oma. Patmos Vlg., Düsseldorf 1997

*MAZER, N.: Abschied und Anfang. Vlg. Dtv-Junior, München 1994

*MAZETTI, K.: Es ist Schluß zwischen Gott und mir. Beltz Vlg., Weinheim 1998

*McCARDIE, A./CROSSLAND, C.: Mach' s gut, kleiner Frosch. Wien 1997

*MELLO, A. de.: Warum der Vogel singt. Geschichten für das richtige Leben. Herder Vlg., Freiburg 1984

*MIME, B.: Bleib noch ein bisschen. Wien 1998

MITTLINGER, K.: Unveröffentlichter Text, Graz 1996

MITTLINGER, K.: »deine füße I«, »deine füße II«, »dein gesicht«, »wortlos«. Unveröffentlichte Texte zu einer Fotoserie, Graz 1998

MITTLINGER, K.: »Damals blühte der Jasmin.« Unveröffentlichter Text, Graz 1999

*MOHR, M.: Ein Elefant gab mir die Hand. Zürich 1997

*MOSER, E.: Das Haus auf dem fliegenden Felsen. Beltz Vlg., Weinheim 1987

MÜLLER, M./SCHNEGG, M.: Unwiederbringlich – Vom Sinn der Trauer. Herder Vlg., Freiburg 1997

MÜLLER, W.: Meine Seele weint. Die therapeutische Wirkung der Psalmen für die Trauerarbeit. Vier Türme Vlg., Münsterschwarzach 1993

MUNCH, E.: Ausstellungskatalog. Museum Folkwang Essen 1987 und Kunsthaus Zürich 1987/88

NAEGELI, A. S.: Das Alte verlassen. Aus: Ich spanne die Flügel des Vertrauens aus. Verlag am Eschbach, Eschbach/Markgräferland 1995

NULAND, S: Wie wir sterben. Kindler Vlg., München 1994

NYSTERS, P./ SCHMITT, K. H.: Denn sie werden getröstet werden. Kösel Vlg., München 1993

*PAUSEWANG, G.: Ich gebe dir noch eine Chance, Gott. Ravensburger Tb.Vlg., Ravenburg 1997

*PELGROM, E.: Die wundersame Reise der kleinen Els.
PESESCHKIAN, N.: Der Kaufmann und der Papagei. Fischer Vlg., Frankfurt a. M. 1992
*PIUMINI, R./BUCHHOLZ, Q.: Matti und der Großvater. C. Hanser Vlg., München 1994
*POHL, P./GIETH, K.: Du fehlst mir, du fehlst mir. Hanser Vlg., München 1994
*POHL, P.: Jan, mein Freund. Ravenburger Tb.Vlg., Ravenburg 1995
PUYN, U.: Umgang mit schwerkranken und sterbenden Kindern. Aus: BECKER, P./EID, V.: Begleitung von Schwerkranken und Sterbenden. Matthias Grünewald Vlg., Mainz 1987
*RECHEIS, K./KAUFMANN, A.: Schwesterchen Rabe. Herder Vlg., Freiburg 1998
REITMEIER, Ch./STUBENHOFER, W.: Bist du jetzt für immer weg? Christophorus Vlg., Freiburg 1998
RILKE, R. M.: Der Tod der Geliebten. Werke in 3 Bäden, Bd. I, Insel Vlg., Frankfurt a. M. 1966
RILKE, R. M.: Gesammelte Werke, Surkamp Vlg., Band I
RIMBAULT, G.: Kinder sprechen vom Tod. Suhrkamp Vlg., Frankfurt 1990
RIVINIUS, K. J.: Die Kunst des heilsamen Sterbens. In: Stimmen der Zeit, Heft 6/Juni 1999, Vlg. Herder, Freiburg 1999
ROSEMEIER, H. P.: Zur Psychologie der Begegnung des Kindes mit dem Tod. In: WINAU, R./ROSEMEIER, H. P. (Hrsg.): Tod und Sterben. De Gruyter Vlg., Berlin 1984
RÜCKERT, F.: Kindertotenlieder. Aus: BRAUN, F. (Hrsg.): Der Tausendjährige Rosenstrauch. Zsolnay Vlg., Wien 1973
*SAINT-EXUPÉRY, A. de: Der kleine Prinz. Rauch-Verlag, 1999, Düsseldorf
SAINT-EXUPÉRY, A. de: Die Stadt in der Wüste
SAINT-EXUPÉRY, A. de: Man sieht nur mit dem Herzen gut. Herder Vlg., Freiburg 1991
SAINT-EXUPÉRY, A. de: Wind, Sand und Sterne. Rauch-Verlag, Düsseldorf 1994, S 184 f.
SATIR, V.: Mein Weg zu dir. Kösel Vlg., München 1989
SATIR, V.: Selbstwert und Kommunikation. Pfeiffer Vlg., München 1993
SCHIFF, H. S.: Verwaiste Eltern. Dtv-Vlg., München 1986
*SCHINDLER; R.: Pele und das neue Leben.
SCHOPPENHAUER, F.: Quelle unbekannt.
SCHULZ, H.: Auf dem Strom. Carlsen Vlg., Hamburg 1998
*SCHWEIZER, A.: Das Gilgamesch-Epos. Kösel Vlg., München 1997
SHAKESPEARE W.: Winter, Buchers Miniaturen in Dichtung und Farbaufnahmen, Verlag C. J. Bucher, Frankfurt a. M. 1969

SOLTER, A. J.: Wüten, toben, traurig sein. Starke Gefühle bei Kindern. München 1994

SONNECK, G. (Hrsg.): Krisenintervention und Suizidverhütung. Universitätsverlag Facultas, Wien 1995

SPECHT, H.: Erinnerung an den Tod meiner Tante, unveröffentlichter Text, Graz 1999

SPECHT-TOMANN, M./TROPPER, D.: Zeit des Abschieds. Patmos Vlg., Düsseldorf 1998

SPECHT-TOMANN, M.: Erlebnisse mit trauernden Kindern. Unveröffentlichter Text 1999

SPECHT-TOMANN, M.: Unveröffentlichter Text. Graz 1999

SPÖLGEN, J./EICHINGER, B.: Wenn Kinder dem Tod begegnen. Wewel Vlg., München 1996

STOUTZ de, N. D.: Bericht aus: Infokara, Nr. 1/1997, Fachzeitschrift der Schweizerischen Gesellschaft für palliative Medizin, Pflege und Begleitung.

STUDENT, J. (Hrsg.): Im Himmel welken keine Blumen. Kinder begegnen dem Tod. Vlg. Herder, Freiburg 1998

TAMARO, S.: Geh, wohin dein Herz dich trägt. Diogenes Vlg., Zürich 1995

TAUSCH-FLAMMER, D./BICKEL, L.: Wenn Kinder nach dem Sterben fragen. Herder Vlg., Freiburg 1994

*TIDHOLM, T./TIDHOLM, A.: Die Reise nach Ugri-La-Brek. Vlg., Beltz, Weinheim 1992

TRAKL, G.: Winter. Buchers Miniaturen in Dichtung und Farbaufnahmen, Verlag C. J. Bucher, Frankfurt a. M. 1969

TROPPER D.: Unveröffentlichte Texte, Fallgeschichten. Graz 1996, 1999

TROPPER, D.: Menschenwürdiges Leben bis zuletzt. Kummer – Institut – Schriften, Graz 1994

TROPPER, D.: Vom Schädelkult der Steinzeitmenschen bis zur Aufbahrung der Könige. Vortragsmanuskript, Graz 1996

TROPPER, E.: Unveröffentlicher Text, Graz 1996

UHLAND, L.: Auf den Tod eines Kindes. Aus: BRAUN, F. (Hrsg.): Der Tausendjährige Rosenstrauch. Zsolnay Vlg., Wien 1973

*UNGERER, T.: Das große Liederbuch. Diogenes Vlg., Zürich 1975

*VARLEY, S.: Leb wohl, kleiner Dachs. A. Betz Vlg., 1984

VOSS-EISER, M.: Noch einmal sprechen von der Wärme des Lebens. Herder Vlg., Freiburg 1997

WALTERS, A. L.: aus: NEYSTERS, P., SCHMITT, K. H.: Denn sie werden getröstet werden. Kösel Vlg., München 1993

WANDER, M.: Leben wär' eine prima Alternative. Sammlung Luchterhand, Darmstadt/Neuwied 1981

210

*WELSH, R.: Eine Hand zum Anfassen. Vlg. Dtv-Junior, München 1994
*WILD, M./BROOKS,R.: Das Licht in den Blättern, 1997
*WILKON, J./KRAHL, G.: Klara sucht das Glück. Patmos-Vlg., Düsseldorf 1996
*WILLEBEEK LE MAIR, H.: Wieviel Monat hat ein Jahr. Parabel Vlg., Feldafing 1982
WOLF, Ch.: Kindheitsmuster. Berlin 1993
ZAHRNT, H.: Wie kann Gott das zulassen? Hiob – Der Mensch im Leid. München 1985
*ZEEVAERT, S.: Ein Meer voller Sterne. Vlg. Dressler, 1998
*ZEEVAERT, S.: Max, mein Bruder. Würzburg 1995
ZIEGLER, J.: Die Lebenden und der Tod, 1982 aus: Sibirien. Vereinigte Bühnen Graz, Spielzeit 1992/93. Thalia, Heft Nr. 4
*ZÖLLER; E.: Auf Wiedersehen, Mama! Zeichnungen und Collagen. Dtv-Vlg., München 1994

Die mit Sternchen gekennzeichneten Titel sind Bücher für Kinder und Jugendliche zu den Themen Vergänglichkeit, Abschied, Verlust, Sterben, Tod und Trauer. Wir möchten aber keine Empfehlung aussprechen – auch wenn wir die meisten angeführten Bücher mit unseren Kindern gelesen bzw. besprochen haben. Es erscheint uns wichtig, daß Erwachsene sich selbst ein Bild von Inhalt, Stil, Illustrationsweise, Umfang usw. machen! Unsere Hinweise mögen nur erste Anregungen sein, sich auf die Suche nach passenden Bilder- und Geschichtenbüchern oder Büchern zum »Selber-Lesen« zu machen.

Quellenverzeichnis

BACHMANN, I.: Sämtliche Gedichte. Piper Verlag, München 1995 (S. 32 und 131)

BERGMANN, I.: Wilde Erdbeeren und andere Filmerzählungen. Ausgewählt und aus dem Schwedischen übersetzt von Anne Storm. © 1977 Carl Hanser Verlag, München – Wien (S. 412 f)

BURKHARD, G.: Das Leben in die Hand nehmen. Arbeiten an der eigenen Biographie. © 1993 Verlag Freies Geistesleben, Stuttgart (S. 22)

BUSTA, Ch.: Was werden wir sein. Aus: Inmitten aller Vergänglichkeit. © 1985 Otto Müller Verlag, Salzburg (S. 87)

CLAPTON, E./ JENNINGS, W.: Tears in Heaven. Aus: Clapton, E.: Unplugged (CD). Reprise Records

CLAUDIUS, H.: Jeden Morgen geht die Sonne auf. Aus: Claudius, H./ Marx, K.: Steirisches Liederbuch, Leykam Verlag, Graz 1961 (S. 29). © Bärenreiter-Verlag, Kassel

EICHENDORFF, J. v.: Der Umkehrende. Aus: Braun, F. (Hg): Der tausendjährige Rosenstrauch. Zsolnay, Wien 1973 (S. 315)

FINGER, G.: Mit Kindern trauern. © 1998 Kreuz Verlag, Zürich (S. 120 ff)

FRIED, E.: Lebensschatten. © 1981, Verlag Wagenbach, Berlin

FRISCH, M.: Man sollte es. Wahrheit, die wie ein Mantel ist. Gesammelte Werke in zeitlicher Folge, Bd. 7. © 1986 Suhrkamp Verlag, Frankfurt am Main

GAARDER, J.: Der seltene Vogel. Aus dem Norwegischen von Gabriele Haefs. © 1998 Carl Hanser Verlag, München – Wien

GAARDER, J.: Durch einen Spiegel, in einem dunklen Wort. Aus dem Norwegischen von Gabriele Haefs. © 1996 Carl Hanser Verlag, München – Wien (S. 30 f, 51, 57, 107, 133)

GEBRÜDER GRIMM: Kinder- und Hausmärchen. Gondrom, Bayreuth 1983 (S. 546, und 576)

GINSBERG, E.: Abschied. Erinnerungen Theateraufsätze Gedichte. Hg. V. Elisabeth Brock Sulzer. © 1965, 1991 Verlags AG Die Arche, Zürich

HESSE, H.: Stufen.»Ich hatte mir als junger Mensch . .«. Aus: Gesammelte Dichtungen. © 1952 Suhrkamp Verlag

INFOKARA. Fachzeitschrift der Schweizerischen Gesellschaft für palliative Medizin, Pflege und Begleitung. 2. Jahrgang, Heft 1/97 (S. 13)

JURY, D./JURY, M.: Gramp – Ein Mann altert und stirbt. Die Begegnung einer Familie mit der Wirklichkeit des Todes. © 1991 J.H.W. Dietz Nachf. GmbH, Bonn, 4. Auflage (S. 119)

KAST, V.: Sich einlassen und loslassen. © 1999 Verlag Herder, Freiburg, 8. Auflage (S. 9)

KÄSTNER, E.: Die Stundetrommel vom heiligen Berg Athos. Aus: Grün, A.: Geborgenheit finden – Rituale feiern. Kreuz Verlag, Zürich 1997 (S. 40)

KNEF, H.: Ich brauch Tapetenwechsel. Molden Verlag, Wien 1972 (S. 95)

KRUSCHE, D.: Haiku. Japanische Gedichte. © Deutscher Taschenbuch Verlag, München 1995 (S. 24, 42, 46, 47, 52, 80, 84, 86, 101, 102, 103)

KÜBLER-Ross, E.: Kinder und Tod. © 1984 Kreuz Verlag, Zürich (S. 148 und 162)

LAIRD, Ch.: Im Schatten der Mauer. © 1990 Verlag Carl Ueberreuter, Wien (S. 126 und 129 f)

LEHOCZKY, G.: Mukis Wunderbaum. Annette Betz Verlag, München 1971

LIONNI, L.: Frederick und seine Freunde. © Middelhauve Verlags GmbH, München

MITTLINGER, K: Unveröffentlichter Text, Graz 1996

MITTLINGER, K.: »deine füße I«, »deine füße II«, »dein gesicht«, »wortlos«. Unveröffentlichte Texte zu einer Fotoserie, Graz 1998

MITTLINGER, K.: »damals blühte der jasmin«. Unveröffentlichter Text, Graz 1999

MOSER, E.: Das Haus auf dem fliegenden Felsen. © 1987 Beltz Verlag, Weinheim und Basel. Programm Beltz & Gelberg, Weinheim (S. 40)

NAEGELI, A. S.: Das Alte verlassen. Aus: Ich spanne die Flügel des Vertrauens aus. © 2000 Verlag am Eschbach, Eschbach/Markgräflerland, 3. Auflage (S. 17)

NULAND, S.: Wie wir sterben. © Kindler Verlag, München 1994 (S. 376)

RILKE, R. M.: Der Tod der Geliebten. Werke in drei Bänden, Bd. 1. Insel Verlag, Frankfurt a. M. 1966 (S. 317 f)

RILKE, R. M.: Gesammelte Werke, Bd. 1. Suhrkamp Verlag, Frankfurt a. M. (S. 155 f)

RILKE, R. M.: Werke in drei Bänden, Bd. 2. Insel Verlag, Frankfurt a. M. 1966 (S. 163)

RILKE, R. M.: Neue Gedichte. Insel Verlag, Frankfurt a. M. 1974 (S. 143)

RÜCKERT, F.: Kindertotenlieder. Aus: Braun, F. (Hg): Der tausendjährige Rosenstrauch. Zsolnay, Wien 1973 (S. 340 f)

SAINT-EXUPÉRY, A. de: Der Kleine Prinz. © 1950 und 1998 Karl Rauch Verlag Düsseldorf

SAINT-EXUPÉRY, A. de: Die Stadt in der Wüste. © 1956 Karl Rauch Verlag Düsseldorf

SAINT-EXUPÉRY, A. de: Wind, Sand, Sterne. © 1939 und 1956 Karl Rauch Verlag Düsseldorf

SCHULZ, H.: Auf dem Strom. © 1998 Carlsen Verlag, Hamburg (S. 119)

SHAKESPEARE, W.: Winter. Buchers Miniaturen in Dichtung und Farbaufnahmen, C. J. Bucher, Luzern und Frankfurt 1969 (S. 18)

SPECHT, H.: Erinnerung an den Tod meiner Tante. Unveröffentlichter Text, Graz 1999

SPECHT-TOMANN, M.: Erlebnisse mit trauernden Kindern. Unveröffentlichter Text, Graz 1999

STOUTZ, N. D. de: Bericht. Aus: Infokara, Fachzeitschrift der Schweizerischen Gesellschaft für palliative Medizin, Pflege und Begleitung, Nr. 1/97 (S. 17 ff)

TAMARO, S.: Geh, wohin dein Herz dich trägt. Aus dem Italienischen von Maja Pflug. © 1995 Diogenes Verlag AG, Zürich (S. 40 ff, 63, 99 f)

TRAKL, G.: Winter. Buchers Miniaturen in Dichtung und Farbaufnahmen. C. J. Bucher, Luzern und Frankfurt 1969 (S. 77)

TROPPER, D.: Unveröffentlichte Texte. Fallgeschichten. Graz 1999

TROPPER, D.: Menschenwürdiges Leben bis zuletzt. Kummer-Institut-Schriften, Graz 1994 (S.17)

TROPPER, E.: Unveröffentlichter Text, Graz 1996

UHLAND, L.: Auf den Tod eines Kindes. Aus: Braun, F. (Hg): Der tausendjährige Rosenstrauch. Zsolnay, Wien 1973 (S. 324)

WALTERS, A. L.: Ich bin von der Mutter Erde. Aus: Neysters, P./Schmitt, K. H.: Denn sie sollen getröstet werden. © 1993 Kösel Verlag, München (S. 116)

WANDER, M.: Leben wär eine prima Alternative. Luchterhand Verlag, Darmstadt/Neuwied 1981 (S. 116)

WILKON, J./KRAHL, G.: Klara sucht das Glück. © Patmos Verlag Düsseldorf 1996

ZIEGLER, J.: Die Lebenden und der Tod. Aus: Sibirien. Vereinigte Bühnen Graz, Spielzeit 1992/93. Thalia, Heft Nr. 4 (S. 19)